Stephanie von Pfuel

Wenn schon, denn schon

Stephanie von Pfuel

Mit Cornelia von Schelling

Wenn schon, denn schon

Edition Erik Droemer

Langen*Müller*

Bildnachweis

Alle in diesem Buch verwendeten Fotos stammen
aus dem Privatbesitz von Stephanie von Pfuel, außer:
Foto auf Seite 44 und im Bildteil, Nr. 7, 14: Photoatelier Sam;
Nr. 30: Gabo; Nr. 37: Gunter Sachs.

Besuchen Sie uns im Internet unter:
www.langen-mueller-verlag.de

Umschlaggestaltung: Wolfgang Heinzel
Umschlagfotos: Ann-Christine Wöhrl, München;
Caro Gräfin Saurma (Umschlagrückseite)
Herstellung und Satz: VerlagsService Dr. Helmut Neuberger
& Karl Schaumann GmbH, Heimstetten
Gesetzt aus der 11,5/14,35 GaramondBQ-Regular
Druck und Binden: GGP Media GmbH, Pößneck
Printed in Germany
ISBN 978-3-7844-3115-4

Was du ererbt von deinen Vätern,
erwirb es, um es zu besitzen.

Johann Wolfgang von Goethe

Prolog

ER WAR SCHON LANGE SEHR KRANK GEWESEN. Nun lag mein Vater im Sterben. Lungenkrebs, Endstadium. Die Familie hatte einhellig beschlossen, dass er bis zu seinem Lebensende zu Hause im Schloss bleiben sollte. In seinem eigenen Zimmer, seinem eigenen Bett. Wir wussten nicht, wie viel Zeit ihm noch blieb, vielleicht noch einige Wochen, oder auch nur wenige Tage.

Wir ließen ihn keine Minute allein. Meine Mutter, eine Pflegerin und ich wechselten uns ab, kümmerten uns Tag und Nacht um ihn, wachten über seinen Schlaf und versorgten ihn.

Mein Vater reagierte immer seltener auf die Menschen, die um ihn herum waren, er war meistens zu schwach, zu entrückt. Doch eines Morgens, als ich behutsam seine Bettdecke glatt zog, hob er plötzlich den Kopf aus den Kissen und sagte in einem seiner raren hellen, präsenten Momente, nun sei es so weit. Nun wolle er nicht mehr leben.

»Bitte hol den Arzt. Er soll mir eine Todesspritze geben. Ich will endlich sterben.«

»Aber das geht nicht!«, erwiderte ich erschrocken, »kein Arzt würde dir eine Todesspritze geben, das darf er gar nicht!«

Er schien nicht zu hören. Mit geschlossenen Augen wiederholte er, der Arzt solle kommen, er wolle sterben.

Ich holte meine Mutter, die umgehend unsere Hausärztin aus Tüssling anrief. Sie kannte meinen Vater gut und behandelte ihn seit Jahren. Wenige Minuten später war sie bei ihm, murmelte beruhigende Worte und gab ihm eine Spritze. Morphium. Als ich wieder allein mit ihm war, setzte ich mich zu ihm und sah ihn an. Er hatte sich entspannt, aus seinen Gesichtszügen war jede Verkrampfung gewichen, wie erlöst schloss er die Augen, holte tief Luft und sagte: »Nun ist es so weit.« Er war überzeugt, die Todesspritze bekommen zu haben, und stellte sich wohl vor, dass das Gift nun wirken und sich in seinem Körper ausbreiten würde. In schleppenden Sätzen und mit langen Pausen, in denen er mühsam nach Luft rang, fing er an, mir von seinem Testament zu erzählen.

Keiner in unserer Familie wusste, ob er tatsächlich jemals ein schriftliches Testament verfasst hatte. Stets hatte er sich geweigert, darüber zu sprechen. Obwohl ich ahnte, dass er mir unser Schloss in Tüssling vermachen würde, denn ich hatte auf seinen Wunsch hin Forstwirtschaft studiert, war seit Jahren bei ihm angestellt und konnte als einziges Kind seine Geschäfte weiterführen und den Besitz erhalten, herrschte zu diesem Thema dennoch allgemeine Unsicherheit in der Familie.

Nun eröffnete mir mein Vater seinen letzten Willen. Er brauchte zwei ganze Stunden dazu, da seine Kräfte und seine Konzentrationsfähigkeit mit jedem Satz nachließen. Die Pausen wurden länger. Doch seine Gedanken waren klar und die Ausführungen zu seinem Vermächtnis äußerst präzise.

»Du bist die Alleinerbin von Tüssling«, sagte er zum Schluss, »ich lege den Betrieb in deine Hände. Das Schloss, die Landwirtschaft und den Forst. All das steht in meinem Testament.«

Tränen stiegen mir in die Augen. Er fuhr fort mit seiner stockenden Stimme: »Ich weiß, dass du mit deinen Geschwistern Probleme bekommen wirst, aber der Betrieb muss in einer Hand bleiben, es geht nicht anders.«

Jetzt liefen mir die Tränen in Strömen über das Gesicht, ich weinte hemmungslos. Mir war klar, dass es sich um seine letzten Sätze handelte, um seine letzten wachen Momente. Ich beugte mich über ihn, legte meine Hand auf seinen mageren Arm und hielt ihn fest. Schwer atmend schlief er ein, seine Kräfte waren am Ende.

Am nächsten Morgen kurz nach Sonnenaufgang war er tot, ohne noch einmal das Bewusstsein wiedererlangt zu haben. Es war der 30. Oktober 1991. Meine Mutter hatte die Nacht bei ihm verbracht und war bei ihm, als er starb. Noch im Morgengrauen holte sie mich, damit ich mich von ihm verabschiedete. Lange stand ich neben seinem Bett und ging dann in den Park, um mit meinen Gefühlen allein zu sein.

Das war der Tag, an dem ich spürte, dass sich mein Leben grundlegend verändern würde und ich nun, von heute auf morgen, mit meinen dreißig Jahren eine gewaltige Verantwortung übernahm. Noch konnte ich mir nicht vorstellen, wie es weitergehen sollte, doch auf einmal bekam alles um mich herum eine neue Bedeutung – die uralten Zypressen im Park, die riesenhaften Schlosstürme, die maroden Betriebsgebäude, die Ställe, der Springbrunnen und dahinter die Felder, die eintausendeinhundert Hektar Wald. Jetzt war allein ich für all das zuständig.

Es war, als ob mein Leben verschiedene Stufen durchlaufen musste, um zu einer Form zu kommen, die mir alles abverlangte, was ich bisher gelernt hatte.

I

KURZ NACH MEINEM SIEBTEN GEBURTSTAG war es so weit: Meine Eltern zogen mit meiner anderthalb Jahre jüngeren Schwester Ulrike, Kiki genannt, und mir ins Schloss. Der einstmals prachtvolle Renaissancebau von 1587 erlebte eine sehr wechselvolle Geschichte unter mehreren Besitzern, wurde nach dem Zweiten Weltkrieg von der Caritas als Altenheim genutzt und Ende der Fünfzigerjahre vollständig geräumt. Danach stand es viele Jahre leer.

Zeitweilig hatte sich mein Vater überlegt, ein neues Haus im Park zu bauen, da ihn die gewaltigen Kosten und der unermessliche Aufwand für die Renovierung erschreckten. Doch schließlich rang er sich dazu durch, die Sanierung zu wagen. Er wollte das herrliche Schloss nicht weiter verkommen lassen. Als wir 1968 einzogen, hatte mein Vater zwanzig der neunzig Zimmer leidlich herrichten lassen. Wir Kinder hatten von den Vorbereitungen für den Umzug sehr wenig mitbekommen, sogar die Renovierungsarbeiten waren weitgehend an uns vorbeigegangen, da unsere Eltern uns aus ihren Entscheidungen und Vorhaben herausgehalten hatten. Wie oft waren Kiki und ich an dem gigantischen Schloss vorbeigestapft! All die Jahre hatten die in den Himmel ragenden Türme auf uns herabgeblickt und mir jedes Mal einen kleinen kalten Schauer über den Rücken geschickt. Jetzt war das verlassene Schloss wie durch ein Wunder zum Leben erweckt worden.

Ich wachte eines Morgens in einem neuen Bett auf, öffnete die Augen, sah mich um und konnte es kaum fassen: Jetzt lebten wir wirklich im Schloss! Ich hatte ein eigenes kleines Zimmer mit hohen

Decken, Kiki und Detta, unser langjähriges Kindermädchen, schliefen rechts und links von mir in eigenen Zimmern.

Ich sprang aus dem Bett und lief barfüßig im Pyjama durch das riesige Gebäude, treppauf und treppab, irrte von einem Raum zum anderen. Überall stand Gerümpel herum: alte Möbel, unzählige von einer feinen Staubschicht überzogene Kartons, Koffer und Waschkörbe voller Kleidung, die wohl noch in die Schränke eingeräumt werden musste. Ich irrte umher, stieg in die Turmzimmer und lief durch die endlosen, ebenfalls vollgestopften Gänge. So gigantisch hatte ich mir das Schloss nicht vorgestellt. Irgendwann wagte ich mich in den Lift, den mein Vater hatte einbauen lassen und der mich sehr beeindruckte, drückte auf Knöpfe, fuhr auf und ab, meine Füße schwarz vor Dreck. Wie ich zurück in mein Zimmer fand, ich weiß es nicht mehr. Jedenfalls schlief Kiki noch. Ich schüttelte sie und rief ihr ins Ohr: »Kiki, wir leben mit Mami und Papi im Schloss!»

Bis dahin hatte sich unser Leben größtenteils ohne meine Eltern abgespielt. Sie hatten mitten im Schlosspark in einem maroden kleinen Haus aus der Barockzeit, dem sogenannten Benefiziatenhaus, gewohnt, wo über zwei Jahrhunderte der jeweilige Schlossbenefiziat untergebracht war, der die Kapelle als Pfarrer betreut hatte. Mein Vater wohnte, schon bevor er meine Mutter heiratete, im Benefiziatenhaus und wollte nicht umziehen. Meine Eltern hatten wohl überlegt, ob wir Kinder bei ihnen im Erdgeschoss leben könnten, doch dort war es viel zu feucht. Also quartierten sie uns mit Detta und der Köchin Tina im Dorf ein. Wir lebten im Erdgeschoss des ehemaligen Rathauses, einem ziemlich heruntergekommenem Bau ohne Heizung und ohne warmes Wasser. Es gab lediglich einen Holzofen, der das Wasser für die Badewanne bei Bedarf kochend heiß erhitzte. Einmal am Tag, manchmal auch nur alle zwei Tage, kamen die Eltern kurz zu Besuch.

Wenn ich heute an unsere Zeit in dem muffigen Rathaus zurückdenke, kommt mir zuerst der besagte Holzofen in den Sinn, ein Ungetüm, das in einer Ecke des Wohnraums stand und den Detta und wir Kinder im Winter täglich mehrmals beheizen mussten. Sobald das Thermometer vor der Haustür Minusgrade anzeigte, froren wir trotzdem. Und ich rieche den beißenden Geruch von Bohnerwachs, der im Raum hängen blieb. Die Köchin Tina, auf deren Kopf sich ein gigantischer Zopf türmte, der ungebunden vermutlich bis zum Boden reichte, fuhr regelmäßig und keuchend mit der brummenden Bohnermaschine über den Boden. Außerdem erinnere ich mich mit Schaudern an das ebenfalls mit Holz beheizte Bad neben dem großen Wohnraum. Dass wir uns zu jeder Jahreszeit mit eiskaltem Wasser waschen mussten und ständig froren, machte uns weniger aus als der Umstand, dass an den Badfenstern keinerlei Fensterläden, Vorhänge oder anderer Sichtschutz angebracht waren und uns die Dorfbewohner ungestört beim Waschen beobachten konnten. Dieses Szenario muss für die Tüsslinger ein recht außergewöhnlicher Anblick gewesen sein. Denn ihnen war unsere Familie ansonsten durch meinen Vater, ein Respekt einflößender Schlossherr, und meine Mutter, eine elegante, würdevolle Frau Baronin, bekannt. Meine Eltern waren im Umgang mit den Menschen im Dorf stets freundlich und niemals arrogant, wofür man sie schätzte; doch sie bewahrten, jeder auf seine Weise, stets eine spürbare Distanz zu Fremden. Vielleicht sah man an Kiki und mir nur, dass unsere Familie auch nur aus Fleisch und Blut war und all die Dinge tun musste, die alle anderen auch taten. Wahrscheinlich maß man dem intimen Einblick auch gar keine große Aufmerksamkeit zu, ich jedenfalls habe mich abgrundtief geniert.

Warum in unserem Bad kein blickdichter Vorhang angebracht war, weiß ich nicht. Ich habe als Kind keine Fragen gestellt. Ich habe alles hingenommen, was mit uns geschah, ich war folgsam – ein dickes und unendlich braves Kind. Aufbegehren, diskutieren, Nein sagen war für mich undenkbar. Sobald die Nacht hereinbrach und auf der Straße die Laternen angingen, schalteten Kiki und ich im Bad kein Licht mehr an, denn wir bildeten uns Abend für Abend ein, leise Schritte und sogar gedämpftes Getuschel von draußen zu hören. Wir lauschten angestrengt und flüsterten aufgeregt, fest davon überzeugt, dass wir beobachtet wurden. So wuschen wir uns lieber wie blind im Dunkeln, als uns der von uns eingebildeten Schaulust der Dorfbewohner auszusetzen.

Zu den eindrucksvollsten Erinnerungen meiner frühen Kinderzeit gehört, so unglaublich es klingen mag, die Fernsehübertragung nach der Ermordung von John F. Kennedy im November 1963. Ich war damals noch keine drei Jahre alt. Nach dem nachmittäglichen Spaziergang mit Detta rannte ich ins Rathaus, um zu sehen, ob mein Vater da war. Er erschien um diese Zeit häufig, um sich die »Tagesschau« anzusehen, denn nur bei uns gab es eine freie Wand, groß genug, um die von ihm nach dem Krieg erstandene Leinwand für seinen alten Schwarz-weiß-Fernseher anzubringen. In den frühen Sechzigern war Fernsehen noch eine Besonderheit, nur die Wenigsten hatten einen eigenen Apparat. Mein Vater saß also des Öfteren bei uns, nickte uns hin und wieder freundlich zu und blickte auf die Leinwand. Doch diesmal war alles anders als sonst. Schon an der Türschwelle zum Wohnraum blieb ich vor Erstaunen schlagartig stehen. Da saß mein Vater mit glutrotem Kopf und starrte wie gebannt auf das Geschehen vor seinen Augen. Kein Aufblicken, keine Begrüßung, er stöhnte, keuchte förmlich vor Erregung. Ich erschrak vor ihm so sehr, dass ich, ohne auf die Leinwand zu achten, auf Zehenspitzen an den Holzofen schlich, um ihn von dort aus zu beobachten. Wo Kiki war, weiß ich nicht mehr. Irgendwann sprang mein Vater auf, rief: »Sie haben ihn erschossen, die Mörder!« und stürmte aus dem Haus. Erst als erwachsene Frau wurde mir klar, weshalb sich dieses Erlebnis so sehr in meine Kinderseele eingeprägt hat: Es war der Gefühlsaufruhr meines Vaters.

Ich hatte ihn noch nie so erlebt. Als ich klein war, schien uns unser Vater nur flüchtig wahrzunehmen – ein verschlossener, leicht entrückter, nicht zu greifender Herr. Wenn ich ihn überhaupt zu Gesicht bekam. Meine Mutter hielt uns möglichst von ihm fern, beschützte ihn vor seinen, wie sie meinte, viel zu anstrengenden kleinen Töchtern. Bis zu dem Tag, als wir alle ins Schloss zogen, liefen die Besuche im Benefiziatenhaus folgendermaßen ab: Flankiert von Detta in weißer Schürze trotteten wir zunächst durch den Park. Meistens trugen wir die Kleider unserer fast erwachsenen Halbgeschwister – beide Eltern hatten fast erwachsene Kinder aus erster Ehe. Vor der Haustür unserer Eltern blieben wir stehen und klopften an die Tür. Von drinnen hörten wir die hastigen Schritte unserer Mutter. Sie rannte die Treppe herunter, öffnete die Tür und begrüßte uns mit: »Seid leise Kinder, Papi schläft!« Oder: »Trampelt nicht so, Papi muss sich konzentrieren.« Wir nickten. Dann schlichen wir uns ins Haus und absolvierten unseren täglichen Anstandsbesuch. Auf Zehenspitzen tapsten wir die Treppe hoch, durchquerten den engen mit Mänteln und Jagdutensilien vollgehängten Gang, öffneten die Tür zur Küche, um die Haushälterin, Frau Dorn, zu begrüßen. Meistens war sie dabei, zu kochen, lächelte uns an, werkelte dann weiter mit ihren brutzelnden Pfannen und dampfenden Kochtöpfen. Anschließend tippelten wir ins Wohnzimmer, in dem mein Vater vor dem wuchtigen achteckigen Tisch in einem der verschlissenen Ohrensesseln saß und las. Er blickte kurz auf, sagte ein paar nette Worte zu uns und beugte sich dann wieder über seine Zeitung. Kiki und ich hockten uns auf die durchgesessene, mit einem kratzigen Kelim bezogene Couch, aus der einzelne Rosshaare hervorstachen und uns in den Po piekten. Ich vermag heute nicht zu sagen, wie lange wir dort saßen – vielleicht eine viertel Stunde – und ob wir tuschelten oder schwiegen. Jedenfalls kam es mir immer wie eine Ewigkeit vor, bis meine Mutter uns holte, um uns zu verabschieden. Bevor wir abzogen, gab sie uns dann Ermahnungen mit auf den Weg, brav zu sein und Detta zu gehorchen. Ich war froh, als Detta Kikis und meine Hand ergriff, es war ein schönes Gefühl, den leichten Druck ihrer warmen, schützenden Hand zu spüren. Bei schönem Wetter durften wir dann noch in dem einige Meter vom Benefiziatenhaus entfernten Sandkasten spielen und wippten abwechselnd in dem Schaukelstuhl, in dem sich mein

Vater ab und zu mit seiner Zeitung ausruhte. So verliefen unsere Wochenenden, immer gleich, immer nach demselben Schema.

Das Benefiziatenhaus war auch nicht gemütlicher als das Rathaus: keine Zentralheizung, überall standen alte Holzöfen; die Zimmer winzig, gerade mal fünf oder sechs Quadratmeter; das Untergeschoss so feucht, so kalt und marode, dass die Eltern ausschließlich das obere Stockwerk bewohnten; die Türen so niedrig, dass mein Vater stets gebückt von einem Zimmer ins nächste lief, sich trotzdem mehrmals am Tag kräftig den Kopf anschlug und entsetzlich fluchte. Später, als wir bereits im Schloss lebten, zog er noch jahrelang, aus alter Angst und Gewohnheit, an jeder Türschwelle den Kopf ein. Außerdem war es finster im Benefiziatenhaus. Kaum traten wir durch die Tür, kroch uns der widerwärtige Geruch von Moder und Schimmel in die Nase. Hätten wir Kinder unten in dem Haus gewohnt, wir wären vermutlich erkrankt. Im Übrigen war es viel zu klein für uns alle. Vor einigen Jahren ließ ich dieses unglückliche Benefiziatenhaus abreißen. Weg mit den ungeliebten Erinnerungen!

Das alte Rathaus wäre zwar für die gesamte Familie groß genug gewesen, dort hätten mein Vater, meine Mutter, wir zwei Schwestern und das Personal ausreichend Platz gehabt, doch ein absonderlicher Umstand verhinderte unser Zusammenleben: Im ersten Stockwerk wohnten zwei uralte bettlägrige Frauen, ehemalige Angestellte meiner Großeltern. Da meine Eltern sich nicht entschließen konnten, das Benefiziatenhaus zu verlassen, wurden die alten Frauen nie ausquartiert. Die eine hatte als Büglerin gearbeitet, die andere als Beschließerin. Wenn ich heute auf manchen Grabsteinen die Inschrift »Beschließerin« lese, weiß ich, dass es eine Art Haushälterin war. Damals stellte ich mir immer vor, da huscht eine Frau mit einem riesigen, klappernden Schlüsselbund durch die Flure, schließt nachts alle Türen zu und öffnet sie wieder, sobald es hell wird.

Meine Schwester und ich bekamen die beiden alten Frauen nie zu Gesicht. Es waren zwei Phantomgestalten, die ihr Stockwerk niemals verließen, die sich Tag und Nacht in ihren Zimmern aufhielten. Wir hörten in all den Jahren keine einzige Stimme, kein Tapsen, kein Öffnen und Schließen von Türen. Vollkommene Stille da oben. Unsere Köchin Tina stapfte mehrmals am Tag die Treppe hoch, mal mit einem Tablett, mal mit Wäsche über dem Arm. Ernst und geheimnisvoll verschwand sie in einem Bereich, der für uns Kinder tabu war. Wir hielten uns an das Verbot, das obere Stockwerk niemals zu betreten – sogar meine Schwester Kiki. Erstaunlich, wenn ich daran denke, mit welcher Kraft sie später rebellierte.

Kiki und mir wurde in der Kindheit einiges verboten, leider auch der Besuch des dörflichen Kindergartens. Meine Mutter beharrte auf dem Standpunkt, dass wir lieber täglich ausgiebig mit Detta spazieren gehen und die Namen sämtlicher Bäume und Sträucher auswendig lernen sollten. Die frische Luft bekäme uns besser als der Besuch des Kindergartens. Unsereiner, meinte sie, gehe da nicht hin. Ich werde sie niemals vergessen, die endlosen, todlangweiligen Spaziergänge rund um Tüssling – ob bei strahlender Sonne, hartem Wind, bei Dauerregen, Matsch oder Schnee, wir gingen spazieren. Zu Hause angekommen, waren unsere Beine meist völlig verdreckt, unter den Schuhen hatten sich dicke Schlammklumpen festgesetzt. Seitdem ist Spazierengehen für mich ein Graus.

Als stummer, hilfloser Protest gegen die verordneten Spaziergänge, weigerte sich mein Verstand, die Namen der Bäume zu lernen. Während ich mir den Kopf zerbrach, rannte Kiki herum, hüpfte über Gräben und kletterte auf Bäume und freute sich anscheinend über die schöne Natur. Erst im Dorf erwachten meine Sinne aus der Betäubung. Mit begehrlichen Blicken verfolgte ich die vielen Kinder, die in den Kindergarten gehen durften. Die Ranzen auf dem Rücken wippend, tobten sie morgens in den Kindergarten, die Kleineren an der Hand der Mutter, die Größeren bereits ohne jeglichen Begleitung. Mittags trabten sie vergnügt wieder nach Hause, nachdem sie endlose Stunden miteinander gespielt und gebastelt hatten. Ich kam fast um vor Neid. Ein einziges Mal durften Kiki und ich einen schüchternen Fuß in den ach so begehrten Kindergarten setzen. Meine Mutter hatte eine prächtige rote Schaukel für den Kindergarten gespendet, und sie erlaubte uns zuzusehen, wie sie eingeweiht wurde. Und tatsächlich, die Kinder spielten, malten, sangen Lieder oder verputzten genüsslich ihre Brotzeit, genau so, wie ich es mir in meinen sehnsuchtsvollen Träumen vorgestellt hatte. Berauscht von diesem Erlebnis rief ich auf dem Heimweg: »Ich will auch in den Kindergarten!« Ich verstehe bis heute nicht, woher ich den Mut zu diesem plötzlichen Ausbruch nahm. Jedenfalls blieb meine Mutter hart. Von diesem Tag an verabscheute ich unsere Spaziergänge noch mehr, denn ich spürte mit jedem Schritt auf den Feldwegen, dass wir anders waren als die anderen Kinder.

Meiner Mutter waren diese Art Gefühle vollkommen fremd. Sie war eine außergewöhnlich schöne, großgewachsene Frau und, wie ich später erkannte, äußert charmant und gesellschaftlich gewandt. Mit uns Kindern war sie vor allem streng. Sie gehörte zu jener Generation, die fest davon überzeugt war, nur unerbittliche Strenge und hin und wieder eine Tracht Prügel mache aus Kindern anständige Erwachsene. Die damaligen Erziehungsmaßnahmen zielten darauf ab, den Widerstand von Kindern früh zu brechen und ihren Willen den Eltern untertan zu machen. Meine Mutter duldete keinen Widerspruch oder gar Aufmüpfigkeit, sie ertrug es nicht, dass ihre Autorität untergraben und ihre Überlegenheit infrage gestellt wurde. Ich glaube außerdem, dass sie die Welt der Kinder einfach nicht verstand. Sie war stolz darauf, ihr gesamtes Leben mit äußerster Disziplin im Griff zu haben – dazu gehörten eben auch wir Kinder.

Ihre Erziehung war also sicher nicht sehr liebevoll und gefühlsbetont. Kiki und ich wurden eher dressiert, Widerreden gab es nicht, niemals hätten wir uns erlauben dürfen, eine freche Antwort zu geben. Doch vor vierzig Jahren war das bei vielen Familien vollkommen normal. Die erzieherischen Korsetts, in die meine Eltern geschnürt wurden, waren noch enger als unsere. Ich weiß, dass meine Eltern von ihren Eltern äußerst streng behandelt wurden und dass meine Mutter ihre ersten beiden Kinder auch eng an die Kandare nahm.

Meine Mutter wurde 1925 als Ulrike Barth in Nürnberg geboren. Sie wuchs auf dem sogenannten Weigelshof auf, einem Schlösschen außerhalb der Stadt. Mein Großvater, Heinrich Johannes Barth, führte dort die seit über zweihundert Jahren im Familienbesitz befindliche Hopfenhandelsfirma Barth & Sohn. Meine Großmutter Franziska, genannt Medi, stammt aus der in Meran beheimateten Familie Fuchs, der auch heute noch die Brauerei Forst gehört. In Meran verlebte meine Mutter häufig ihre Schulferien, weshalb sie noch als erwachsene Frau eine große Liebe zu Südtirol empfand. Mein Vater baute in den Sechzigerjahren dort ein Ferienhaus, in dem auch wir – Kiki, ich, die Eltern und unsere jeweilige Kinderfrau – jahrein jahraus unsere Sommerferien verbrachten.

Meine Mutter war siebzehn Jahre alt und noch im Internat, als sie, auf Wunsch ihrer Eltern, ihren ersten, zehn Jahre älteren Mann Diethelm von Eichel heiratete. Aus dieser Ehe stammen meine beiden Halbgeschwister Dudu und Henry. Sie mussten uns im Kinderwagen als Babys häufig rund um Tüssling spazieren fahren, was sie bestimmt nicht besonders lustig fanden. Da sie allerdings nur ihre Internatsferien in Tüssling verbrachten und nur wenige Wochen im feuchten Erdgeschoss des Benefiziatenhauses wohnten, war die Zeit, in der sie auf uns aufpassen mussten, überschaubar. Ich kann mich erinnern, dass sie mit uns sehr liebevoll spielten.

Ich rechne meiner Mutter hoch an, dass sie keinen Unterschied zwischen Halb- und Vollgeschwistern machte. Wir waren einfach Geschwister, und bis zum heutigen Tag empfinden wir Kinder uns uneingeschränkt als Brüder und Schwestern.

Nach ihrer Scheidung von Diethelm von Eichel lebte meine Mutter mit Dudu und Henry in München, wo sie ein beschwingtes Leben führte. Meine Mutter besaß mehr als nur ein Gesicht. Sie mochte mit uns Kindern strikt und unbeugsam gewesen sein, doch auf Festen war sie eine andere. Hier lebte sie auf, sprühte vor Charme, war ausgelassen und eloquent, faszinierte ihre Bekannten und Freunde mit ihrem Witz, ihrer Schlagfertigkeit, aber auch durch ihre Bildung.

Sie kannte sich aus in Musik und Literatur und besuchte so oft wie möglich die neuesten Theateraufführungen in München.

Im Frühjahr 1959 lernte sie dann auf einem Faschingscocktail in ihrer eigenen Wohnung meinen Vater kennen. Ein gemeinsamer Freund hatte ihn mitgebracht. Er verliebte sich Hals über Kopf in diese schöne, sehr große, extravagant gekleidete und faszinierende Frau, die rauchte, Whiskey trank und gerne im Rampenlicht stand. Mein eher menschenscheuer, oft wortkarger Vater hat sich wohl insbesondere von ihrer Lebenslust hinreißen lassen. Sie wiederum war von seiner stattlichen Erscheinung und altmodischen Eleganz beeindruckt. Mit seinen markanten Gesichtszügen, seiner vollen, mit duftendem Haarwasser gebändigter Haarpracht und den wasserblauen Augen sah mein Vater damals auffallend gut aus.

So konfliktreich die Beziehung meiner Eltern infolge ihrer konträren Temperamente auch gewesen sein mag, ohne seine kontaktfreudige Ulla hätte mein ungeselliger Vater gewiss das zurückgezogene Leben eines schrulligen alten Herren geführt und wäre vereinsamt.

Auch er war geschieden und wohnte in dem bereits erwähnten Benefiziatenhaus in Tüssling, in das er schon zwei, drei Jahre nach dem Krieg eingezogen war. Aus seiner ersten Ehe mit Putta von Stumm stammt mein Bruder Friedrich-Karl, genannt Dicki. Auch er verbrachte, wie meine anderen Halbgeschwister, seine Ferienzeit meist in Tüssling, und auch er musste Kiki und mich im Kinderwagen spazieren fahren. Der Zufall wollte es, dass sich Henry und Dicki bereits kannten, bevor meine Eltern heirateten – beide besuchten dasselbe Internat in Schondorf am Ammersee. Welch kleine Welt!

Im November 1960 heirateten Ulrike von Eichel und Karl Freiherr von Michel. Am 13. April 1961 kam ich auf die Welt, Kiki eineinhalb Jahre später, am 15. Mai 1962.

Für uns Kinder war der Umgang mit unserer Mutter niemals unbeschwert und kindlich-glücklich, doch wir wurden mit der Zeit achtsam und erfindungsreich, und obwohl wir sehr unterschiedliche Charaktere hatten, schweißte uns die stets drohende Gefahr, bestraft zu werden, zusammen und gab uns ein Gefühl der Stärke. Ich kann mich genau an die raffiniert ausgeklügelten Strategien erinnern, die halfen, uns gegen die Launen unserer Mutter zu wappnen. Häufig war sie aus für uns unerfindlichen Gründen gereizt und verärgert. Deshalb lauerten wir auf Hinweise, meinten untrügliche Vorzeichen und Signale ausmachen zu können. Ein Erkennungsmerkmal war die Farbe ihres Lippenstifts. Trug unsere Mutter den grellen rosaroten Lippenstift, bedeutete das: Feuer unterm Dach! Jedenfalls bildeten wir uns das ein.

»Vorsicht, Sie hat schlechte Laune«, wisperten wir uns dann zu und versuchten, ihr möglichst aus dem Weg zu gehen. Das war natürlich gar nicht so leicht. Welches Kind kann sich schon unsichtbar machen, irgendwann wirst du immer erwischt. Dennoch – Kiki und ich fühlten uns als Verschwörer, als konspirative Agenten in geheimnisvoller Mission. Selbst wenn unsere Abwehrmanöver nicht immer erfolgreich waren, gab uns dieses kuriose Barometer doch häufig die Möglichkeit, uns schnell zu verkrümeln, bevor der auf den Lippen meiner Mutter abzulesende Sturm losbrach.

Glücklicherweise waren wir die meiste Zeit in der Obhut einer freundlichen Kinderfrau. Auch den größten Teil der Sommerferien verbrachten wir mit einem Kindermädchen und unserer langjährigen Haushälterin, Frau Dorn, – immer in Meran. Spätestens am zweiten Tag der Sommerferien brachen wir auf. Das Gepäck wurde im Kofferraum verstaut, Kiki, das jeweilige Kindermädchen und ich hinten ins Auto gepackt. Meine Mutter brachte uns nach Meran und fuhr dann gleich wieder nach Hause. Unsere Eltern kamen erst mehrere Wochen später nach, denn es war Erntezeit, und mein Vater, der immer am liebsten selbst auf dem Mähdrescher saß, musste und wollte in diesen entscheidenden Wochen in Tüssling sein. Für Landwirte ist der Sommer der Höhepunkt des Jahres: Sie ernten, wofür sie das gesamte Jahr gearbeitet haben. Auf unseren einhundert Hektar Landwirtschaft wurden Weizen, Gerste, Mais, Hafer, Roggen und Zuckerrüben angepflanzt. Mein Vater freute sich jedes Jahr von

Neuem, das goldene Korn mit eigenen Augen vom Mähdrescher in den Anhänger des Traktors fließen zu sehen.

Also fuhren Kiki und ich zunächst ohne unsere Eltern nach Meran – seit meinem sechsten Lebensjahr jeden Sommer das Gleiche. Meine Mutter hatte dort von ihrer Mutter, die Südtirolerin war, ein Grundstück geerbt. Mitte der Sechzigerjahre ließ mein Vater dann hier ein Haus bauen: ein unpersönliches, funktionales Gebäude im Stil der Zeit, Linoleumböden mit Marmormuster, hallende Korridore, von denen die durchnummerierten Schlafzimmer ausgingen – eine viereckige Kammer neben der anderen. Doch dieser architektonische Sündenfall hatte seinen Grund: Mein Vater stellte sich vor, dieses Haus eines Tages in eine Pension umzuwandeln. Deshalb ließ er in jedem Zimmer eine Klingel anbringen, die unten in der Küche läuten und zugleich die Nummer des Zimmers anzeigen sollte. Eine fabelhafte Idee, nur funktionierte niemals auch nur eine einzige Klingel wie vorgesehen. Manche Klingeln läuteten überhaupt nicht, andere schrillten zwar, wie beabsichtigt, in der Küche, doch die dort aufleuchtende Zimmernummer war ausnahmslos falsch. Wenn meine Eltern oder ein Gast auf den Klingelknopf in ihrem Zimmer drückten, in der Hoffnung, Frau Dorn herbeirufen zu können, geschah entweder überhaupt nichts, oder aber Frau Dorn hastete los und landete unter Garantie im falschen Zimmer.

Glücklicherweise wurde das Vorhaben, das Haus in eine Pension umzuwandeln, nie umgesetzt. Mein Vater, der mit der Hotellerie nicht die geringste Erfahrung hatte, hätte wohl auch keinen besonders geeigneten Pensionsinhaber abgegeben. Bis zuletzt nutzten wir das bauliche Ungetüm in Meran also lediglich als unser alljährliches Feriendomizil. Mein Vater hatte es zwar in seinem Testament Kiki vermacht, doch sie schlug das Erbe aus, sodass ich dann, auf Wunsch meiner Mutter, das ungeliebte Objekt weiterhin instand hielt. Vor ein paar Jahren wurde es verkauft, der Käufer hat es dann nach einiger Zeit abreißen lassen.

Kiki und ich hätten unsere Ferien liebend gerne auch mal woanders verbracht als in Meran. An einem fernen sonnigen Strand beispielsweise, doch unsere Familie machte keine Urlaubsreisen. Meine Eltern liebten das milde, fast subtropische Meraner Klima, die Weinberge, die schattigen Promenaden, die herrlichen Parkanlagen mit ihren wehenden Palmen, den Zypressen und Kakteen. Meine Schwester und ich konnten uns dafür nur mäßig begeistern. Dennoch will ich keineswegs den Eindruck vermitteln, als seien unsere Ferien in Meran bloß langweilig und freudlos gewesen. Kiki und ich hatten durchaus unseren Spaß – wir genossen unsere Freiheit, alles erleben zu können, was andere Kinder auch erlebten. Erst wenn meine Eltern Anfang September in Meran eintrafen, waren die Freiheiten schlagartig vorbei. Schon den gesamten Tag vor der Ankunft der Eltern verbrachten wir damit, Schilder zu basteln und zu bemalen, auf denen wir unsere ach so große Freude über ihr Eintreffen zum Ausdruck brachten: »Herzlich willkommen!« stand da in großen bunten, von Girlanden umrankten Lettern. Doch unsere Freude hielt sich in Grenzen. Jetzt hieß es wieder, brav, folgsam und manierlich zu sein – den ganzen Tag.

Ich denke gern an einige Episoden zurück, wenn wir allein in Meran waren, an die kleinen verrückten Fluchten aus unserem eng umzäunten Alltag. Ein lustig-schauriges Erlebnis ist mir insbesondere im Gedächtnis haften geblieben: Ich war dreizehn Jahre alt, als ich mich in Karl verknallte. Vicky und Karl waren die Kinder unseres Hausmeisterehepaares, und mit Vicky spielten und tobten wir herum. Eines Tages beschloss meine Mutter, Kiki und ich sollten bei einer Privatlehrerin Italienisch lernen, und wir bekamen jeden Tag Unterricht. So wurde unsere Freizeit auch in ihrer Abwesenheit mit einer sinnvollen Aufgabe gefüllt. Die Italienischlehrerin war streng und gab uns sogar schriftliche Hausaufgaben auf, damit meine Mutter unsere Fortschritte begutachten konnte. Doch Kiki und ich alberten nur herum, und immer, wenn Vicky zu Besuch war, alberte sie mit und erledigte nach dem Unterricht schnell unsere Hausaufgaben. Damit bewahrte sie uns unsere freie Zeit, und unsere Italienischkenntnisse blieben so miserabel wie zuvor.

An einem sonnigen Nachmittag erschien Vickys Bruder Karl nach dem Unterricht bei uns, nahm mich kurz zur Seite und forderte mich auf, doch mit ihm abends in dem Weinberg vor unserem Haus spazieren zu gehen. Allein das Wort »Spaziergang« ließ mir die Haare zu Berge stehen. Doch der attraktive und vier Jahre ältere Karl gefiel mir und grinste mich schon seit Tagen merkwürdig verlegen an. Ich ahnte bereits, dass dies kein gewöhnlicher Spaziergang werden dürfte. Also büchste ich zum verabredeten Zeitpunkt heimlich aus meinem Zimmer aus. Tatsächlich ergriff Karl, sobald wir außer Sichtweise des Hauses waren, meine Hand. Irgendwo zwischen den Reben schmusten wir ein wenig, ich kicherte dabei die meiste Zeit, um meine maßlose Unsicherheit zu überspielen. Gleichwohl empfand ich unsere harmlose amouröse Eskapade als ungemein aufregend. Karl wohl auch – so aufregend, dass wir die Uhrzeit vergaßen.

Zu Hause wurde Frau Dorn allmählich unruhig. Eine Kinderfrau war damals in Meran nicht dabei, wir waren ja keine Kinder mehr. Jetzt trug allein unsere Haushälterin die Verantwortung. Als sie an jenem Abend Kiki und mich zum Essen rief, tauchte ich natürlich nicht auf. Es wurde neun Uhr, und ich war noch immer außer Haus. Kiki, die Bescheid wusste, tat ihr Allerbestes, um Frau Dorn zu beschwichtigen: »Machen Sie sich keine Sorgen, bitte! Steffi kommt gleich. Sie wollte nur einen kleinen Spaziergang machen, wahrscheinlich hat sie jemanden getroffen und sich dann verquatscht. Sie kennen sie doch!«

Frau Dorn glaubte ihr kein Wort. Entschlossen schickte sie Kiki auf ihr Zimmer, schlüpfte anschließend in ihr Nachthemd, zog ihren Bademantel darüber, stellte einen Stuhl vor unser Schlafzimmer und setzte sich. Dort wartete sie auf mich.

Als ich endlich angelaufen kam, sprang sie mit einem Satz hoch und ballerte los. Eine wilde Schimpfkanonade. Ich kann mich an den Inhalt nicht mehr erinnern, aber ich sehe sie noch heute in ihrem lindgrünen Bademantel unter der Deckenfunzel im Gang wie ein keifendes, fuchtelndes Rumpelstilzchen auf und ab springen.

Unter einem Schwall von Ausreden und Entschuldigungen huschte ich an ihr vorbei, um in mein Zimmer zu flüchten. Mitten im Zimmer drehte ich mich kurz um, weil Frau Dorn plötzlich verstummt war, dabei inständig hoffend, sie möge sich ein wenig beruhigt haben. In der Tat. Unsere liebe alte Haushälterin hatte sich im Flur an die Wand gelehnt, wischte sich die Schweißtropfen von der Stirn und lächelte fast unmerklich in sich hinein.

Diese kleinen Fluchten aus den Fittichen unserer Eltern waren wichtig für uns Schwestern, vor allem jedoch wichtig für mich. Wie schon erwähnt, wagte ich lange Zeit keinen Widerspruch. Umso mehr sehnte ich mich nach Freiheit und Selbstbestimmung.

In meiner Erinnerung ist meine Kindheit eng mit der meiner Schwester Kiki verbunden. Obwohl wir sehr unterschiedlich im Wesen waren, hielten wir oft zusammen, und auch wenn wir nicht viel zu lachen hatten, gelang es uns beiden doch, jede auf ihre Weise, etwas aus unserer Kindheit in unser späteres Leben mitzunehmen. Kiki, die immer schon den Wagemut der Rebellin zur Schau trug und den Mut besaß, sich über viele Tabus hinwegzusetzen, ist sich auch als erwachsene Frau treu geblieben. Sie hat sich von dem Standesbewusstsein der Familie abgeseilt und führt heute ein unabhängiges Leben auf Ibiza. Auch ich habe den für mich richtigen Weg aus den kleinen und größeren Höllen der familiären Zwänge gefunden. Doch dafür brauchte ich noch eine lange Zeit.

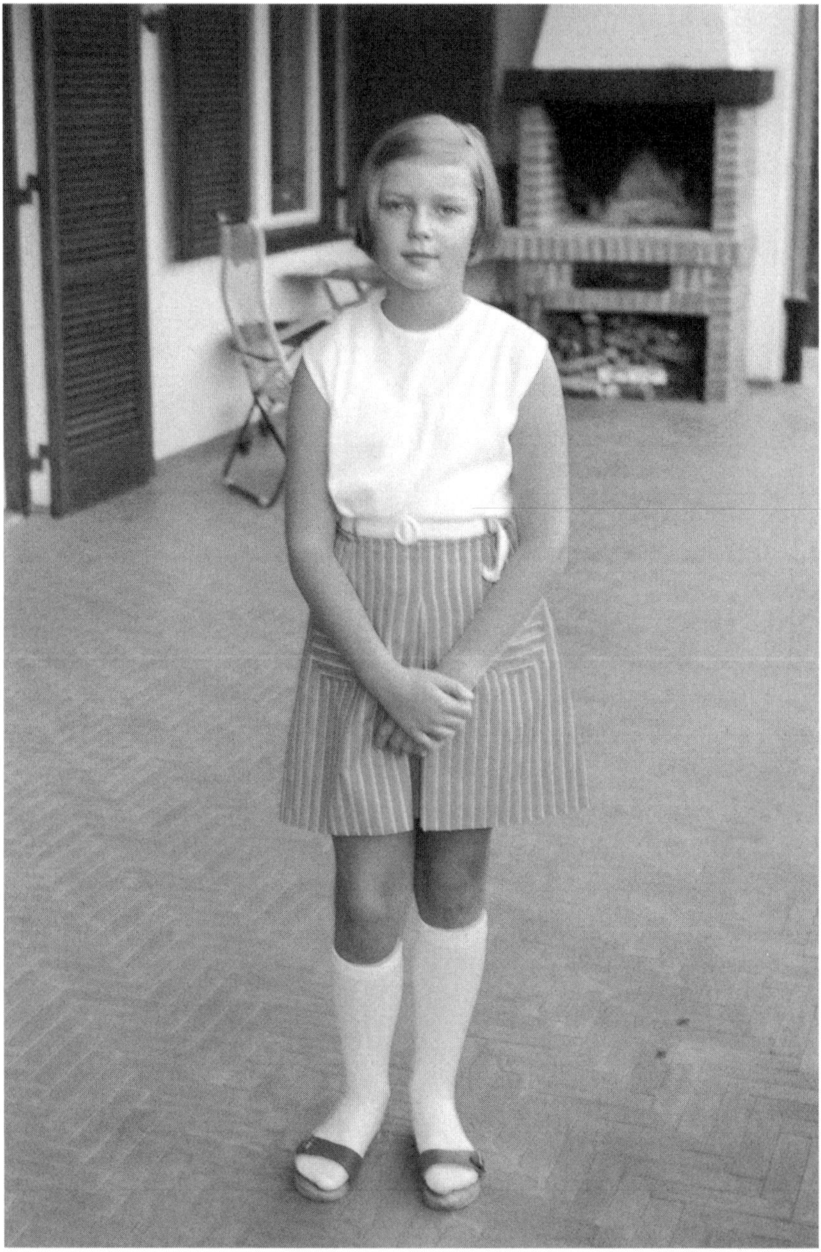

II

An meinem ersten Schultag regnete es in Strömen. Es wollte überhaupt nicht mehr aufhören. Ich trug einen schauderhaften Regenmantel mit Schottenmuster und einen ebenso karierten Hut im Stil einer Feuerwehrkappe mit Ohren- und Nackenschützern. So erschien ich an der Hand meiner Mutter und dem neuen Kindermädchen Renate zum ersten Mal in der Schule, sie wollte es so. Meine Mutter begleitete mich bis zum Schuleingang, ein dünnes Lächeln auf den Lippen. Die Kinder starrten mich an, als käme ich direkt vom Mars. Vermutlich kicherten sie auch, denn sie alle trugen normale, unauffällige Kleidung, wie ich sie zu gerne selbst angehabt hätte. Jedenfalls betete ich, der Boden unter meinen Füßen möge sich öffnen und mich auf der Stelle verschlucken. Nie wieder wollte ich auftauchen! Kein sonderlich gelungener Schulanfang.

Dennoch lebte ich mich erstaunlich schnell in den Schulalltag ein. Endlich war ich umgeben von den Kindern aus dem Dorf, endlich eine von ihnen, endlich gehörte ich dazu. Das hoffte und glaubte ich, doch leider täuschte ich mich. Eines Mittags, zwei, drei Monate nach meinem ersten Schultag, trottete ich nach dem Unterricht nach Hause – wir lebten damals noch im Erdgeschoss des alten Rathauses –, da hörte ich sie zum ersten Mal: »Baron Steffi, Baron Steffi!«, hallte es durch die Gassen. Einige Kinder aus meiner Schule rannten lachend und feixend hinter mir her und brüllten aus vollem Hals: »Baron Steffi! Baron Steffi!«

Vermutlich lebte ich in ihrer Fantasie wie ein verwöhntes kleines Prinzesschen: Kaum betrete ich die Haustür des wuchtigen Rathauses, schon kommt mir das Kindermädchen in einer weiß gestärkten Schürze entgegen, knickst und setzt mir eine glitzernde Krone auf. So müssen sie sich das vorgestellt haben. Heute kann ich als Mutter von sechs äußerst fantasievollen Kindern über solche Vorstellungen schmunzeln, damals jedoch stürzte ich aus allen Wolken. Ich kämpfte gegen die Tränen. Hatte ich mir doch tatsächlich eingebildet, ich wäre für die anderen Kinder eine ganz normale Mitschülerin. Wir spielten doch zusammen, zankten und schwätzten miteinander, tobten gemeinsam über den Schulhof und saßen Seite an Seite im Klassenzimmer. Das schien nicht zu zählen, ich war und blieb eine Außenseiterin und hatte es nicht einmal gemerkt!

Was konnte ich tun? Am liebsten hätte ich mich vor die Kinder hingestellt und ihnen erklärt, dass Renate in ihrer weißen Schürze uns vor allem deshalb versorgte, weil meine Eltern eben nicht bei uns lebten, sondern drüben im Schlosspark. Wie gerne hätte ich ihnen ins Gesicht geschrien: »Seht ihr denn nicht, dass ich die kratzigen Kleider meiner Halbschwester Dudu auftrage, sechzehn Jahre alte Klamotten? Nichts Neues, nichts Edles – von wegen Prinzessin!« Aber ich brachte kein Wort heraus und stapfte mit zusammengebissenen Zähnen nach Hause in unser marodes Rathaus.

Mit der Zeit freundete ich mich zwar mit einigen Mädchen aus meiner Klasse an, doch eng wurden die Freundschaften nie. Die unsichtbare Mauer zwischen ihnen, den Dorfkindern, und mir, der »Baron Steffi«, blieb unüberwindbar.

Zum Glück mochten mich die Lehrerinnen. Ich war aufmerksam, sehr folgsam und schrieb gute Noten. Sobald wir Zensuren bekamen, brachte ich, wie es meine Mutter von mir erwartete, in den meisten Fächern eine Eins nach Hause. Nicht, dass ich sonderlich fleißig gewesen wäre, doch ich lernte schnell und ohne mich anzustrengen, auch später noch flog mir fast alles zu. Nur meine Schrift ließ zu wünschen übrig, und ich bekam des Öfteren eine Drei, sodass meine ehrgeizige Mutter laut murrte. Gute Zensuren waren für sie wohl die beste Garantie für eine viel versprechende

Zukunft. Die Lehrerinnen erkannten, was die Mitschüler nicht wahrnehmen konnten: dass meine Mutter Kiki und mich alles andere als verhätschelte! Der Druck vonseiten meiner leistungsbewussten Mutter kann ihnen nicht verborgen geblieben sein, sie lobten und unterstützten uns.

Gut in der Schule sollten wir sein, sparsam und bescheiden. Noch heute sehe ich, wie sich meine Mutter zu Weihnachten und an Geburtstagen vor uns aufbaute und uns ermahnte, alle Geschenke vorsichtig auszupacken. Keine Verschwendung, hieß es – das Papier bloß nicht einreißen, die Schleifen sorgfältig aufschnüren, denn die Bänder und die unbeschädigten Papierbögen wurden eingesammelt und später dann sauber und ordentlich glatt gebügelt. Eingerissene Blätter schnitt meine Mutter zu kleineren Vier- oder Rechtecken zurecht. Alles wurde wiederverwendet, selbst winzige Papierreste.

»Oh«, grinsten Kiki und ich uns an, als wir beide schon ein wenig größer waren, »das ist das Geschenkpapier aus dem vorletzten, nein, dem vorvorletzten Jahr!«

Zum Papier-Wiederverwendungs-Ritual gehörte natürlich auch, dass wir Kinder lernten, Geschenke einzupacken, ohne Klebeband zu gebrauchen, denn es hätte die Gefahr bestanden, das Papier einzureißen, und das wäre Verschwendung gewesen. Und dass wir übten, den Knoten der Schleife ja nicht zu fest zu schnüren. So sahen Band und Papier auch nach zigmaligen Wiederverwendung wie neu aus. Damals ächzte ich innerlich und verdrehte die Augen, doch heute kann ich den Spleen meiner Mutter recht gut verstehen. Ihre pedantische Haltung war typisch für die traumatisierte Kriegsgeneration, jede Form von Vergeudung kam einer Sünde gleich.

So bekamen wir auch regelmäßig Befehle zu hören wie: »Was auf den Tisch kommt, wird gegessen!« oder: »Der Teller wird aufgegessen!« Wenn wir Kinder auch nur einen Happen übrig ließen, mussten wir – sobald wir bis drei zählen konnten – zur moralischen Belehrung eine Rechenaufgabe lösen. Eine der beliebtesten war:

»Steffi, rechne aus, wie viele Waggonladungen voll würden, wenn zehntausend Kinder das übrig ließen, was jetzt auf deinem Teller liegt, und berechne, wie viele Kinder in Biafra davon satt werden könnten.« Dabei befand sich auf meinem Teller nicht mehr als eine halbe Kartoffel oder ein sehr kleines Stückchen Fleisch.

Denn ich aß als Kleinkind, und auch noch in den ersten zwei Schuljahren, absolut alles, was auf den Tisch kam. Essen, das war mein Schönstes! Die seltenen Male, wenn mein Vater und ich zusammensaßen, machte er sich einen Spaß daraus, mich zu fragen: »Fienchen, was tust du am liebsten?«

»Essen!«, rief ich. Mein Vater lachte sich jedes Mal schief. Ich verstand zwar nicht ganz weshalb, aber ich kicherte und gluckste mit ihm, genoss es, wenn wir zwei lachten.

Ich war in der Tat ein dickes, ein kugelrundes Kind. Meine Mutter kümmerte das wenig, sie sprach von Fohlenspeck und ließ mich so viel Essbares in mich hineinstopfen, wie ich wollte. Ihr größtes Interesse galt unseren Schulnoten. Außerdem bekam ich Musikunterricht. Als Erstes lernte ich Flöte spielen, dann stieg ich auf Akkordeon um, und als wir ins Schloss eingezogen und die Flügel renoviert und gestimmt worden waren, engagierte meine Mutter für Kiki und mich Frau Professor Paul, eine extrem strenge, autoritäre Klavierlehrerin. Sie schlug eine Seite im Notenheft auf, kreuzte das Lied mit einem Bleistift an, und dann musste ich mehrmals den markierten Fingersatz durchspielen. Am Ende hieß es immer: »Bis nächste Woche musst du es richtig gut können, also übe!«

Meine Mutter achtete strikt darauf, dass wir jeden Tag die vorgeschriebenen fünfundvierzig Minuten übten. Kiki hatte noch weniger Lust dazu als ich, und erfinderisch wie sie war, kam sie bald auf einen äußerst gerissenen Trick: Sie übte ein Musikstück ein einziges Mal, nahm es dann auf einen Kassettenrekorder auf und spielte die dreißig Minuten »Übungszeit« einmal täglich laut ab. Bis unser Kindermädchen den Schwindel entdeckte. Das darauffolgende Donnerwetter war gigantisch. Unglaublich, was sich Kiki einfallen ließ, was sie sich traute! Ich selbst übte brav, wenn auch oft widerwillig, doch ich wollte unbedingt Ärger mit meiner Mutter vermeiden, familiäre Konflikte machten mir sehr viel mehr zu schaffen als Kiki.

Einmal hatte sich mein Bravsein sogar richtig ausgezahlt: Mir wurde das Skifahren erlaubt! Sport war in meiner Familie kein Thema, ich musste also regelrecht betteln: »Bitte, ich muss unbedingt skifahren! Alle Mädchen aus der Schule dürfen doch auch!«

Schließlich gaben meine Eltern nach und schenkten ihrem folgsamen Töchterchen einen Skikurs. Ich war sieben, als sich mein Traum erfüllte, doch leider sollte der Traum ein überaus schnelles und unglückliches Ende nehmen. Als es endlich soweit war, machte ich mich an einem verschneiten Sonntag um sechs Uhr früh auf den Weg, sehr aufgeregt und voller Vorfreude. Ich stapfte im Dunkeln durch das winterliche Tüssling und bestieg den Skibus, den ein Mühldorfer Sportgeschäft organisiert hatte. Der Bus fuhr von Tüssling nach Reit im Winkel. Dort setzte der Busfahrer die lärmende Horde Kinder und die begleitenden Skilehrer dann ab und kam nachmittags zurück, um uns wieder nach Hause zu fahren.

Den ganzen Tag rutschte ich, Fienchen, das Pummelchen, mit den anderen Kindern atemlos über die Piste und strengte mich kräftig an. Schussfahrt, Schneepflug, hinfallen, aufrappeln, weiterrasen, ja nicht zurückbleiben. Ich glaube, ich stellte mich ziemlich ungeschickt an, jedenfalls war ich meistens die Letzte. Doch ich war dennoch selig, berichtete zu Hause begeistert von meinen sportlichen Leistungen und erntete ein zufriedenes Lächeln von beiden Eltern.

Am dritten Wochenende passierte es. Ich stürzte auf einem Buckelhang und brach mir das Schienbein. Damit waren meine sportlichen Ambitionen schlagartig beendet. »Einmal ein Bein in Gips reicht mir«, sagte mein Vater, »ein zweites Gipsbein zahle ich nicht.« Schluss, aus – kein Sport mehr. Ich schluckte und nahm es hin, fraß meinen Kummer in mich hinein und stopfte als Trost noch größere Mengen Essen in meinen eh schon kugelrunden Bauch. Ich wurde noch dicker.

Bis ich kurz nach meinem zehnten Geburtstag auf einmal in die Höhe schoss. Beine, Arme, der Oberkörper, alles dehnte und streckte sich, ein gewaltiger Wachstumsschub in Rekordtempo. In der vierten Klasse überragte ich meine gesamten Klassenkameraden. Mit knapp elf Jahren war ich bereits übermäßig groß für mein Alter. Das war wohl zu viel für meinen strapazierten Körper: Durch das blitzartige Wachstum löste sich der Hüftkopf aus meiner Hüftpfanne. Ich spürte auf einmal stechende Schmerzen in der Leistengegend, der Turnunterricht wurde zur Qual.

Irgendwann stach der Hüftkopf sichtbar heraus, und meine Mutter brachte mich nach Mühldorf ins Krankenhaus. Die Ärzte schickten uns umgehend weiter nach München in die orthopädische Abteilung des Harlachinger Krankenhauses. Nur dort konnte ein derartig komplizierter Fall wie meiner behandelt werden.

Hier erlebte ich den ersten unvergesslichen Schock meines Lebens. Ich sehe mich noch auf dem Untersuchungstisch der orthopädischen Station liegen. Rechts von mir meine Mutter, links der Professor, in jeder Hand eine Röntgenaufnahme. »Sofort operieren!«, verkündete der Arzt, »der Knochen muss schleunigst zurück in die Hüftpfanne. Anschließend wird die Hüfte genagelt.«

Was sich hinter dieser Diagnose verbarg, wurde mir erst aus dem an meiner Liege geführten Gespräch zwischen dem Professor und meiner Mutter richtig bewusst. Der Arzt sprach von mehreren Wochen Aufenthalt im Krankenhaus, von einem Jahr auf Krücken und mindestens zwei Jahren keinerlei Sport, während alle anderen Kinder rannten, sprangen und Spaß hatten? Darauf war ich nicht gefasst. Adieu, Schule. Adieu, Spaß. Adieu, normales Leben. Ich versuchte, nicht zu weinen, aber ich spürte, wie sich meine Augen mit Tränen füllten.

»Ach ja«, fügte der Arzt hinzu, »die andere Hüfte. Ich werde die zweite Hüfte gleich mitoperieren. Vorsichtshalber.«

Das war zu viel. Alles in mir rebellierte. Ruckartig setzte ich mich auf, kurzer Atemstillstand, dann legte ich los. Ich schrie und schrie aus ungeahnten Leibeskräften, so laut, so durchdringend, dass gleich mehrere Pfleger und Krankenschwestern angelaufen kamen. Ich erinnere mich noch, wie alle um mich herumtanzten und versuchten, mich zu beruhigen. Aber ich ließ mich nicht beruhigen, ich war nicht mehr ich selbst, ich weiß nicht mehr, was ich schrie, aber ich schrie weiter, als ginge es um Leben oder Tod. Mit Erfolg: Dem tobenden Schreihals wurde nur die rechte Hüfte operiert.

Ein Glück! Die linke Hüfte wurde über Jahre regelmäßig kontrolliert, damit sie nicht auf einmal auch heraussprang. Doch der Liebe Gott meinte es gut mir, die Hüfte verursachte keine Probleme. Die Operation der rechten Hüfte war schrecklich genug. Zwar verlief sie, medizinisch gesehen, gut, doch blieb mir am Oberschenkel eine beachtliche Narbe, ein fünfundzwanzig Zentimeter langer »Reißverschluss«. Mit den heutigen Operationsmethoden wäre die Narbe erheblich dezenter ausgefallen.

Sie wurden lang, die Wochen im Krankenhaus, und ich schlief viel, um die Monotonie leerer, sich hinziehender Tage zu vergessen. Ich sehe mich noch heute dort liegen: Aus meinem Körper hingen Schläuche; daran waren Beutel befestigt, in die unaufhörlich Sekrete aus mir heraustropften; irgendwann waren die Beutel voll und mussten ausgewechselt werden. Unvergesslich der Tag, als mir ein mindestens zwanzig Zentimeter langer, im Oberschenkel steckender Schlauch entfernt werden sollte.

»Jetzt ziehe ich den Schlauch raus«, erklärte die Schwester. Ich nickte, dachte an nichts Schlimmes und dann zog sie. Es war wie ein plötzlicher Messerstich aus dem Hinterhalt. Ich schrie, so gewaltig durchzuckte der völlig unerwartete Schmerz meinen Körper. Wenn ich heute im Krankenhaus Menschen mit Schläuchen sehe, läuft mir noch jedes Mal ein Schauer über den Rücken. Erstaunlich, wie klar meine Erinnerung an jene Wochen ist. Ich entsinne mich an bedrückende Stille, an den besonderen Geruch der Linoleumböden und an das fahle Licht in endlosen Korridoren; an das hastige Rein und Raus der Krankenschwestern und Ärzte, an die mittäglichen Dünste in dem ungelüfteten Zimmer. Die meiste Zeit teilte ich es mit einer sehr alten, sehr freundlichen Dame, die mich häufig anlächelte und nur selten mit mir sprach. Meine Mutter hatte angeordnet, dass ich kein Einzelzimmer bekommen sollte, vermutlich wollte sie nicht, dass ich alleine war und mich einsam fühlte. Sie selbst kam hin und wieder zu Besuch. Eine gewisse, eine verlässliche Fürsorge, mehr nicht.

Außer meiner Mutter besuchte mich niemand aus der Familie, doch wer häufig ins Krankenhaus kam, war meine Lehrerin. Frau Folger fuhr regelmäßig mit der Bahn von Tüssling nach München, brachte mir Schulbücher und achtete darauf, dass ich lernte. Nicht zuletzt ihrem beeindruckenden Einsatz verdanke ich es, dass ich, trotz des Schulausfalls, den Übertritt ins Gymnasium schaffte. Und so führte mich einer meiner ersten Wege, nachdem ich endlich das Krankenhaus verlassen durfte, humpelnd auf meinen zwei Krücken, ins Gymnasium von Altötting.

Ich hätte so gerne Sport getrieben! Ich wollte immer Tennis spielen und reiten, doch meine Eltern erlaubten es nicht. Und jetzt war für die nächsten zwei Jahre an Sport nicht zu denken. Wieder nahm ich zu, wurde immer pummeliger, ein ziemliches Trumm von einem Kind. Dazu noch dünne, fettige Haare, jede Menge Pickel. Das war ich. Volles lockiges Haar, schlanke Figur, dünne lange Beine. Das war meine Schwester Kiki.

»Oh, die schöne, die süße Kiki!«, schwärmten sie alle, »sieht sie nicht toll aus?« Kiki war auch noch pfiffig und frech, ich hingegen behäbig und brav. Ich konnte tun, was ich wollte, aber es nützte nichts, ich konnte mit Kiki nicht mithalten. Schon vor meiner Operation hatte ich es aufgegeben, mit ihr Fangen zu spielen, denn ich erwischte sie nie. Sie rannte davon wie der Wind. Ich hatte mich noch nicht umgedreht, schon war sie am anderen Ende des Parks und lachte sich kaputt. Egal was ich versuchte, egal wie sehr ich mich verausgabte, Kiki war mir immer voraus.

In unserer Schulzeit hatten wir Schwestern oft furchtbaren Streit. Wann immer Gefahr von der Elternfront drohte, hielten wir zusammen, wie wir es als kleine Kinder getan hatten, doch ansonsten flogen die Fetzen. Wir waren zu gegensätzlich – Kiki temperamentvoll und aufbrausend, und ich, obwohl anderthalb Jahre älter, blauäugig, das brave, bedächtige Fienchen. Kiki hatte bereits in der Grundschule, als wir anderen Kinder noch lieb und unbedarft waren, damit angefangen, die Unterschriften der Eltern zu fälschen. Sie begehrte gegen ihre strenge Erziehung auf, wann immer sich die Gelegenheit bot, wurde zu einer regelrechten Rebellin, eine, die die anderen Mitschüler unentwegt zu waghalsigen Streichen anstachelte. »Kiki wiegelt die Massen auf«, hieß es in der Familie. Ihre Freundinnen himmelten sie an und taten, ohne mit der Wimper zu zucken, alles, was Kiki ihnen auftrug. Eines Tages flog Kiki aus dem Altöttinger Gymnasium. Sie hatte wohl zu viel angestellt und wurde in die Hauptschule unseres Nachbarorts zurückversetzt. Nun probte sie dort den Aufstand. Sie legte bereits morgens im Bus los, in dem sie und die anderen Kinder aus der näheren Umgebung zur Schule fuhren: »Hau ruck, hau ruck!«, feuerte sie die Kinder an. Sie sollten sich von der rechten zur linken Seite des Busses fallen lassen, alle im gleichen Takt und so lange, bis sie den Bus schließlich heftig zum Schwanken brachten.

Es kam, wie es kommen musste, der aufgebrachte Busfahrer erkannte in Kiki sofort die Anführerin. »Herrgott Sakra, der Bus fällt um!«, brüllte er und weigerte sich, sie jemals wieder mitzunehmen. Kiki, das Enfant terrible der Familie, wurde, wie unsere älteren Geschwister auch, dann ganz schnell nach Schondorf ins Internat geschickt. Wenn sie in den Schulferien nach Hause kam, erzählte sie mir die abenteuerlichsten Geschichten über ihr Internatsleben, und ich beneidete sie aus tiefstem Herzen.

Verblüffenderweise war Kiki die Lieblingstochter meiner strengen Mutter. Vielleicht erkannte sich meine Mutter in ihr wieder. Die beiden waren sich ähnlich. Nur hatte Kiki sich von Anfang an frei gekämpft, meine Mutter hingegen nie. Ich denke, sie hat Kiki deswegen insgeheim bewundert. Kiki ist immer noch gertenschlank, ihre Haare sind eine Kaskade aus üppigen Locken. Sie ist eine große, sehr attraktive, außergewöhnliche Frau. So sehr wir uns heute tiefes Verständnis für unsere unterschiedliche Art zu leben entgegenbringen, so sehr musste ich als Kind mit diesem Unterschied kämpfen: Ich war die Artige, sie die Rebellin.

Endlich kam der Tag, an dem ich, den Nagel noch in der Hüfte, mit dem Reiten anfangen durfte, die einzige Sportart, die mir die Ärzte erlaubten. Bald wurde ich zu einer guten, passionierten Reiterin, fühlte mich lebendig, sicherer, freier: Fest im Sattel sitzend, verflüchtigten sich meine Selbstzweifel; ich spürte, wie sich die Kraft dieser großen, geduldigen, vitalen und starken Tiere auf mich übertrug. Dafür nahm ich die lange Zugfahrt zum Reitstall nach Ampfing, mit Umsteigen in Mühldorf, gerne in Kauf. Eine Stunde Hinfahrt, eine zurück – nicht weiter schlimm. Nur dass mich weder mein Vater noch meine Mutter jemals dorthin brachten, dass sie nicht ein einziges Mal in der Reitschule auftauchten, weil ihnen der Weg dorthin, selbst im Auto, zu weit war – das stimmte mich traurig. Insbesondere da andere Eltern ihre Kinder des Öfteren begleiteten und deren Reitkünste wortreich bewunderten. Ich ritt Dressur und gab mein Äußerstes, um aus den Reitschulpferden die bestmöglichen Gangarten herauszuholen. Doch bei mir zu Hause interessierte das niemanden. Als wir in dem Reitstall Quadrille ritten, eine aufwendige Inszenierung vorführten, strömten die Eltern und Verwandten der Reitschüler herbei, applaudierten und feierten ihre Kinder. Ich glaube, ich war die Einzige, deren Eltern nicht da waren. Keiner, der mich lobte und betonte, wie stolz er auf mich sei. Ich hatte es mir so inständig gewünscht.

Nun, ich hätte es besser wissen müssen, denn meine Eltern erschienen ja auch nicht zu den Schulaufführungen ihrer Kinder. Mein Vater setzte niemals einen Fuß in die Schule, meine Mutter betrat sie ausschließlich an den Elternsprechtagen, um mit den Lehrern über meine Leistungen zu sprechen. Dennoch hoffte ich bei jeder Theateraufführung bis zuletzt, dass Vater oder Mutter, oder sogar beide Eltern plötzlich doch im Publikum sitzen würden, irgendwo zwischen den vielen anderen Erwachsenen, mir zulächelten und mich heftig und begeistert beklatschten. Dummer, unverbesserlicher Kindertraum.

Nicht einmal die selbst gebastelten Geschenke, auf denen meine Mutter bestand, wurden sonderlich geschätzt. »Bitte nur Selbstgemachtes«, sagte sie. Also töpferten Kiki und ich Jahr für Jahr lustige kleine Aschenbecher, bemalten Kleiderbügel, stickten Deckchen, fertigten unnütze Kästchen und Körbchen. Einen einzigen Tag lang wurden unsere Werke auf dem Tisch in einem der Wohnzimmer oder in einem Bücherregal ausgestellt, dann verschwanden sie für immer und unauffindbar in den Tiefen eines Schranks. Ausrangiert und zu den Akten gelegt. Weder Kiki noch ich sagten ein Wort, aber natürlich bemerkten wir es. Und weil ich mich heute noch an meine Enttäuschung erinnern kann, wenn dort, wo gestern noch mein Präsent gewesen war, wieder der übliche Kerzenleuchter oder eine alte Silberdose standen, lasse ich die selbst gemachten Gaben meiner Kinder überall gut sichtbar stehen. Sechs Kinder, die basteln und töpfern, da kommt mit der Zeit einiges zusammen. In allen Räumen des Schlosses, auf jedem Tisch, in jedem Regal können die fabelhaften Bastelarbeiten meiner Kinder bewundert werden.

Meine Mutter lebte einfach in einer anderen Welt – einer Welt, in der die geschmacklosen Schälchen und unbeholfenen Zeichnungen ihrer Kinder im Salon der Erwachsenen nichts zu suchen hatten. Sie wollte uns damals bestimmt nicht kränken und freute sich über unsere komischen Basteleien, doch sie störten ihren Sinn für Qualität und Ästhetik und mussten wohl deshalb möglichst bald aus ihrem Blickfeld verschwinden.

Dabei bemühte sich meine Mutter durchaus, uns Schwestern zu bestimmten Anlässen eine Freude zu bereiten, insbesondere an unseren Geburtstagen. Nachdem wir ins Schloss gezogen waren, unternahm sie große Anstrengungen, Kiki und mich gebührend zu feiern.

»Steffi«, frohlockte sie, »ich veranstalte dieses Jahr wieder eine Geburtstagsparty für dich! Du darfst die beiden Kinder des Försters einladen.«

Wir versammelten uns im Spielzimmer, Kiki, ich, die zwei Jahre jüngere Tochter des Försters und der Sohn in Kikis Alter. Sie waren die einzigen Kinder, die ich einladen durfte, die einzigen, denen es überhaupt erlaubt war, unser Schloss zu betreten. Die Köchin deckte den Tisch, trug die Torte herein. Dann Kerzen anzünden, Geburtstagslied singen und schließlich Topfschlagen und Blindekuh spielen. Zwei fein gemachte, verschüchterte Försterkinder, zwei missmutige Schlosskinder und eine bemühte Mutter feierten eine Geburtstagsparty. Wir sollten in die Hände klatschen und fröhlich sein. Die Anstrengung, mit der wir versuchten, Spaß vorzutäuschen, die angespannte Stimmung, die den gesamten Raum erfüllte – gespenstisch! Alle atmeten auf, als der Zauber, der keiner war, endlich sein Ende fand. Meine Mutter hatte sich sehr angestrengt, doch sie war nicht verspielt, sie fand keinen Spaß daran, mit Kindern lustig zu sein.

Meine Mutter war siebenunddreißig Jahre alt, als ich geboren wurde, eine recht alte Mutter, vor allem für die damalige Zeit. Auf jeden Fall war sie überfordert, uns Kindern nahe zu sein, sich in uns hineinzuversetzen. Stattdessen haben wir von ihr gelernt, wie man sich in Gesellschaft mustergültig benimmt, ihr verdanke ich auch meine tadellosen Tischmanieren. Das war ihr wichtig, das wollte sie uns für unser späteres Leben mitgeben. Wie schön hätte es dennoch sein können, wenn sie mit uns Kindern nicht ganz so streng gewesen wäre, nicht ganz so rigide.

Ich war recht einsam als Kind, vor allem als Kiki nicht mehr in Tüssling lebte. Die Kinder der Freunde meiner Eltern waren alle sehr viel älter als ich, und meine Eltern hielten es für vollkommen überflüssig, Ausschau nach Spielkameraden für mich zu halten. Ich war also oft allein. Kiki trudelte in ihren Internatsferien strahlend zu Hause ein und erzählte wieder einmal, was sie alles im Internat erlebt hatte: Heimlich stieg sie mit einem verschworenem Grüppchen tollkühner Mitschüler zu mitternächtlicher Stunde aus dem Fenster, dann fanden im Sommer wilde Badeschlachten im Ammersee statt, oder man segelte bei aufkommendem Wind in kleinen Jollen bis zum anderen Seeufer und wieder zurück. Ihre Internatszeit klang wie eine Mischung aus Abenteuerurlaub und nicht enden wollender Party.

Und ich, ich hockte zu Hause im öden Tüssling und beneidete sie. Zweimal in der Woche fuhr ich nach Ampfing zum Reiten. Im Übrigen verlief mein Leben ereignislos, bis auf die Besuche bei meiner einzigen Freundin, Maria Linderer, die fast so stämmig war wie ich. Sie band ihre fülligen dunkelblonden Haare zu einem mächtigen, von mir ungeheuer bestaunten Pferdeschwanz zusammen. Diese Haarpracht und daneben dann die dünnen, strähnigen Strippen auf meinem Kopf!

Maria lebte mit ihrer Familie auf dem nahe gelegenen Bauernhof Edelthalham. Sie war, abgesehen von den Försterkindern, das einzige Mädchen, das meiner Mutter genehm war, andere Mitschülerinnen durfte ich weder besuchen noch zu uns einladen. Das bäuerliche Familienleben auf dem Hof der Linderers gefiel meiner Mutter. Sie kannte auch Marias Mutter recht gut, denn mein Vater ließ die Haxen der Wildschweine, die er bei der Jagd schoss, bei Linderers räuchern. Außerdem kaufte meine Mutter im Bauernhof geräucherten Schinken vom Schwein und vom Rind. Die Familie besaß Schweine und Kühe und schlachtete selbst.

Maria und ich befreundeten uns bereits in der Grundschule und besuchten später auch beide das Gymnasium in Altötting. Nach meinem zehnten Geburtstag erlaubte mir meine Mutter sogar, öfters am Wochenende bei Linderers zu übernachten. Wie auf allen Höfen üblich, waren die Schlafzimmer ungeheizt, sodass Maria und ich uns im Winter genüsslich bis zur Nasenspitze unter den flauschigen Federbetten vergruben. Wir schliefen zwar häufig zähneklappernd vor Kälte ein, aber ich fand es nicht schlimm. Im Gegenteil, wir hatten großen Spaß miteinander. Und morgens verschwanden wir im Kuhstall, und ich lernte mit großer Begeisterung Melken. Mein Vater hatte seine Kühe längst abgeschafft und die Stallungen aufgelassen. Mit der Zeit wurden sie übrigens ein Sammellager für unnütze Gegenstände wie alte Reifen und dergleichen mehr. Erst in den letzten Jahren habe ich die Gebäude entrümpelt und sie renovieren lassen.

Diese Freundschaft war unendlich wichtig für mich, denn sie half mir zu verstehen, dass meine Einsamkeit und mein Anderssein nicht an mir lag, meine Mutter verwehrte mir einfach die Gelegenheiten, mit den anderen Kindern so in Kontakt zu treten, dass unser Umgang normal und entspannt wurde, Freundschaften wachsen konnten. In dem Zusammenhang erinnere ich mich an den einzigen Kinderfaschingsball im Ort, den ich besuchen durfte, obwohl meine Mutter anfangs natürlich nicht wollte, dass ich mit anderen Kindern feierte: »Du erkältest dich bloß, steckst dich garantiert an, irgendein Kind hat auf jeden Fall einen Schnupfen.« Wie üblich suchte sie lediglich einen Grund, um mich von den Kindern und Jugendlichen aus unserer Gegend fernzuhalten, waren sie doch in ihren Augen nicht der richtige Umgang für mich. Aber ein einziges Mal hat es geklappt, weil Frau Dorn es nicht mehr mit ansehen konnte, wie ich mich Jahr für Jahr danach sehnte, auf einen Kinderfaschingsball zu gehen. Sie fasste sich ein Herz und beschloss, sich für mich einzusetzen. Als meine Mutter besonders gut gelaunt war und sich ausnahmsweise nicht aus irgendeinem Grund über mich ärgerte, muss Frau Dorn ihr geradezu die Leviten gelesen haben. So ginge es nicht ewig weiter, das Kind sei zu oft allein, es müsse unter andere Kinder, und sie würde jetzt mit mir auf diesen Faschingsball gehen. Meine Mutter gab nach, zwar entnervt und widerwillig, aber immerhin.

Natürlich, wie konnte es anders sein, war die Veranstaltung ein Reinfall. Die Kinder – Zweit- und Drittklässler – waren mit ihren Eltern gekommen, die sich alle untereinander kannten und vergnügt miteinander schwatzten. Die Kinder spielten seit Kindergartenzeiten miteinander. Auf der kleinen Tanzfläche hüpften sie nun wie die Wilden zu den Schnulzen einer lokalen Kapelle, und auch ich lief herum oder drehte mich im Kreis, doch keines der Kinder beachtete mich, die »Baron Steffi«, sie verhielten sich, als sei ich Luft für sie. Ich fühlte mich so verloren, dass ich nie wieder darum bat, Feste in Tüssling besuchen zu dürfen. Ich blieb lieber zu Hause.

Nur im Winter, wenn Minusgrade den Teich hinter dem Schloss zufrieren ließen, lief mein Leben rund – runder als sonst. Eislaufen durften Kiki und ich bereits seit der ersten Schulklasse – zusammen mit allen anderen Kindern aus dem Dorf. Wir hatten zwar im Gegensatz zu ihnen immer ein Kindermädchen dabei, aber wenn man auf Schlittschuhen über den Teich fegt, kommt kein Kindermädchen hinterher. Sobald mir der eiskalte Wind ins Gesicht blies und ich im Pulk mit den Tüsslinger Kindern meine rasenden Runden drehte, hatte ich das herrliche Gefühl, alle Ketten zu sprengen. Wie sonst nur beim Reiten, ließ ich jetzt alles hinter mir, meine kontrollierende, herrische Mutter, meinen zu der Zeit noch unnahbaren Vater, meine Außenseiterrolle. Heute noch sprechen mich Tüsslinger auf diese Zeit an: »Ja wissen's des nimmer, mir san doch im Winter imma Eis glafa!«

»Natürlich!«, sage ich und freue mich an ihrem warmherzigen Interesse an einer gemeinsamen Vergangenheit. Sie haben mich also trotz Schloss und »Baron Steffi« gut in Erinnerung, und dafür bin ich ihnen dankbar.

Irgendwann, ich war dreizehn Jahre alt, wollte ich unbedingt Orgelspielen lernen. Meine extrem begabte Halbschwester Dudu bekam Orgelunterricht bei dem berühmten Karl Richter, sie spielte geradezu göttlich und hatte eine Zeit lang sogar vor, Organistin zu werden. Ich habe sie mehrmals in der Kirche spielen hören und war so hingerissen, dass ich meine Mutter bekniete, auch Orgelspielen zu dürfen. Als sie es schließlich erlaubte, war ich so begeistert, dass ich mich so oft wie nur irgend möglich in der Kirche von Heiligenstadt – einem Ortsteil von Tüssling – an die uralte, fast vorsintflutliche Orgel setzte und spielte. Sie pfiff aus dem letzten Loch, doch es kümmerte mich wenig, ich war selig. Es gab zwar noch eine weitere katholische Kirche mit einer guten, wunderbar klingenden Orgel, doch der Pfarrer des Ortes ließ mich nicht in seiner Kirche spielen, weil ich evangelisch bin. Also radelte ich nach Heiligenstadt, holte mir in dem angrenzenden Kloster bei den Nonnen einen Schlüssel, sperrte die Kirche auf und setzte mich an die Orgel. Ich durfte so oft spielen wie ich wollte, trat in die Pedale, stellte die Register auf Tutti, sodass der mächtige Klang der Orgel die gesamte Kirche erfüllte. Ich war zwar nicht besonders gläubig, doch beim Spielen spürte ich eine Art Götterfunken und meinte, dem Lieben Gott ein wenig näher zu sein. Der Klang meines Orgelspiels wurde bis hinauf zur Decke der Kirche getragen – ein seltenes Hochgefühl.

Später im Internat habe ich während der täglichen Morgenfeier häufig Orgel gespielt. Als erwachsene Frau habe ich immer wieder davon geträumt, mich in der Kirche an die Orgel zu setzen und einfach drauflos zu spielen. Letztes Jahr verkündete eine Freundin, die mich im Schloss besuchte, sie wolle mir ein Geschenk machen. Was denn für ein Geschenk, fragte ich sie, ich habe doch nicht Geburtstag. Sie lachte nur, ging mit mir zum Parkplatz im Hof, wo ihr Auto stand, und befahl mir, in den Wagen zu steigen. Dann verband sie mir die Augen und startete, fuhr mindestens zehn Runden um Tüssling herum. Stoppte. Sie nahm mich bei der Hand und führte mich einen Kiesweg entlang, sagte plötzlich: »Stufe!« und: »Kopf einziehen!« und zog mir dann eine Sekunde später den Verband von den Augen. Da standen wir vor der Orgel im Kirchenschiff der schönen Kirche Burgkirchen am Wald. Ich glaube, ich spielte über eine Stunde, ließ mich von meinen eigenen Tönen davontragen. Die Kirche war erfüllt mit dem Rausch meiner Melodien, ich schloss die Augen und tauchte ein in eine Welt, in der ich für ein Weilchen alles hinter mir ließ. Es war einfach wunderbar!

Viel habe ich in meiner Kindheit von meiner Mutter gelernt, vieles lernte ich aus eigener Kraft und eigenem Interesse. Und alles konnte ich später in meinem Leben anwenden, sei es für meine Karriere oder für mich selbst. Auch wenn ich oft unter ihrer Unnahbarkeit litt, ihre Entscheidungen nicht verstand und mich einsam fühlte, weiß ich, dass sie mir alles gab, was sie konnte. Nur das zählt am Ende.

III

Mit meinem Vater verband mich eine sehr enge, intensive und konfliktreiche Beziehung. Überall behielt er seinen Hut auf, niemals hätte er sein Wort gebrochen und wenn er Auto fuhr, spielte er Krieg. Er hat mein Leben bestimmt und hielt stets eine liebende, doch zugleich kontrollierende und gängelnde Hand über mich.

Noch mehr als meine Mutter stammte er aus einer Generation, die ihren Kindern nach außen nie zeigte, dass sie sie liebten. Doch manchmal, wenn mein Vater sich unbeobachtet fühlte, dann spürte ich, dass er mich besonders liebevoll und sehr warmherzig ansah. Das bedeutete für mich mehr als jegliche belanglose, flüchtige Umarmung, denn sein Gefühl für mich war echt und kam aus tiefstem Herzen.

Ich war sein Lieblingskind, vermutlich – nein, ganz sicher sogar –, weil wir uns durchaus sehr ähnlich waren. Zum einen stehe ich für viele fundamentale Werte seiner Generation: Disziplin und Pflichtbewusstsein. Das schätzte er sehr an mir. Zum anderen spürte er, der ganz und gar eins war mit seinem Schloss und zutiefst verbunden mit dem Wald, der Jagd und der Landwirtschaft, dass auch ich – trotz zeitweiliger Abschweifungen – all das von Anfang an sehr liebte.

Täglich fuhr mein Vater auf die Felder und überwachte die landwirtschaftlichen Arbeiten: das Säen von Wintergerste und -weizen im Herbst; von Hafer, Mais und Sommerweizen und -gerste im Frühjahr; das Düngen und Spritzen des Getreides; das Einfahren der Ernte im Sommer. Bis in die Siebzigerjahre hinein saß er, in einem weißen leinenen Monteur-Overall, von Ende Juli bis Ende August selbst fast jeden Tag auf dem Mähdrescher und freute sich wie ein üppig beschenktes Kind über den Ernteertrag.

Mein Vater war im Umgang nicht einfach. Vielmehr war er ein autoritärer Machtmensch. Die Angestellten hatten einen Heidenrespekt vor ihm und widersprachen ihm nie, und er vertraute am Ende nur seiner eigenen Überzeugung. Selbst auf seinen landwirtschaftlichen Berater hörte er immer nur mit halbem Ohr – nachdem mein Vater mit ihm die landwirtschaftlichen Anbaupläne besprochen hatte, änderte er sie jedes Mal wieder ab –, er selbst war ja der eigentliche Experte. Aber die meisten Angestellten schätzten ihn sehr, den freundlich-distanzierten Herrn Baron, denn er war ihnen gegenüber nie arrogant oder hochmütig. Doch wehe, einem Mitarbeiter mangelte es an Respekt, oder jemand missfiel meinem Vater – da machte er aus seiner Ablehnung nicht den geringsten Hehl, wurde schroff und ausfallend. Er konnte derartig wütend werden, dass einige Leute vor ihm regelrecht flohen.

Auch ich durfte nicht mitreden und blieb selbst nach meinem Studium als bei ihm angestellte Forstingenieurin immer nur sein Handlanger, doch gerade auf meine Gefolgschaft legte er den allergrößten Wert.

Als Kinder fürchteten Kiki und ich seinen Zorn und flohen schnellstens in einen möglichst entlegenen Winkel des Schlosses, wenn er einen seiner Wutanfälle bekam. Manchmal knallte er die Türen mit einer derartigen Wucht, dass die Wände bebten. Leider dauerte es Tage, bis seine explosive Stimmung verebbte. Er sprach dann mit niemandem, schwieg, unerbittlich und aggressionsgeladen. Es war schrecklich, obgleich er niemals seine Hand gegen Kiki oder mich erhoben hat. Der strafende Blick seiner wasserblauen Augen war für uns fast noch schlimmer als eine Ohrfeige von unserer Mutter. Leider muss ich wohl den Blick meines Vaters geerbt haben. Meine Kinder behaupten, ich bekäme den Todesblick, wenn ich wütend auf sie sei. Obwohl ich mir diese Kritik zu Herzen genommen habe und mich bei Auseinandersetzungen sehr um einen milden Blick bemühe, gelingt er mir wohl nicht immer. Der Apfel fällt doch nicht weit vom Stamm. Allerdings schmeiße ich keine Türen zu, und jedes familiäre Donnerwetter vergeht im Nu.

Mein Vater hatte immer enorme Ansprüche an mich. Ich musste alles geben, alles können, und schon als kleines Mädchen sollte ich ihn möglichst überallhin begleiten. Anders als meine Mutter machte er sich nichts aus den exklusiven Festen und glamourösen Bällen der Aristokratie, aus prätentiösen gesellschaftlichen Ereignissen; er mochte es nicht, Menschen um sich versammelt zu wissen, die ihm nichts bedeuteten. Meinen Vater interessierten ganz andere Dinge.

Er war schier verrückt nach schnellen Autos. Am liebsten raste er in seinem aufgemotzten Mercedes oder BMW mit lebensbedrohlichem Tempo über »seine« Rennstrecke, die Bundesstraße 12, von Tüssling nach München.

Er ließ sich seine Autos irgendwo im Allgäu »auftunen«, mindestens dreihundertzwanzig PS mussten es sein. Und er fuhr wie ein Irrer. Wenn wir auf der Landstraße kein Auto vor uns hatten, fuhr er gemütliche hundert Kilometer pro Stunde, doch sobald ein anderer Wagen in Sicht kam, drückte er aufs Gaspedal und überholte, als ginge es um Leben und Tod. Der Feind, die Beute vor unseren Augen musste, ähnlich wie bei seiner geliebten Jagd, gepackt, bezwungen und überwältigt werden. Auf der Straße überfiel meinen Vater der Wahnsinn.

Und je älter er wurde, desto gefährlicher wurden diese Rennen. Sein Reaktionsvermögen verlangsamte sich, doch sein Fahrstil blieb immer der gleiche. Rasen, aufblenden, hupen. »Seine« Rennstrecke verwandelte sich in ein einziges Blinkkonzert entgegenkommender Autos. »Typisch Mann mit Hut«, stöhnte meine Mutter jedes Mal, wenn sie von seinen Kamikazefahrten erfuhr. Sie selbst weigerte sich irgendwann, ihn auf den Kamikazetouren in seinen hoch gezüchteten Fahrzeugen zu begleiten und fuhr zu jedem Anlass, auch wenn es nur ein gemeinsamer Termin im nahe liegenden Mühldorf war, mit dem eigenen Auto. Tatsächlich trug mein Vater, sobald er das Haus verließ, nach alter Manier einen Hut, einen eleganten altmodischen Herrenhut. Wenn er Bekannte auf der Straße traf, lüpfte er ihn und grüßte freundlich damit. Im Auto ließ er den obligaten Hut selbstverständlich auf. Hatte mein Vater allerdings eine Reise vor, bevorzugte er eine Art Rennkappe. »Oh Gott, die Hundefängermütze!«, spottete dann meine Mutter, und wir wussten, unser Vater würde längere Zeit unterwegs sein. So oft es ging, musste ich ihn auf seinen Fahrten begleiten. Ängstlich, aber auch aufgeregt und irgendwie entzückt, krallte ich mich mit beiden Händen am Beifahrersitz fest. Immerhin war ich angeschnallt. Mein Vater ließ in jedem Wagen Gurte für sich und den Beifahrer anbringen, lange bevor gesetzlich die Gurtpflicht verordnet wurde. »Er wird eines Tages auf der Straße umkommen«, klagte meine Mutter, doch wie durch ein Wunder verursachte mein Vater in seinem Leben nur einen einzigen Unfall, der relativ glimpflich ausging. Selbst mit vierundachtzig Jahren, sechs Monate vor seinem Tod, fuhr er noch Auto – wie immer. Er musste sich, mir und der restlichen Welt unbedingt beweisen, dass er unvermindert fähig war, ein Auto zu steuern. Meine Mutter nutzte die Zeiten, in denen mein Vater mit mir unterwegs war, und pflegte währenddessen ihre gesellschaftlichen Kontakte, indem sie oft stundenlang telefonierte. Das war ihr wichtig. Sie liebte, ebenso wie Kiki, ihre Freiheit, wollte keineswegs ständig an der Seite meines Vaters sein, nur als seine Ehefrau wahrgenommen werden, das war ihr zu nah, zu eng, zu unselbstständig. Mein Vater hätte sie wohl gerne als ständige Begleiterin gehabt, denn so kannte er es von seinen Eltern. Doch diese Art von Beziehung konnte er mit meiner Mutter nicht leben.

An dieser Stelle möchte ich etwas Wichtiges zum Familienstammbaum derer von Michel einfügen. Mein Großvater, Dr. Alfred Michel aus Bamberg, unter anderem Gesandter beim Vatikan, erhielt den Titel Freiherr Michel von Tüssling kurz vor der Hochzeit mit Herta Gräfin Wolffskeel von Reichenberg. Die Wolffskeels waren eine angesehene Familie aus dem fränkischen Uradel. Mein Großvater seinerseits war sehr vermögend, finanzierte teilweise die Kanalisation in München und machte sich in mehrfacher Hinsicht um den bayerischen Staat verdient. Folglich beschloss der damalige Prinzregent Luitpold gemeinsam mit Graf Wolfskeel, der seine Tochter wohl nur ungern an einen Bürgerlichen verheiraten wollte, meinen Großvater zu adeln. Doch ein Adelstitel allein genügte nicht, der zukünftige Ehemann von Herta sollte unbedingt auch ein Schloss besitzen. Also kaufte mein Großvater 1904 Schloss Tüssling von dem verarmten Baron Peckenzell. Nunmehr erhielt Dr. Alfred Michel den Titel Freiherr Michel von Tüssling. Seine Frau, die eine nicht sonderlich hübsche, aber sehr sympathische Frau gewesen sein soll, starb 1954. Mein Großvater, der sehr um den Verlust seiner geliebten Frau trauerte, verschied drei Jahre später und weigerte sich bis zuletzt, seinem 1907 geborenen Sohn Karl – meinem Vater – das Schloss zu übergeben. Obwohl der alte Herr schon seit Jahren zu senil war, um seinen Besitz selbst zu verwalten, wollte er sich bis zu seinem Tod nicht von der Macht verabschieden. Mein Vater sollte sich später nicht anders verhalten.

Vielleicht fühlte sich mein Vater oft einsam und wollte einfach jemanden an seiner Seite haben. Ich begleitete ihn – nicht nur, wenn er die Straßen Bayerns unsicher machte, auch bei seinen vielen Flügen in seiner kleinen Maschine. Vor dem Zweiten Weltkrieg vergnügte er sich als Rennfahrer, im Zweiten Weltkrieg war er Stukaflieger im Fluggeschwader 27, ein kühner, todesmutiger Pilot. Er flog seine Einsätze größtenteils in Russland, hin und wieder erzählte er uns davon. Anfang der Sechzigerjahre, wohl relativ kurz nach meiner Geburt, hatte sich mein Vater eine dunkelgrüne DO 27 gekauft – ein sogenannter Hochdecker langen »Vorderbeinen«. Die einmotorige Maschine war mit für damalige Zeiten moderner Technik ausgestattet und besaß sechs mit graublauem Samt bezogene Sitze. Das Flugzeug war ein herrliches Spielzeug und ein unbeschreiblicher

Luxus für die damalige Zeit, weit extravaganter als heute. Mein Vater ließ in der Nähe des Schlossparks einen eigenen kleinen Flugplatz mit Grasbahn für seine DO bauen. Niemals werde ich das Kennzeichen vergessen. D-EKEH: Delta-Echo-Kilo-Echo-Hotel. Wir sind sehr häufig geflogen, landeten auf vielen kleinen Flughäfen in unserer Gegend und mussten unzählige Male das Kennzeichen per Funk an die Flughafenleitungen durchgeben, um Start und Landung anzumelden. Meine Mutter begleitete ihn auch beim Fliegen nur sehr selten, es war ihr auch mit ihm als Pilot zu gefährlich. Dennoch musste sie einige Male mitfliegen und das aus einem einfachen wie kuriosen Grund: Er war auf sie angewiesen. Denn sie hatte eine Funkerausbildung – er nicht. Und die brauchte man, wenn man größere Flughäfen ansteuern wollte. Dann mussten Kennzeichen, Position und Koordinaten korrekt an den Tower gegeben und eingehende Anweisungen bestätigt werden – und das, zu allem Überfluss, meistens auf Englisch, was mein Vater nicht sprechen konnte und niemals lernen wollte! So kam es hin und wieder tatsächlich zu Familienausflügen (im wahrsten Sinne des Wortes) der Michels.

Schlau wie er war, gelang es meinem Vater, sein Flugzeug steuerlich abzusetzen. Er hatte nämlich dem Finanzamt vehement und glaubhaft versichert, er brauche dieses Flugzeug, um rasch von Tüssling nach Starnberg in unseren dortigen Forstbetrieb zu gelangen. Ein raffinierter Schachzug, denn auf diese Weise konnte er in Tüssling mit seiner DO 27 abheben und nach kaum mehr als dreißig Minuten in Oberpfaffenhofen auf dem Gelände der Firma Dornier landen. Dort holte ihn dann der Förster ab, und nach weiteren zehn Minuten befanden wir uns mitten in seinem Starnberger Forst.

So selten und ungern meine Mutter mit von der Partie war, so oft durften Kiki und ich meinen Vater begleiten.

Um überhaupt fliegen zu können, mussten wir etliche Vorbereitungen treffen. Wir begaben uns in den Hangar, wo die DO abgestellt war, um sie von den Blechbehältern zu befreien, die zum

Schutz vor Mäusen um die Reifen postiert waren. Nachdem wir dann die Behälter beiseite geräumt hatten, schoben wir das Flugzeug mit einer langen, an der Maschine befestigten Stange ins Freie und stiegen ein. Mein Vater ließ den Motor an, der nach mehrmaligen mit Beschwörungen und Flüchen begleiteten Versuchen meistens ansprang – erst wenn er brummte und der Propeller sich drehte, atmeten wir auf und es konnte losgehen.

Meistens drehten wir Platzrunden über Tüssling, wir flogen aber auch an den Chiemsee, und einmal bildete mein Vater sich ein, wir müssten unbedingt aus Speyer Spargel für die Familie holen. Die DO 27 war wie zugeschnitten auf ihn, sie konnte alles, was er brauchte. Sie benötigte nur eine kurze Lande- und Startbahn, und extrem wichtig: Sie konnte segeln! Hoch oben in den Lüften stellte mein Vater mit Begeisterung den Motor ab, wir drehten ein paar Runden und schwebten über die Felder – ein himmlisches Gefühl! Irgendwann stellte sich immer die gleiche bange Frage: Springt der Motor wieder an? Gelingt es meinem Vater, die Maschine rechtzeitig neu zu starten? Wie durch ein Wunder reagierte der Motor, wenn auch oft erst nach mehreren Versuchen, jedes Mal. Unsere Schutzengel haben uns nicht im Stich gelassen.

Sie hatten viel zu tun, die Schutzengel – mein Vater liebte die Gefahr. Nicht selten eilte die Polizei herbei, weil wir kurz davor waren, abzustürzen. Mein Vater flog die Maschine viel zu tief; oder er raste im Sturzflug auf unser Schloss zu, zog das Flugzeug erst im allerletzten Moment gerade noch dicht neben einem der Schlosstürme hoch; oder aber er kreiste derartig wild und kurvenreich über Tüssling und Polling, dem Nachbarort, dass die Menschen da unten sich versammelten und ängstlich zum Himmel blickten: Oh Gott, gleich würde er auf sie, auf eine ihrer Scheunen oder Häuser herabfallen! Ich konnte sie alle erkennen, den Polizeiwagen, die Ambulanz, die Sanitäter, die Polizisten und die Sensationslustigen. Nur meine Mutter blieb im Haus, denn ihr wurde übel, wenn ihr Mann und ihre Töchter wieder einmal irgendwo aus der Luft auf das Städtchen zustürzten. Sie regte sich verständlicherweise maßlos auf. Spielte mein Vater nicht unglaublich leichtsinnig mit vielen Leben? Doch er hörte nicht auf seine Frau. Für ihn war es der Gipfel an Sportlichkeit, ganz nah an jedes Gewitter heranzufliegen, mitten in die Turbulenzen, dicht an den Steilhängen der Alpen entlang oder direkt über dem Chiemsee. Gerade im Sommer toben am Chiemsee wilde Gewitter. Meine Mutter verfolgte sie von Tüssling aus und erwartete uns bebend und zornig, als wir wieder zu Hause waren.

Soweit ich mich erinnern kann, verspürte ich selbst keine Angst beim Fliegen. Mein Vater hätte ohnehin keine Angstgefühle erlaubt, ich durfte weder Blitz noch Donner fürchten, denn ich war sein dickes, couragiertes Fienchen. Ich glaube, er wäre zutiefst enttäuscht gewesen, hätte ich seine unerschrockene Leidenschaft fürs Fliegen nicht geteilt. Und ich teilte sie – zum Glück. Die abenteuerlichen Ausflüge mit meinem Vater in der DO 27 gehören zu den spannendsten Erinnerungen meiner Kindheit. Er ließ mich sogar ans Steuer – kein Lenkrad, wie man es heute kennt, sondern ein Steuerknüppel, der aussah wie ein mächtiger Rührlöffel. Drückte man diesen Knüppel nach vorn, senkte sich das Flugzeug, zog man ihn zu sich heran, stach die Maschine in die Höhe. Die Steuerung der Maschine war eine sensible Angelegenheit, denn die Maschine reagierte sofort auch auf kleinste Impulse. Mit freudigem Herzklopfen nahm ich Kurs auf die Schlosstürme, bevor wir dann zu zweit die Maschine hochrissen und haarscharf über die Türme hinwegflogen. Start und Landung in Tüssling waren daher immer besonders heikel, zumal das Flugzeug kein einfahrbares Fahrwerk besaß. Direkt angrenzend an unseren kleinen Flugplatz lief die Bahnlinie samt Hochspannungsleitung. Ich frage mich heute noch, wie wir es schafften, niemals an diesen Leitungen hängen zu bleiben.

Schon erstaunlich, dass der sonst nur sich selbst vertrauende Mann, bei dem ich sogar als erwachsene Frau noch die Rolle des untergeordneten Gehilfen spielte, mich schon als Kind seine DO eigenhändig steuern ließ – vermutlich kannte er sich vor Begeisterung selbst nicht mehr.

Es war für meinen Vater und mich ein Fest, mit der DO 27 zu fliegen. Ich sehe sie noch heute auf ihren drei Beinen und aufblasbaren Reifen im Hangar auf uns warten; höre die Eisenbahn unter uns rattern, kaum dass wir abgehoben hatten. Seitdem habe ich das Fliegen im Blut. Leider habe ich nie einen Flugschein gemacht, mein Vater erlaubte es nicht – ans Steuer durfte ich zwar, aber nur wenn er dabei war. Mir allein traute er das Fliegen dann doch nicht zu. Das machte mir nur wenig aus, denn immer wenn wir zusammen flogen, verwandelte sich mein Vater in einen verzauberten Jungen und war mir vertraut und nah.

Auf der Jagd war mein Vater wieder der Alte. Er war mit Leib und Seele Jäger, liebte den Wald und die Natur über alles. Über viele Jahre musste ich meinen Vater auch bei dieser Beschäftigung, die für ihn halb Arbeit, halb Passion war, begleiten; was mir weitaus weniger Spaß machte als das Fliegen, weil es anstrengender war und nicht so aufregend. Dennoch hätte ich nie gewagt, mich dagegen zu wehren, und es gab auch keine echte Alternative zu diesem Abendprogramm außer mit ihm fernzusehen. Und das war für mich als Kind eine echte Tortur. Bis in die Achtzigerjahre wurden in Bayern nur drei deutsche und zwei österreichische Fernsehprogramme ausgestrahlt, und mein Vater liebte Nachrichtensendungen. Also sah er sich von sieben bis viertel nach acht Uhr abends alles an, was Neuigkeiten verbreitete wie »heute-Journal«, »Zeit im Bild« und die »Tagesschau«. Und wenn er dann nicht abschaltete, standen die damals üblichen immer gleich ablaufenden Fernsehshows auf dem Programm, weil darin mindestens einmal das Fernsehballett zu sehen war: langbeinige und mit Federboas und kurzen Höschen bekleidete Frauen, die zu Orchester-Schlagermusik in verschiedenen Formationen ihre Beine um sich warfen. Daran interessiert mich nichts.

Lieber ließ ich mich da von meinem Vater mit süßen Worten in den Wald locken: »Komm Fienchen, willst nicht mit mir auf die Jagd? Wir fahren raus, es wird ein herrlicher Abend!« Auch meine Mutter übte Druck auf mich aus, ich müsse in den Wald mit dem Vater, unbedingt, das täte mir gut und schärfe die Sinne. Sie selbst hatte natürlich auch dazu nicht die geringste Lust, Kiki war eh verschwunden, deshalb schickte sie mich vor. Mir war damals noch nicht bewusst, wie sehr die Liebe meines Vaters zur Natur meinen jungen Geist prägen sollte.

Sobald Mitte Mai die Bockjagd begann, fuhren wir fast jeden Abend in den Wald, zu dem ein rund eintausendeinhundert Hektar großes Jagdrevier gehörte. Nicht immer wollte mein Vater etwas schießen, sondern hatte nur das Bedürfnis, seinen großen, geliebten Wald zu genießen. Meistens jedoch stieg mein Vater mit mir auf einen der Hochsitze, und dort warteten wir darauf, dass ein Rehbock aus dem Dickicht trat, um ihn zu schießen. Mein Vater war durch und durch ein Jäger der alten Schule, er verlangte von mir bedingungslose Disziplin, und ich habe gelernt, still zu sitzen, stumm und absolut reglos. Bereits bei der kleinsten Bewegung, dem geringsten Geräusch – einem Zucken der Schulter, einer Drehung des Kopfes oder gar einem Aufstöhnen – erntete ich einen entsetzten Blick. Wehe, ich atmete zu laut, schon fürchtete mein Vater, ich würde den Bock vertreiben, presste ermahnend den Zeigefinger auf seine Lippen. Eine harte Schule für mich als Kind. Wenn er dann endlich schoss, hielt ich mir jedes Mal instinktiv die Ohren zu. Der harte, ohrenbetäubende Knall hat mich immer erschreckt. Das war zwar damals nicht standesgemäß unter Jägern, und auch dafür erntete ich strafende Blicke meines Vaters. Heute bin ich froh, mein Gehör geschont zu haben, und mittlerweile haben sich beim Jagen Gott sei Dank Ohrenschützer durchgesetzt.

Am spannendsten an der Jagdsaison fand ich die Brunftzeit: Mein Vater fiepte wie eine Gais, um den Bock anzulocken, was ihm auch meistens gelang. Nach den Sommermonaten, in denen nicht gejagt werden durfte, begann Anfang September die Entenjagd. Sie wurde von langer Hand vorbereitet: Mein Vater ließ mehrere Stände errichten, und zwar dicht am Ufer verschiedener im Wald verteilter Weiher. Aufs Wasser wurde Mais und Hafer verstreut, um die Wildenten anzulocken. Sobald die Jagdsaison begann, zogen wir los – der Förster und, wie üblich, mein Vater und ich. Auch unser Hund war meistens dabei. Der Förster postierte sich an einem bestimmten Stand, wartete, bis die Enten einfielen, und gab dann einen Schuss in die Luft ab. Aufgeschreckt flogen die Enten hoch. Mit weiteren Schüssen gelang es dem Förster dann sie in die Richtung der Ausflugsschneise zu jagen, wo mein Vater und ich im Hochstand auf sie warteten. Angespannt und mit leicht geduckten Köpfen hielten wir Ausschau. Um nichts in der Welt durften die Enten, die sehr gute Augen haben, unsere Gesichter sehen, sonst wären sie sofort fluchtartig davongeflogen. Selbst wenn sich die Mücken in Scharen auf meiner Stirn, meinen Wangen und Händen niederließen, durfte ich sie niemals vertreiben: In aller Ruhe stachen sie zu, meine Hand zuckte, aber ich blieb still, wie es mein Vater verlangte, und flüsterte mir innerlich zu: Aushalten! Keine Bewegung!

Meine Aufgabe bestand darin, meinen Vater punktgenau wissen zu lassen, ob die Enten bereits im Anflug waren. Sobald ich sie erspähte, musste ich ihn dann im Flüsterton haargenau informieren, aus welcher Richtung die Enten kamen, wie hoch sie flogen, aus welcher Entfernung sie einfielen. Durch den Krieg und die häufige Jagd war das Gehör meines Vaters leicht beschädigt, sodass er bestimmte Frequenzen nicht hören konnte. Da er das hohe »Huio! Huio!« des Flügelschlages der heranfliegenden Enten nicht mitbekam, war er also auf mich angewiesen. Schon mit zehn, elf Jahren wurde ich zur absoluten Expertin, konnte die Laute der Enten genau bestimmen und anhand ihrer Geräusche heraushören, was mein Vater wissen wollte. »Hinten links drei Enten auf zwanzig Meter Höhe! Jetzt sind sie über uns!« Dann schoss er. Wenn er traf und die Enten zu Boden fielen, erwartete uns die nächste Aufgabe: Wir mussten die Vögel suchen, im Dunkeln durch den Wald stapfen, bis wir irgendwo im Gehölz auf sie stießen. Dazu brauchten wir unseren Hund. Er lag im Jagdstand brav zu unseren Füßen, ebenfalls still und reglos. Nach dem Ende der Jagd, wenn es zu dunkel wurde zum Schießen, durfte der Hund die Enten apportieren. Wild vor Aufregung und Freude raste er im Wald umher, schnüffelte unermüdlich, so lange, bis er die Enten endlich aufspürte. In den Anfangsjahren hatten wir einen Deutsch Kurzhaar-Vorstehhund, später einen schwarzen, entzückenden Labrador, ein idealer Wasserhund, der für sein Leben gern schwamm. Der Hund hieß Sultan und wurde von meinem Vater so über die Maßen geliebt, dass er bei uns immer »der Alleinerbe« hieß. Mit Sultan konnte es keiner von uns aufnehmen, das Herz meines Vaters gehörte nur ihm – ein lang anhaltender Familienscherz nicht ohne Ernst.

Ich bin mit der Jagd aufgewachsen und habe schon früh ihre Notwendigkeit zur Dezimierung des Bestandes verstanden. Für meinen Vater war Jagen immer eine verantwortungsvolle Aufgabe als Waldbesitzer. Bis ich mit fünfzehn Jahren nach Schondorf am Ammersee ins Internat kam, nahm er mich Jahr für Jahr mit auf die Jagd. Oft habe ich als Kind meinen Vater, und auch noch als Jugendliche, nur widerwillig auf seinen Jagdausflügen begleitet. Das endlose Stillsitzen, die Schwärme stechender Mücken, die feuchte Kälte und die Finsternis auf dem Hochsitz, das alles habe ich manchmal geradezu gehasst. Im September, wenn die Abende lange hell blieben, es einfach nicht dunkel werden wollte und wir erst um neun Uhr zu Hause eintrafen, erreichte mein Widerwille gegen die Jagd seinen Höhepunkt. Denn kaum betraten wir das Haus, erschöpft und zerstochen, schickte mich meine Mutter ins Bett, und der Abend war für mich gelaufen. Irgendwann hat aber auch mich das Jagdfieber gepackt, und ich habe während des Studiums selbst einen Jagdschein gemacht. Mehr noch, ich bin über die Jahre zu einer verantwortungsbewussten und passionierten Waldbesitzerin und -hegerin geworden.

Ein Nebeneffekt der Jagdabenteuer mit meinem Vater verblüfft mich noch heute: Mein Gehör wurde bei der Entenjagd so geschult, ist seitdem so fein und sensibel, dass ich im Schloss jedes Geräusch präzise erkennen und unterscheiden kann. Selbst wenn ich ein leises Tapsen am Ende eines langen Flurs vernehme, weiß ich, aus welcher Richtung die Schritte kommen und wer sich da bewegt – eines meiner Kinder, eine Angestellte, ein Gast. Und auch wenn sich im Schloss eine Tür öffnet oder schließt, weiß ich meistens sofort, welche Person in welchem Raum ein- und ausgeht.

Viele Fähigkeiten verdanke ich meinem Vater. Er war wirklich ein bemerkenswerter Mann – unkonventionell, wenn es ihm passte, eindrucksvoll, Respekt einflößend, sehr kompliziert, und auf jeden Fall eine starke Persönlichkeit. Seine Begleiterin zu sein war oft anstrengend, aber prägend und lehrreich. Heute möchte ich all diese Erlebnisse nicht missen.

Non scholae,
sed vitae
discimus.

IV

Ich könne und dürfe nicht ins Internat, es komme gar nicht in Frage, mein Vater sagte Nein. Was ich mir dabei dächte, er brauche mich in Tüssling, es gäbe zu Hause mehr als genug zu tun. Ich müsse also bleiben, ich sei schließlich die Einzige, die sich außer ihm ihn Tüssling auskenne. Was er meinte, war: »Lass mich nicht alleine, ich brauche dich an meiner Seite.«

Aber ich ließ nicht locker. Gewiss, ich spürte die Not meines Vaters, doch zugleich schnürte mir der Druck, den er auf mich ausübte, die Kehle zu. Ich musste weg von zu Hause! Ich hielt es nicht länger aus im engen Tüssling, wünschte mir ein aufregendes Leben mit Jugendlichen meines Alters und sah überhaupt nicht ein, dass Kiki sich in Schondorf im Internat amüsierte und ich nicht. Ich bat, bettelte und insistierte, bis meine Eltern endlich nachgaben. Den endgültigen Ausschlag gab wohl mein schlaues, an meine Mutter gerichtetes Argument, im Internat sei ich doch ausschließlich mit wohlerzogenen Kindern aus guten Familien zusammen. Schondorf war meinen Eltern vertraut, denn nicht nur meine Halbgeschwister waren jahrelang dort im Internat gewesen, sogar meine Mutter hatte, als eines der ersten Mädchen, das 1905 zunächst nur für Jungen gegründete Landschulheim besucht.

Selig reiste ich in Schondorf an: ein riesengroßes, campusartiges Schulgelände, mehrere Wohnhäuser, Werkstätten und Sportanlagen, umgeben von Wiesen, dahinter ein kleiner Wald. Eine strahlende Kiki empfing mich vor dem Eingang des Haupthauses, einem alten ländlichen Gebäude, umarmte mich und wies auf das an der Hauswand als Lüftlmalerei gestaltete Motto: »Non scholae, sed vitae discimus.« – »Nicht für die Schule, sondern für das Leben lernen wir.« Sie habe hier leben gelernt, eröffnete mir meine Schwester, die Schule sei Nebensache. Außerdem würden sich ihre Freunde bereits auf mich freuen.

Schon am zweiten Tag erlebte ich eine große Überraschung: Ein sympathischer, gut aussehender Junge aus meiner Klasse hielt mich vor der Tür meines Zimmers an und meinte: »Komm, Steffi, ich zeige dir mal die Umgebung. Du musst unbedingt unser Wäldchen kennenlernen.«

Hocherfreut und geschmeichelt ging ich auf seinen Vorschlag ein, lauschte fasziniert seinen Geschichten über die Wonnen und Schrecken des Internatslebens und ließ mir zeigen, wo man in Schondorf einkauft, welche Wirtschaften und Cafés angesagt waren und welche für unsereins überhaupt nicht infrage kamen. Am dritten Tag forderte mich der nächste Junge zu einem kleinen Bummel auf. Und wenige Tage später kam noch einer, der mit mir im Wäldchen zwischen Hauptgebäude und Sportplatz herumlaufen wollte. Wieder einer, der seinen Charme kübelweise vergoss und sich geradezu überschlug, um mir mit Insiderinformationen über die Usancen der Schondorfer zu imponieren.

Ich war einigermaßen verblüfft über so viel Aufmerksamkeit vonseiten der Jungen, schließlich war ich mitnichten ein schöner, anmutiger Schwan, sondern eher ein Brocken – immer noch dick, dazu mindestens ein Kopf größer als meine angeblichen Verehrer und ziemlich picklig. Mein Selbstvertrauen war also nicht sonderlich ausgeprägt. Doch in diesem neuen, anderen, aufregenden Leben war alles so überraschend für mich, so ungewohnt und nebulös, dass ich alles für möglich hielt – selbst, dass sich die Jungen in eine wie mich verguckten. Ich wachte erst auf, als der sympathische Junge vom zweiten Tag abermals mit mir spazieren ging und plötzlich mitten im Satz innehielt. Kein Wort mehr über den Lehrer, bei dem jeder, aber auch wirklich jeder schummelte, stattdessen drückte er mich gegen einen Baum und versuchte, mich zu küssen. Als ich mich losriss und ihn wegstieß, rutschte dem verblüfften Frauenheld der verräterische Satz heraus: »Moment mal, so war es aber nicht ausgemacht!«

»Was? Ausgemacht? Was redest du da?«, fragte ich zurück, und er verriet mir Kikis trickreichen kleinen Plan, den sie mit ihm und den anderen Jungen ausgeheckt hatte. »Ihr könnt euch auf meine ältere Schwester freuen«, hatte sie ihnen erklärt, »Steffi kommt jetzt auch nach Schondorf, und glaubt mir, wenn ich ein gutes Wort für euch einlege, dann habt ihr sicher Chancen bei ihr.«

Das Verhältnis der Geschlechter in Schondorf war damals nicht gerade ausgeglichen: 160 Jungen zu 60 Mädchen; so herrschte bei den Jungen eine recht große Not in Liebesdingen. Die an mich vermittelten Jungs waren absolut davon überzeugt, dass mit mir wohl einiges »gehen« könnte. Ich war wütend auf den Jungen, aber vor allem auf Kiki. Fassungslos fragte ich ihn: »Das hat Kiki behauptet? Ich, knutschen mit euch? Ich glaube es nicht!«

»Doch. Wir haben sogar dafür bezahlt!«

Kiki als Rendezvous-Verkäuferin! Ich machte auf dem Absatz kehrt, ließ den um sein Geld betrogenen Mitschüler stehen und rannte in Kikis Zimmer. Sie föhnte gerade ihre üppigen Locken vor dem Spiegel, als ich hereinplatzte. Ich riss den Stecker aus der Dose und tobte. Kiki grinste und ließ sich keineswegs aus der Ruhe bringen. Es schien sogar, als hätte sie meinen Auftritt erwartet.

»Sei doch froh!«, lachte sie mir ins Gesicht, »wie hättest du denn sonst so viele Jungen kennengelernt?«

Unmöglich, Kiki lange böse zu sein, ihr Strahlen war so entwaffnend, dass meine Empörung in sich zusammenfiel. Meine unverbesserliche, meine süße kleine Schwester! Letztlich hatte sie mir einen großen Dienst erwiesen: Mein Einstieg ins Internat hätte nicht besser sein können. In Windeseile lernte ich jede Menge Jungen kennen, die fast alle zu meinen Freunden wurden.

Endlich war ich dort angekommen, wo ich immer hinwollte. Endlich fühlte ich mich zugehörig, durfte mir selbst meine Freunde aussuchen, niemand schritt ein, niemand machte sie mir madig. Ich war zum ersten Mal in einer Gruppe integriert, ich durfte Spaß haben, ich blühte auf.

Ich kam mir vor wie ein eingesperrter Vogel, dem man plötzlich die Käfigtür öffnet, der seine Flügel ausbreitet und mit entfesselter Kraft in die Freiheit hinausfliegen darf. Nur ließ dieser Höhenflug leider meine Noten in Windeseile abstürzen. Ich hatte tatsächlich geglaubt, mich auf meinen Lorbeeren aus dem Altöttinger Gymnasium ausruhen zu können und bekam prompt die Quittung präsentiert: zwei Fünfer im Halbjahreszeugnis.

Als ich meiner Mutter in den Ferien meine Noten zeigte, erlitt sie fast einen Nervenzusammenbruch. Ich sehe sie noch vor mir an der Tür zu meinem Zimmer stehen, den Blick starr auf mein Zeugnis gerichtet. Ihre Augen weiteten sich, sie wurde blass und hielt sich an der Türklinke fest, der Ohnmacht nahe. Doch dann holte sie auf einmal tief Luft und schrie: »Was tust du mir an! Wie kannst du nur! Diese Undankbarkeit, wie haben dein Vater und ich das verdient?« Anschließend verbarrikadierte sie sich in ihrem Zimmer und weigerte sich drei Tage lang, mich zu sehen.

Da war ich aber schon nicht mehr das brave, demütige Fienchen. Ich sagte mir: »Bald bist du zurück im Internat, das ist dein Leben, und das zählt jetzt für dich!« Was für ein neues, befreiendes Gefühl! Die Vorwürfe meiner Mutter hatten die Macht über mich verloren, auf jeden Fall zu dem Zeitpunkt. Schon am ersten Ferientag freute ich mich auf den fernen Schulanfang, begann die Tage zu zählen, bis ich wieder zurückkonnte ins aufregende Schondorf.

Ich hatte damals vor allem eines im Kopf: Ich wollte auf Teufel komm raus mein Leben genießen. Mein Nachholbedarf war nahezu grenzenlos, ich war frech und aufmüpfig und habe die Lehrer schier zur Verzweiflung getrieben. Es war eine abenteuerliche Zeit – meine persönliche Revolution. Ich traute mich auf einmal, Dinge zu tun, vor denen ich früher zurückgeschreckt wäre, und auch meine äußere Aufmachung war nicht gerade dezent und unauffällig. In einem Anfall von Übermut habe ich mindestens ein halbes Dutzend maßgeschneiderter Hemden meines Vaters geklaut. Ein paar verschenkte ich an meine Freundinnen, den Rest trug ich selbst. Der Schlabberlook war damals hochmodern: knielange, weite Hemden, überdimensionale Pullover über viel zu großen Jeans. Dazu Clogs mit Plateausohlen. Die Hemden meines Vaters waren der Hit.

Ich sah in jeder Hinsicht absolut abenteuerlich aus: An jedem Finger trug ich zwei Ringe, also insgesamt zwanzig mit verschiedenfarbigen, glitzernden Steinen; meine Fingernägel waren grellrot lackiert, auch die Haare färbte ich rot und ließ mir eine Dauerwelle machen – Minipli hieß das damals –, sodass ich aussah, als hätte ich sämtliche Haare durch eine Steckdose gezogen. Hoch erhobenen Hauptes präsentierte ich meiner Umgebung eine wirre, steil vom Kopf abstehende rote Matte. Meine Mutter reagierte mit Entsetzen auf mein schrilles Outfit; mein Äußeres empörte sie zutiefst. Ich sah wirklich schrecklich aus, doch ihre Vorhaltungen liefen ins Leere. Berauscht von meiner vermeintlichen Unabhängigkeit, blickte ich mitleidig auf die übrige Welt herab – nie wieder wollte ich von meinem hohen, mächtigen Ross absteigen!

Etwa ein Jahr nach meinem Eintritt ins Internat überrumpelte ich meine Mutter mit einem besonders aparten Plan. Ich hatte mich in einen Jungen verliebt und bildete mir ein, ich müsse mit ihm meine Schulferien unbedingt in den USA verbringen. Es gelang mir sogar, meine Mutter dazu zu bringen, sich mit der Mutter des Jungen zusammenzusetzen. Da sich die Familien recht gut kannten, waren mein Freund und ich also durchaus frohen Mutes und freuten uns auf eine spannende Tour durch Amerika. Aber es wurde nichts daraus. Natürlich nicht, wie konnten wir bloß so naiv sein: Ich war gerade mal sechzehn, mein Freund einige Monate älter, und beide Mütter beschlossen einhellig, diese Reise komme überhaupt nicht infrage. Ich war wütend, maßlos enttäuscht und zutiefst beleidigt.

Käme heute meine sechzehnjährige Tochter mit einer ähnlichen Bitte zu mir, würde ich klipp und klar zu ihr sagen: »Du spinnst!« Heute verstehe ich meine Mutter, damals natürlich ganz und gar nicht. Ich wollte alles dürfen und so viel aus dem Leben herausholen wie nur irgend möglich. Das Internat bot mir die bestmögliche Plattform dafür. Einerseits nutzte ich mit großem Elan die Fülle an Aktivitäten und Möglichkeiten, die das Internat bereitstellte, entfaltete überraschende kreative Fähigkeiten, lernte sogar Russisch und nahm an einer Projektgruppe für Fotografie teil. Zum Schluss konnte ich eigenhändig Bilder entwickeln. Außerdem spielte ich wieder Orgel. Andererseits drückte ich mich aber vor so mancher Aktivität. Ich hätte Schreinern oder Töpfern lernen sollen, aber da streikte ich. Es gab Lustigeres zu tun – etwa nach dem Unterricht mit den Freunden auf der breiten Treppe vor dem Haupthaus herumlungern und mit einem der begehrteren Mitschüler anbändeln. Irgendwann ging es dort allerdings so hoch her, dass die Lehrerkonferenz »Schmusen auf der Haupttreppe« verbat. Dann kam auch der Tag, an dem ich innerhalb einer Sekunde beschloss, nie wieder eine Orgel zu berühren. Ab und zu hatte ich in der Früh während der sogenannten Morgenfeier brav Orgel gespielt, doch eines Morgens war ich so unausgeschlafen und entsprechend unkonzentriert, dass mir mehrere Fehler unterliefen. Meine Orgellehrerin tobte. Sie war die Frau des Lateinlehrers und eine strenge, rigide Person, die sich maßlos ärgerte, wenn ich nicht fleißig übte, und nun hatte ich sie sogar vor dem Kollegium blamiert. Mag sein, dass ich sie zusätzlich durch eine freche Antwort zur Weißglut gereizt hatte, jedenfalls verpasste sie mir nach besagtem Morgen während des Orgelunterrichts eine Ohrfeige. Daraufhin stand ich auf und kündigte für den Rest meiner Internatszeit stolz erhobenen Hauptes meine Orgelstunden.

Es bereitete mir großen Spaß, den Aufstand zu proben. Trotz mehrfacher Ermahnungen des Bereitschaftslehrers trank und rauchte ich gemeinsam mit Christa von Bernuth, meiner engen Freundin und Zimmergenossin, verbotenerweise des Öfteren auf unserem

Zimmer. Den für uns zuständigen Hausvater schien es eine Zeit lang auch nicht weiter zu stören – er schaute einfach weg. Doch als sich unter den Betten die Weinflaschen stapelten, sich die Zigarettenkippen in den Aschenbechern türmten, verpetzte uns der Hausvater dann doch beim Direktor. Er konnte nicht mehr anders, als die Konsequenzen zu ziehen: Mitten in den Abiturprüfungen flogen Christa und ich aus dem Internat.

Vermutlich habe ich den Rausschmiss wie unter Zwang provoziert. Ich musste wohl bis zum Äußersten gehen: Das brave Fienchen trug seine Unerschrockenheit zur Schau und stieg auf die Barrikaden. Das konnte nicht gut gehen.

Nach einer kurzen, heftigen Schreckensreaktion beschloss ich, umgehend zu Hause anzurufen: Gleich in die Offensive gehen, einen dramatischen Gefühlsausbruch mimen, ja keine Schuld eingestehen.

»Stell dir vor, ich bin raus geflogen!«, rief ich schluchzend ins Telefon.

»Rausgeflogen?«, fragte meine entsetzte Mutter.

»Ja, aus dem Internat! Ich kann überhaupt nichts dafür, Mami. Wirklich nicht! Ein einziges Glas Wein, damit ich besser lernen kann. Es ist total ungerecht! Und so gemein!«

Ich musste davon ausgehen, dass meine Eltern mich in Grund und Boden stampfen würden. Doch es geschah ein Wunder: Sie standen zu mir, ihrem armen, ungerecht behandelten Fienchen! Sie empörten sich lauthals über den Rektor – einfach unerhört, eine Schülerin während des Abiturs aus dem Internat zu werfen! Sie waren ehrlich entrüstet. Niemals zuvor hatten sich beide Eltern auf diese Weise in mich eingefühlt, ausgerechnet jetzt, wo ich es überhaupt nicht verdiente. Es kam ihnen keine Sekunde lang der Verdacht, ich könnte das Desaster selbst verschuldet haben. Ich konnte es gar nicht fassen: Keine Vorwürfe? Wo blieb der Wutausbruch meines Vaters? Warum erlitt meine Mutter keinen Nervenzusammenbruch? Ich war sprachlos. Vermutlich hatte sie die Angst, ich könnte mein Abitur in den Sand setzen, vollkommen überwältigt.

Zum Glück stellte sich heraus, dass mich der Direktor zwar ohne Weiteres aus dem Internat werfen durfte, nicht aber aus der Schule. Nun stand ich vor der Frage, wo ich jetzt wohnen würde. Christa zog zu ihren Eltern nach Lochham, ich selbst konnte unmöglich in dem über zwei Autostunden vom Internat entfernten Tüssling wohnen. Zu meiner Überraschung hatte mein besorgter Vater sofort eine beglückende Lösung parat: »Wir machen es so: Du wohnst in Mamhofen, und ich leihe dir meinen VW-Kübelwagen, mit dem du jeden Tag in die Schule fahren kannst.«

In Mamhofen, einem winzigen, aus einer Kirche und nur einer Handvoll Häusern bestehenden Weiler in der Nähe vom Starnberger See, besaß mein Vater ein Haus. Dazu gehörten mehrere Felder und ein etwa fünfhundertfünfzig Hektar großer Forst. Das Gutshaus stand mitten in einer herrlichen Wiese, die zweimal im Jahr gemäht wurde. Daran grenzten das Haus des Försters und zwei heruntergekommene, leer stehende Gebäude, in denen früher die Arbeiter meines Vaters wohnten, als er die landwirtschaftliche Arbeit noch nicht von einer Firma erledigen ließ. Ich liebte diesen idyllischen, abgeschiedenen Ort, das helle, geräumige Haus und die gigantische Kastanie im Hof vor dem Eingang.

Überschwänglich dankte ich meinem Vater für sein nobles Angebot. Etwas Besseres hätte mir nicht passieren können, meinte ich jedenfalls: sturmfreie Bude, ein eigenes Auto, ein Cabrio noch dazu, zwanzig Minuten Fahrt bis nach Schondorf – fast zu himmlisch, um wahr zu sein. Voller Energie stürzte ich mich in meine neue Freiheit. Morgens preschte ich mit offenem Verdeck auf das Schulgelände, nachmittags versammelten sich meine Mitschüler grölend auf dem Parkplatz um mich und mein Auto. Ich selbst saß rauchend hinter dem Lenkrad und hielt Hof. Niemand außer mir kam mit einem eigenen Wagen zur Schule, sodass ich auf einmal der absolute Star war. Den Lehrern war ich natürlich ein Dorn im Auge, doch da ich volljährig war, mussten sie mich gewähren lassen. Keine drei Wochen später würden sie sich allerdings an mir rächen.

In Mamhofen feierte ich eine Party nach der anderen. Kaum war der Unterricht in Schondorf zu Ende, packte ich meine Freunde ins Auto, und wir düsten johlend davon. Die meisten Schüler hatten sich für die Nacht abgemeldet, wir würden bis in die Morgenstunden durchfeiern, nichts konnte unsere Laune trüben. Nur einmal ergriff mich Panik. Es war früh am Morgen, ich war auf dem Weg zum Internat und ratterte ziemlich verkatert mit dem voll beladenen Kübelwagen über die schmale Landstraße Richtung Schondorf. Vollkommen unerwartet kam mir unser Förster entgegen. Schreckensgedanken jagten mir durch den Kopf: »Was passiert, wenn er die vielen Leute in meinem Auto sieht? Was ist, wenn er mich bei meinen Eltern verpfeift?« Eine Horrorvorstellung!

»Duckt euch!«, brüllte ich, legte den Rückwärtsgang ein und versuchte in eine Hauseinfahrt auszuweichen. Der Förster dachte wohl, ich halte an, um ihn zu begrüßen, er blieb also auf meiner Höhe stehen und beugte sich aus dem Fenster. Vermutlich wollte er mir in aller Freundlichkeit einen Guten Morgen wünschen. Da verlor ich den Kopf. Ich drückte aufs Gas, um an ihm vorbeizupreschen, als mir ein Holzrückefahrzeug entgegenkam, ein gewaltiger Traktor, dem ich gerade noch ausweichen konnte. Bei diesem Manöver streifte ich einen Baum und verpasste dabei Vaters Auto eine gigantische Delle. Ich sah zu, dass ich wegkam. Wieder einmal musste ich meinem Vater ein neues, unerfreuliches Lügenmärchen auftischen.

Wundersamerweise bestand ich am Ende das Abitur mit einer recht guten Note. Allerdings musste ich noch die Abiturfeier im Internat überstehen. Natürlich fürchtete ich mich vor der Stunde der Wahrheit, und mir schwante Unangenehmes. Leicht beklommen wartete ich im Hof vor dem Schulgebäude auf meine Eltern. Ein Wagen nach dem anderen fuhr herein, parkte, Eltern und weitere Verwandte stiegen aus und strömten frohgemut in den Festsaal. Endlich erspähte ich den BMW meines Vaters. In Windeseile hechtete ich meinen Eltern entgegen, um sie abzufangen, als plötzlich aus dem Nichts die Vorsitzende des Schondorfer Stiftungsrates, eine Bekannte meiner Mutter, vor uns auftauchte. Sie kam mir zuvor. Atemlos stellte sie sich vor meine verdutzten Eltern und ballerte los. Sie hatte genügend Munition gegen mich, hörte gar nicht mehr auf zu schimpfen und zu klagen, in immer neuen Schüben brach ihre Entrüstung aus ihr heraus. Jede einzelne meiner Missetaten kam ans Licht. Sie muss auf diesen Tag lange und sehnsuchtsvoll gewartet haben.

Die Minen meiner Eltern verfinsterten sich. Zu Salzsäulen erstarrt, standen sie zwischen den geparkten Autos und lauschten den Ausbrüchen der aufgebrachten Frau, während ich immer mehr zusammenschrumpfte. Als sie sich endlich entfernte, machten sich meine Eltern langsamen Schrittes auf den Weg in den Raum, wo die Zeugnisse übergeben wurden. Noch ging alles gut. Doch in dem Saal, in dem die Abiturfeier stattfinden sollte, kam einer meiner Lehrer eiligen Schrittes auf sie zu. Wieder einer, der sie mit bösen Bemerkungen über mich überfiel. Das war zu viel. Meine Mutter packte meinen Vater am Arm und zog ihn aus dem Saal. Ich sofort hinterher: »Bitte bleibt, bitte! Ich erkläre euch später alles!« Doch nichts konnte meine Eltern jetzt noch aufhalten.

»Was bildest du dir ein!«, schrie meine Mutter, bevor sie ins Freie trat.

»Du hast unser Vertrauen missbraucht!«, tobte mein Vater. Wutschnaubend verließen sie das Schulgebäude. Gequält ließ ich die Abiturfeier über mich ergehen. Überfließend vor Selbstmitleid fragte ich mich, wie meine Eltern mir das antun konnten. Was waren sie doch gemein und ungerecht!

Als ich am nächsten Tag in Tüssling ankam, saßen sie im Wohnzimmer und lasen. Keiner von beiden blickte auf, um mich zu begrüßen. Zwei versteinerte Gesichter starrten in die weit aufgeschlagenen Zeitungen, eine geschlossene Front gegen die unmögliche, die gefallene Tochter. Meine Eltern waren fast nie einer Meinung, zankten sich unentwegt, heftig und lauthals, jetzt aber hielten sie ganz fest zusammen.

Eine kluge Tochter wäre natürlich zerknirscht in die Knie gegangen und hätte um Vergebung für ihre Sünden gebeten. Ich war auch kurz davor, doch dann blickte meine Mutter von ihrer Zeitung auf und sagte trocken: »Das Auto kannst du vergessen. Dein Vater und ich sind zutiefst von dir enttäuscht, du hast das Auto nicht verdient.« Mein Vater nickte bedeutungsvoll.

Ich hatte mich schon monatelang auf dieses Auto gefreut. Meine Eltern hatten versprochen, mir zum Abitur einen Golf zu schenken. Jetzt aber bestraften sie mich mit Liebes- und Autoentzug. Ich war außer mir und dachte nicht daran, Buße zu tun. Im Gegenteil. Ich rannte aus dem Zimmer, lief direkt ins Bad und schnappte mir aus dem Medizinschränkchen meiner Mutter drei Valiumtabletten. Noch nie hatte ich mir selbst so leid getan: Der Abschied vom Internat, die Trennung von meinen Freunden, wie sollte ich diesen Einschnitt in mein Leben ohne eigenes Auto überstehen? Wollten mich meine bösen Eltern in Tüssling darben lassen, allein und abgeschnitten vom Rest der Welt?

Ich warf die Tabletten in mich hinein und lief dann wie eine Besessene die Treppe rauf und wieder runter, nochmal und nochmal, vom zweiten Stockwerk bis in den Keller und gleich wieder nach oben. Ich hatte vor kurzer Zeit einen Kreislaufkollaps erlitten, vermutlich weil ich zu viele Nächte zu heftig durchgefeiert hatte, und nun wollte ich einen zweiten, möglichst noch vehementeren Zusammenbruch erzwingen. Endlich würde ich es meinen Eltern zeigen! Sie würden schon sehen, was sie davon hatten, mich derartig schlecht zu behandeln.

Der Kollaps blieb aus. Ich brach nicht zusammen, ich schlief ein. Ich weiß nicht, wie oft ich treppauf und wieder treppab gerannt war, irgendwann jedenfalls fielen mir die Augen zu, und ich torkelte mit letzter Kraft in mein Bett. Ich schlief zwei oder drei Stunden wie eine Tote, als plötzlich mein Vater mein Schlafzimmer betrat und sagte, nun müsse ich mit ihm spazieren gehen, er habe mit mir zu reden. Widerreden wurden bei uns nicht geduldet, also raffte ich mich auf und wankte mit ihm nach draußen.

Im Park hielt mir mein Vater einen Vortrag zum Thema Freiheit und Verantwortung. Ich müsse doch wissen, dass man Freiheit nicht hemmungslos ausnützen und so missbrauchen dürfe, wie ich es getan hätte – ohne jegliches Verantwortungsgefühl. Immer wieder fielen die beiden Begriffe, mein Vater redete mir mit Inbrunst ins Gewissen, während ich meinerseits inbrünstig hoffte, der Spaziergang möge bald zu Ende gehen. Aber diesmal nahm er sich besonders viel Zeit für mich. Wie im Delirium schlich ich neben ihm her. Über uns raschelten die Bäume, die Vögel pfiffen und zwitscherten, es war ein warmer, herrlicher Sommertag. Doch ich fühlte mich deswegen nicht weniger elend und wünschte mich nur zurück in mein Bett. Plötzlich blieb mein Vater stehen.

»Was ist denn, Papi?«, fragte ich erschrocken.

»Was glaubst du denn?«, sagte er und grinste, »warum, meinst du, stehe ich mit dir vor der Garage?«

Ich erwachte kurz aus der Betäubung: »Mein Auto?«

Tatsächlich sollte ich jetzt mein neues Auto in Empfang nehmen. Normalerweise wäre ich meinem Vater um den Hals gefallen, jetzt jedoch hauchte ich ein schwaches »Danke« und wollte nur noch zurück in mein Bett. Mein Vater hatte den Wagen aber bereits aufgeschlossen und freute sich mächtig darauf, eine Runde mit mir zu fahren.

»Komm, Fienchen, worauf wartest du noch?«

Sollte ich ihm sagen: »Papi, hör zu, ich bin absolut fahruntüchtig, ich habe jede Menge Valium geschluckt, es ist völlig verantwortungslos, in meinem Zustand zu fahren.«?

Ausgeschlossen! Also klemmte ich mich hinter das Lenkrad meines nigelnagelneuen Golfs, warf den Motor an und drückte aufs Gas. Ich fuhr dann immerhin die zwanzig Kilometer ins Nachbardorf, um mit meinem Vater Hundefutter zu besorgen, ein wahres Wunder, dass ich nicht unterwegs eingeschlafen bin. Zum Glück war mein Vater ein miserabler Beifahrer, schimpfte, warum ich nicht schneller führe, es sei nicht auszuhalten, mein Geschleiche.

Zurück düste dann er wie üblich im rasenden Tempo nach Hause.

Im Herbst begann ich mein Studium der Forstwirtschaft in Wien. Ich wollte eigentlich viel lieber Medizin studieren, doch einige Jahre zuvor hatte ich meinem Vater in einem emotional sehr aufgeladenen und bedeutsamen Gespräch versprochen, Forstwirtin zu werden. Nun konnte ich dieses Versprechen nicht brechen.

Was hatte ich nicht alles getan, um aus der Rolle der folgsamen Tochter auszubrechen! Ich rebellierte, lebte mich aus, schlug wild über die Stränge und erregte mächtig viel Ärger. Ich glaubte tatsächlich, die Angst vor meinen Eltern abgeschüttelt zu haben. Doch nun war ich wieder in Tüssling, wo mein Vater das Sagen hatte, zumindest was mich betraf. War mein Aufstand also nicht mehr als eine flüchtige, kurzlebige Inszenierung gewesen? Gewiss nicht nur, denn ich hatte meine Kräfte erprobt und Muskeln gezeigt, aber mein Leben gehörte deswegen noch lange nicht mir. In Wirklichkeit gehörte es noch immer meinem Vater. Schon gar nach meinem Versprechen an ihn. Die verlorene Tochter war zurückgekehrt.

Kiki, meine wilde Schwester, war und blieb kompromissloser als ich. In der neunten Klasse flog sie aus dem Internat. Sie hatte sich einiges geleistet, zum Beispiel mehrfaches Klauen von Gummibärchen, doch das verzieh man ihr noch. Erst als sie bei einem Schulausflug in einem Armeemantel, den sie auf dem Flohmarkt erstanden hatte, und einem großen schwarzen Schlapphut erschien, brachte sie das Fass zum Überlaufen, und der Schulleiter warf sie hinaus. Sie schrieb dann später im Mädcheninternat Schloss Reichersbeuern bei Bad Tölz ein ziemlich gutes Abitur, war in Deutsch sogar eine der Besten von ganz Bayern und bekam dafür einen Preis.

F 2

Studienbuch 1. Blatt des ORDENTLICHEN HOERERS

der UNIV. F. BODENKULTUR WIEN

Matrikelnummer: 8040533

STEPHANIE
BATTHYANY
ROSENKAVALIERPLATZ 9
D 8000 MUENCHEN

Geburtsname: MICHEL VON TUESSLING

Geburtsdatum: 1961-04-13

Geschlecht: WEIBL. Familienstand: VERHEIRATET

Staatsbürgerschaft: DEUTSCHLAND (BRD)

Heimatadresse: SCHLOSS TUESSLING
D 8261 TUESSLING

Reifeprüfung: 1980.06
NEUSPRACHLICHES GYMNASIUM
DEUTSCHLAND (BRD)

Stammhochschule: UNIV. F. BODENKULTUR WIEN

Kennzahl	Studienrichtung/Studienzweig	Tag der Aufnahme bzw. der Änderung	Tag des Abganges bzw. der Änderung
H 900	FORST- UND HOLZWIRTSCHAFT	801026	870319
H 901	FORSTWIRTSCHAFT (STZW)	870319	

Prot.-Nr. 394

~~Herr~~/Fr. Stephanie BATTHYANY

hat am 10 Juni 1988 die

zweite Diplomprüfung der Studienrichtung Forst- u. Holzwirtschaft

Studienzweig: Forstwirtschaft

abgelegt und hat diese am 10.6.1988

——— bestanden.

Wien, am 10. Juni 1988

Der Präses:

[Stempel: II. Forst- und holzwirtschaftliche Diplomprüfungskommission an der Universität für Bodenkultur WIEN]

[Unterschrift]

Sponsion am 01. Juli 1988

Rektor [Unterschrift]

Promotor [Unterschrift]

Zeuge [Unterschrift]

[Stempel: Universität für Bodenkultur Universitätsdirektion]

Erstellt am: 1987-03-19 Nr.: 03 DVR.:0005886

V

Eigentlich war ein anderer dafür vorgesehen, der Erstgeborene. Mein Halbbruder Dicki, der Sohn meines Vaters aus erster Ehe, sollte Schloss Tüssling bereits Anfang der Achtzigerjahre übernehmen. Meine Eltern stellten sich vor, dass Dicki mit seiner damaligen Frau Fee ins Schloss ziehe und sich mit der Arbeit im Forst und in der Landwirtschaft gründlich vertraut mache. Sobald er das Ganze im Griff habe, beabsichtigten meine Eltern, das Feld zu räumen und nach Mamhofen zu ziehen. Doch mein Vater zögerte sein Vorhaben hinaus. Er vertröstete Dicki, sträubte sich, das Steuer aus der Hand zu geben. Dicki wurde ungeduldig. Er wollte nicht länger warten, war enttäuscht und verärgert – er durfte meinem Vater zwei Monate lang bei der Arbeit zur Hand gehen und neben ihm herlaufen, mehr aber auch nicht. Da beging Dicki den Fehler, während der für meinen Vater heiligen Erntezeit in Urlaub zu fahren und von seinem Ferienort aus meinem Vater einen zornigen Brief zu schreiben: Es sei nun an der Zeit, dass die Eltern ihm endlich Tüssling übergäben und nach Mamhofen zögen. Er sei es leid, das »Zigarettenbürscherl« zu spielen, er ließe sich nicht länger hinhalten, er wolle das frustrierende Hickhack nicht mehr mitmachen.

Mein Vater tobte. Der Sohn machte Ferien, anstatt am Ball zu bleiben, und schrieb dann auch noch einen unverschämten Brief? Er wagte es, ein Ultimatum zu stellen!

»Es reicht!«, schrie mein Vater, »nicht mit mir!« Das war das Ende des Experiments »Dicki übernimmt Tüssling und die Eltern ziehen aus«. Mein Vater war so außer sich, so erbost, dass er nur noch eines im Sinn hatte: Tüssling zu verkaufen. »Es hat keinen Sinn, ich verkaufe das Schloss, ich verkaufe alles!«

Er hatte schon mehrmals gedroht, alles hinzuschmeißen, wenn ihn die Wut über die Untauglichkeit seiner Kinder überkam, doch ich hatte seine Anfälle nie sonderlich ernst genommen. Diesmal war es anders.

Diesmal wurde ich unruhig, diesmal meinte er es sehr ernst.

Ich war damals schon einige Monate im Internat, genoss es, nicht mehr in Tüssling eingemottet zu sein und nur die Schulferien zu Hause verbringen zu müssen. Doch der Gedanke, meine Eltern könnten das Schloss verkaufen, erschreckte mich zutiefst. Das durfte nicht passieren, also fasste ich einen Entschluss. Eines Morgens setzte ich mich zu meinem Vater, während er frühstückte, und sagte: »Papi, ich muss mit dir reden.«

»Was gibt's?«, fragte er mich mit strengem Blick.

»Ich meine, ich glaube, wenn du unser Schloss verkaufst und alles, fände ich es nicht gut.«

Verdutzt sah mich mein Vater an: »Was stotterst du denn so herum? Natürlich verkaufe ich! Es ist doch keiner da, der das hier macht!«

»Doch. Ich bin bereit dazu. Ich verspreche es dir!«

Das saß.

»Du, Fienchen? Wirklich?«

»Ja, versprochen!«

Daraufhin schwieg er, schien nachzudenken, legte die Stirn in Falten, holte auf einmal tief Luft und strahlte mich an. Es war, als sei eine schwere Last von ihm gefallen. Er streckte sich, sah mich an und sagte: »Das machst du!«

Mein Vater war nicht nur erleichtert, er fühlte sich geschmeichelt und schien geradezu entzückt, dass ich mich für sein – für unser – Tüssling entschieden hatte.

»Du machst in Schondorf dein Abitur, und dann studierst du Forstwirtschaft. In den Semesterferien legst du hier Hand an, hilfst mir im Betrieb, vor allem in der Landwirtschaft. Sobald du dann dein Studium beendet hast, arbeite ich dich hier ein.«

Adieu Medizinstudium. Im Jahr zuvor hatte ich in den Schulferien bereits ein mehrwöchiges Praktikum im Krankenhaus von Altötting absolviert, mein Bruder Dicki war bereit gewesen, mir sein altes klappriges Mofa zu leihen, mit dem ich dann jeden Morgen im Schneckentempo die sechs Kilometer nach Altötting zurücklegte. Zwar dachten meine Eltern nicht daran, mich ins Krankenhaus zu fahren oder von dort abzuholen. Doch war ich auch ganz stolz, jeden Morgen selbstständig und motorisiert »in die Arbeit« fahren zu können, ich kam mir richtig erwachsen vor. Das Praktikum hatte mir großen Spaß gemacht. Mich faszinierte die Arbeit im Krankenhaus, außerdem war ich froh, Tüssling zu entkommen. Doch das Schloss zu verlieren war undenkbar. Deshalb gab ich ihm mein Versprechen, Forstwirtschaft zu studieren.

Im Oktober 1980 begann ich an der Universität für Bodenkultur in Wien. Sie hatte einen hervorragenden Ruf, zudem wollte ich unbedingt Hunderte von Kilometern zwischen mich und meine kontrollierenden Eltern legen, die Münchener Universität lag mir zu nah an Tüssling. Ein paar Tage vor Semesterbeginn lud ich meine Koffer ins Auto und fuhr mit gemischten Gefühlen nach Wien. Ich freute mich, in der Großstadt ein neues Leben zu starten, doch überfiel mich wieder eine Einsamkeit. Auf der Autobahn malte ich mir aus, wie mich eine liebevolle Mutter nach Wien begleitete, mir bei der Wohnungssuche half und mir, dem Landkind, den Anfang in der unbekannten Stadt erleichterte. Gewiss, ich war nun neunzehn Jahre alt, eine selbstständige junge Frau voller Energie, und dennoch – wie so oft fühlte ich mich alleingelassen und fragte mich ängstlich, wie ich all das, was auf mich zukam, ohne Beistand bewältigen sollte.

Die ersten vier Wochen kam ich bei meinem unverheirateten, recht eigenbrötlerischen Patenonkel unter, der in einer wunderschönen großen Altbauwohnung lebte. Obwohl er mehr als genügend Platz hatte, zeigte er sich nur mäßig erfreut über den Besuch seiner lebenshungrigen Patentochter. Nach vier Wochen intensiver Suche fand ich schließlich eine eigene Bleibe an der Westautobahn, eine möblierte Bassena, wie man die alten Bruchbuden in Wien nennt: sechzig Quadratmeter – also durchaus groß genug für mich allein –, aber kein richtiges, abgetrenntes Bad. Vielmehr drängten sich in einem einzigen kleinen Raum Klo, Badewanne, Waschmaschine, Herd, ein schmaler Küchenschrank und Spüle.

Ich heizte mit Öl. Die Teppiche waren von kleinen und großen Flecken unterschiedlicher Formen und Farben übersät, das Sofa durchgesessen und ebenfalls schmutzig, die Möbel geschmacklos und schäbig. Mich ekelte die Vorstellung, wie der ganze Dreck entstanden sein mochte. Erst beim Auszug, ein dreiviertel Jahr später, konnte ich darüber lachen. Weniger vergnüglich war der Umstand, dass ich mit dem Geld, das mein Vater mir regelmäßig zahlte, nicht auskam. Am Monatsende, meistens schon etliche Tage vorher, war ich absolut blank. Aber so erging es vielen Kommilitonen, und irgendwie kam ich immer über die Runden mit Gelegenheitsjobs, scheußlichem Mensa-Essen und regelmäßigen Besuchen bei meinem Patenonkel, der mich jedes Mal ins gediegene Hotel Sacher einlud. Er ahnte wohl, was der eigentliche Grund meiner Besuche war.

Das Studium der Forstwirtschaft in Österreich war extrem praktisch ausgerichtet, also körperlich außerordentlich anstrengend. Ein klassisches Männerstudium. Unter neunundneunzig Kommilitonen war ich damals die einzige Frau. Zu Anfang waren zwar noch zwei weitere Frauen dabei, doch schon im zweiten Semester gaben sie auf. Sie waren den physischen Anforderungen einfach nicht gewachsen. Denn damals scheuchte man uns während des gesamten Sommersemesters von morgens bis abends durch den Wald – wir verbrachten mehr Tage im Freien als in den Bibliotheken und den Seminarräumen. Für das Fach Lawinen- und Wildbachverbauung mussten wir immer auf Berggipfel klettern, und um uns im Waldbau auszukennen, durchkämmten wir eine Höhenregion nach der anderen, wanderten meist über der Waldgrenze in dünner Luft die Abhänge entlang. An manchen Tagen liefen und kraxelten wir bis in den Abend hinein und hörten erst auf, als die Dunkelheit hereinbrach. Wenn wir Glück hatten, gab es eine Gondel, mit der wir abends ins Tal fahren durften. Jede Form von Wanderung war ja für mich ein Gräuel, aber andererseits war ich seit meiner Kindheit in dieser Sportart trainiert.

So oft ich auch über die leidigen physischen Strapazen klagte und schimpfte, ich gab nicht auf. Meine innere Disziplin ließ es nicht zu, außerdem hatte ich immer das Ziel vor Augen, Tüssling zu übernehmen, und dafür waren das Studium und die einhergehenden Strapazen notwendig. Es mochte noch so beglückend sein, der erstickenden Atmosphäre zu Hause entflohen zu sein, ich spürte dennoch, ohne Wenn und Aber, dass meine Zukunft in Tüssling lag. Ich stand zu meinem Versprechen, hab es einfach durchgezogen.

Natürlich amüsierte ich mich auch in Wien. Wir feierten und genossen unser nächtliches Studentenleben, fern von den Eltern, in vollen Zügen. In unserem Studiengang kannten sich fast alle untereinander, weil wir ein überschaubarer Haufen waren. Außerdem stammten die meisten Studenten aus Bauern- oder Försterfamilien. Einige davon befanden sich in einer ähnlichen Situation wie ich – sie würden eines Tages den elterlichen Betrieb übernehmen. Unter meinen Kommilitonen waren die Söhne bekannter aristokratischer Familien wie Habsburg, Gudenus, Hoyos oder Liechtenstein, und es missfiel so manch einem unserer österreichischen Professoren, dass sich hier der geballte mitteleuropäische Landadel zusammenfand. Ein Professor, der uns im Fach Statistik unterrichtete, machte sich eine Freude daraus, seine Antipathie gegenüber der Aristokratie zum Ausdruck zu bringen. Während die anderen Professoren ihre Studenten üblicherweise mit »Herr Kollege« beziehungsweise »Frau Kollegin« anredeten, erinnerte er uns beharrlich daran, dass die Adelstitel in Österreich abgeschafft worden waren. Leo von Habsburg etwa wurde nicht »Kollege« genannt, stattdessen rief ihn der Professor jedes Mal genüsslich mit »Herr Habsburg!« auf. Dabei konnte man uns bestimmt keine Arroganz vorwerfen, wir klüngelten auch nicht und verstanden uns mit allen Kommilitonen gut. Doch allein unsere Herkunft und unsere Familiennamen erregten Anstoß und schienen uralte, absurde Vorstellungen von feudalistischen Machtstrukturen, dynastischen Herrschaftshäusern und elitären Weltbildern wachzurufen. Es war, als ob wir von vornherein eine unabwaschbare Farbe tragen würden. Und egal, ob man das gut oder schlecht fand, waren wir zu erkennen. Vielleicht ist es der Umstand, etwas zu besitzen, das wir in der Regel nicht ablegen und andere nicht erwerben können. In meinem Leben begegneten mir diese Vorurteile öfter. Und sicher gibt es auch Adlige, die sie schüren. Ich denke, dass Besitz, Macht und Adel die Menschen heute nicht mehr voneinander unterscheiden sollten, sondern – wie man sagt – zu einem verantwortungsvollen Umgang miteinander verpflichten.

Ich selbst hatte damals das Glück, dass mir die meisten Professoren, trotz Adelstitel, ohne Vorurteile begegneten. Vielleicht, weil ich lange Zeit als einzige Frau zwischen etwa einhundert männlichen Studenten saß.

Keine drei Monate nach meiner Ankunft in Wien lernte ich Benedikt Graf Batthyany kennen. Er sollte meine erste große und ernsthafte Liebe werden. Meine Freundin Bumble, Prinzessin Reuß, lud zu einer »Bottleparty« in ihre Wohnung ein: »Damit du schnell viele nette Leute kennenlernst!« Und ich solle ruhig »jemanden« mitbringen, wenn ich wollte. Das fasste ich als Aufforderung auf. Ich hatte zwar noch mit keinem einzigen der Studenten mehr als einige Sätze gewechselt, trotzdem beschloss ich, mir einen der attraktivsten herauszusuchen und ihn aufzufordern mich auf Bumbles Party zu begleiten. Mein Auge fiel auf Benedikt, einen ungarischstämmigen Österreicher mit üppigen dunkelbraunen Haaren und ebenso dunklen Augen. Eine schicksalhafte Wahl, denn wir verliebten uns sofort. Nach einem halben Jahr zog ich zu ihm in die Blechturmgasse, wo er in einer Dreizimmerwohnung lebte, die ihm seine Eltern angemietet hatten.

Als wir beschlossen, zu heiraten, waren wir beide einundzwanzig Jahre alt. Wie vorauszusehen, reagierten meine Eltern mit unverhohlenem Entsetzen – insbesondere mein Vater. Zugegeben, Benedikt und ich waren blutjung, doch meinem Vater schien weniger unser Alter Sorgen zu bereiten als der Gedanke, mich zu verlieren. Er wollte mich nicht hergeben und wetterte hemmungslos gegen Benedikt, diesen unsäglichen Burschen, der sich erdreistete, ihm seine Lieblingstochter abspenstig zu machen. Böse Worte, Schmähungen, Spott. »Der Ungar will sich mein Schloss unter den Nagel reißen!«, behauptete mein Vater. Eine irrwitzige, vollkommen aus der Luft gegriffene Vorstellung – eine Projektion, ein Spiegel seiner Furcht vor dem Verlust an Macht und an Einfluss auf mich. Er hätte sich keinen besseren, aufrichtigeren Schwiegersohn wünschen können als Benedikt, der keinen einzigen, schon gar nicht einen begehrlichen, Gedanken an Tüssling verschwendete.

Denn die Familie Batthyany besaß selbst mehrere kleine Schlösser in Österreich und zudem Burg Güssing, die älteste Burg des Burgenlandes, die schon 1524 in den Besitz der Batthyanys gelangt und zur Festung ausgebaut worden war. Zwischenzeitlich verfiel das Kastell, doch ab 1870 wurde die Anlage, samt dazugehörigem Kloster und Familiengruft, von der Fürst-Philipp-Batthyany-Strattmann-Stiftung großzügig renoviert. Benedikts Familie, namhaft und angesehen, hatte es also überhaupt nicht nötig, sich bei uns einzuschmeicheln.

Bis heute genießt die Familie in Ungarn großes Ansehen, insbesondere, weil Benedikts Großvater, Fürst Ladislaus Batthyany-Strattmann, im Jahr 2003 von Papst Johannes Paul II. seliggesprochen wurde. Er war ein international anerkannter Chirurg und Augenarzt und zugleich überzeugter Christ. In einem Flügel des Schlosses hatte er ein Krankenhaus eingerichtet, die Armen umsonst behandelt und operiert und angeblich sogar Wunderheilungen vollbracht.

Im Gegensatz zu meinen Eltern begegnete mir Benedikts Familie mit großer Herzlichkeit, seine Eltern mochten mich sehr gern. Auch ich schloss sie sofort in mein Herz. Wir lachten viel zusammen, sie waren lebenslustig, witzig und außergewöhnlich locker. Über ein Erlebnis kann ich mich heute noch amüsieren: Benedikts Eltern fuhren mit uns von Wien zur Burg der Familie in Güssing. Die Eltern saßen hinten in meinem Golf, auf einmal fingen sie an, sich zu drehen, sie bückten und streckten sich und murmelten sich Zahlen zu. Leicht irritiert blickte ich in den Rückspiegel und fragte: »Was macht ihr denn da?«

»Wir vermessen uns.«

»Was macht ihr?«

»Was glaubst du denn? Wir haben ein Maßband dabei, wir vermessen die Länge und Breite unserer Körper. Bevor wir sterben, sollten wir doch wissen, wie groß unsere Särge sein müssen. Das verstehst du doch!«

Ich verstand – erst jetzt. Denn wir fuhren nur aus einem Grund nach Güssing, um die alten Särge in der Familiengruft zu inspizieren. Es war für meine Schwiegereltern offensichtlich das Natürlichste von der Welt, schon zu Lebzeiten regelmäßig zweckdienliche Vorbereitungen für den eigenen Tod zu treffen.

In Güssing angekommen, stiegen wir dann in Begleitung eines Pfarrers hinunter in die Familiengruft. Dort waren über vierzig Sarkophage mit den einbalsamierten Verstorbenen aus der Familie Batthyany untergebracht. Die Leichen waren ausgeweidet worden, die Bauchhöhle hatte man mit Stroh aufgefüllt, die Gedärme in Töpfe getan, die Seite an Seite in den Mauernischen aufgereiht waren. Auch die Herzen wurden in eigenen Gefäßen aufbewahrt. Der Pfarrer schaltete das elektrische Licht an und öffnete – einen nach dem anderen – die Deckel der Sarkophage. Unsere Blicke fielen auf die teilweise schon vor dreihundert Jahren mumifizierten Gestalten – Männer in verblichenen Uniformen, Frauen in langen, einstmals herrlichen Kleidern. Ehemalige Honoratioren, bedeutende Politiker mit hohen Ämtern und ihre Gattinnen – die Vorfahren der Familie Batthyany. Schilder verwiesen auf die Positionen, die sie bekleidet hatten, manche von ihnen waren bekannte historische Persönlichkeiten. Die Leichen waren vollkommen erhalten, und ihre Haut war von der Verwesung bewahrt worden, doch sie hatten eine tief dunkelbraune Farbe angenommen. Mit großem Interesse starrte ich auf die finsteren, eingefallenen Gesichter, umringt von ihren zotteligen, verfilzten Mähnen, schaute auf die fast zahnlosen Münder, auf die knochigen Finger mit ihren langen dünnen Krallen. Unfassbar, wie stark Nägel und Haare nach dem Tod noch gewachsen waren!

Benedikts Eltern waren gekommen, um den Zustand der Särge zu inspizieren, etwaige Reparaturen zu veranlassen und auch, um die Leiche von Benedikts Großvater in Augenschein zu nehmen. Man hatte ihn nicht ausgeweidet, sein Sarg tropfte, Körpersäfte sickerten aus seinem Inneren. Ich war weder schockiert noch angewidert. Im Gegenteil, die verhinderte Medizinerin in mir war fasziniert.

Bei Benedikt und seiner Familie zu sein, war für mich ein wunderbar befreiendes und zugleich geborgenes Gefühl. Benedikt hatte einen guten Humor, mit dem er mir in vielen Situationen und Stimmungen begegnete. Außerdem war er ein äußerst gepflegter und attraktiver Mann, der aus den übrigen Kommilitonen, die oftmals eher wie Bergfexe mit langen Bärten und immer in Bergsteigerkluft daherkamen, sichtlich herausstach.

Am 27. August 1983 heirateten wir in Tüssling. Da das Schloss noch nicht so renoviert war, dass im Inneren eine Hochzeit gefeiert werden konnte, ließen meine Eltern im Park ein Zelt aufstellen. Etwa zweihundert Gäste waren geladen – Verwandte beider Familien, Freunde, Kommilitonen. Wir wurden in der Tüsslinger Kirche Burgkirchen am Wald getraut, ich im langen weißen Brautkleid, Benedikt im Cut. Wir waren ein schönes, junges und glückliches Paar. Der Tag war sonnig, und das Fest hätte wunderschön werden können – wäre da nicht mein Vater gewesen mit seinem verzweifelten, unstillbaren Zorn.

Nach der morgendlichen Trauung hatten wir uns mit der Familie und engen Freunden zum Mittagessen um die festlich geschmückte Tafel im Kaminzimmer des Schlosses versammelt, wir sprühten vor Glück, jeder war fröhlich und aufgekratzt. Sogar meine Mutter strahlte, sie mochte Benedikt erfreulicherweise besonders gern. Außerdem genoss sie gesellschaftliche Ereignisse, opulente, hochkarätige Feste. Alle freuten sich – bis auf meinen Vater. Mit versteinertem Gesicht saß er neben mir in der Mitte der u-förmigen Tafel, jeder einzelne Muskel seines Körpers angespannt, die Augen starr auf seinen Teller gerichtet. Ich glaube, es fiel niemandem sonderlich auf außer mir. Erst als er aufstand, um seine Rede zu halten, detonierte die Bombe. An Benedikt und seine gesamte ungarische Verwandtschaft gerichtet, hielt er die obligatorische Brautrede mit unmissverständlichem Inhalt: Ich bin nicht einverstanden mit dieser Heirat, außerdem gibt es hier finanziell für Benedikt und seine Familie überhaupt nichts zu holen!

Ich habe vergessen, was er der ahnungslosen Hochzeitsgesellschaft noch alles entgegengeschleudert hat. Ich war so gründlich damit beschäftigt, meine ungewohnte Rolle als Braut und Gastgeberin zu erfüllen, dass ich außerstande war, mich auf die einzelnen Ausführungen meines aufgebrachten Vaters zu konzentrieren. Doch diese erschütternd peinliche Rede rüttelte mich kräftig auf – da hieß mich eine neue, entzückende Familie willkommen, feierte mit uns die Hochzeit ihres geliebten Benedikt, und was geschah? Sie wurde beschimpft und beleidigt. Fassungslos nahmen die Gäste die Rede auf, entgeistert las ich das wachsende Entsetzen auf ihren Gesichtern. Betretenes Schweigen, als mein Vater sich am Ende der Rede erschöpft auf seinen Sitz fallen ließ. Sekunden später brach ein kleiner Tumult aus. Einige tuschelten, andere diskutierten laut und in heller Aufregung über die Ansprache, nur mein Vater saß zusammengekauert auf seinem Stuhl – und weinte.

Es war das erste Mal in meinem Leben, dass ich meinen Vater weinen sah. Tränen quollen ihm aus den Augen, liefen ihm in dünnen Rinnsalen über die Wangen. Eigentlich wollte ich ihn anschreien, doch es war mir unmöglich, ich konnte nicht anders, ich musste ihn trösten.

»Papi, was ist denn los? Was hast du?«

Es verging eine Weile, dann sagte er leise: »Du bist jetzt weg, ich habe dich verloren.«

»Nein, wieso denn? Ich bin nicht weg, ich komme doch wieder. Sobald ich mein Studium beendet habe, bin ich wieder in Tüssling.«

Darauf zuckte er mit den Schultern und schniefte ein paar Mal, schaute mich an und versuchte ein Lächeln.

»Du weißt doch, ich habe dir versprochen, dass ich das hier mit dir mache«, bekräftigte ich noch einmal. Er beruhigte sich, ich sah zu Benedikt, und auch er lächelte mich an. Anscheinend schaffte er es, meinen Vater zu verstehen und ihm diesen Ausbruch zu verzeihen. Langsam erwachten die Gäste aus ihrem Schock, und irgendwann plauderten alle wieder. Der Rest des Festes verlief friedlich. Doch ich fand keine unbeschwerte Freude mehr an diesem Tag, mein Vater hatte mir meine Hochzeit verdorben.

Meine Ehe mit Benedikt hielt nur vier Jahre: Meine Heimat blieb Tüssling, seine war im Burgenland, wo er später das Schloss und den gesamten Besitz seiner Eltern erben würde. Wir waren nur noch selten in unserer Wiener Wohnung in der Blechturmgasse. Also drifteten wir immer mehr auseinander und fühlten uns innerlich zerrissen. Sicher, Benedikt kam oft nach Tüssling, fuhr Traktor, ging mit auf die Jagd und tat alles, um sich bei uns einzufügen. Doch mein Vater lehnte seinen Schwiegersohn weiterhin ab. Schier unvorstellbar, dass ich für längere Zeit bei Benedikt im Burgenland bliebe, ich hatte in Tüssling zu sein. Wir entfremdeten uns zunehmend voneinander, und irgendwann konnten wir die steigenden Spannungen zwischen uns nicht mehr aushalten. Am 27. Januar 1987 ließen wir uns scheiden.

Ein Jahr später beendete ich mein Studium, und zwar von München aus. Das österreichische Studiensystem erlaubt es den Studenten, den Zeitpunkt ihrer Schlussprüfungen selbst zu bestimmen, also konnte ich in München für die Examina lernen und zu den Prüfungsterminen nach Wien fahren. Zunächst zog ich bei Kiki ein. Sie lebte damals in einer Souterrainwohnung in der Oberföhringer Straße und überließ mir ihr Wohnzimmer, wo ich auf einem ausziehbaren Sofa schlief. Wie immer haben wir uns entsetzlich gestritten – wir hockten zu nah beieinander, und die Fetzen flogen wie wild. Zum Glück fand ich nach drei Monaten dann eine eigene Wohnung im Stadtteil Bogenhausen mit einem gigantischen Blick über den Rosenkavalierplatz. Eigentlich konnte ich mir dieses Apartment überhaupt nicht leisten. Die Miete betrug neunhundert D-Mark – für damalige Verhältnisse enorm viel Geld. Aber ich brauchte unbedingt ein Zuhause, musste mich wohl und geborgen fühlen, um mich entspannt auf meine Prüfungen vorbereiten zu können. Ich richtete mein neues kleines Reich mit meinen Möbeln aus Wien ein, machte es mir so gemütlich wie nur irgend möglich und büffelte. Manchmal hatte ich in einer einzigen Woche zwei, drei Prüfungen, übernachtete dann in Wien bei einer Freundin und fuhr anschließend nach München zurück.

Zwischendurch jobbte ich. Ich arbeitete in der exklusiven Boutique von meiner sehr lieben Freundin Nana Müllerschön in Schwabing, verkaufte Abendroben an Prominente und solche, die sich dafür hielten, und beobachtete meine Kunden akribisch: Besonders unangenehm verhielten sich kleine, unbedeutende Sternchen und die Möchtegern-Prominenz. Ich habe zum ersten Mal als Betroffene erlebt, wie es sich anfühlt, unverschämte, arrogante Kunden bedienen zu müssen! Eine interessante Erfahrung für mich, in eine andere Rolle zu schlüpfen, die mir bis heute hilft, die Menschen zu verstehen, die für mich arbeiten.

Außerdem verdiente ich mir ein Zubrot mit Näharbeiten und verdingte mich als Chauffeur einer Produktionsfirma für Film und Fernsehen. Diesen Job verdankte ich Kiki. Sie war mit Nicky Müllerschön, dem Filmproduzenten und Bruder von meiner Freundin Nana, befreundet. Über ihn bekam ich den Job beim Film, begegnete in den Bavaria Filmstudios Shooting Stars aus dem Showgeschäft. Heute löst die Präsenz heiß umschwärmter Schauspieler und

Popgrößen keine Begeisterungsstürme mehr in mir aus, aber damals blitzten meine Augen und hüpfte mein Herz vor Aufregung, wundervolle Stars wie Sean Connery, Maximilian Schell oder Mick Jagger leibhaftig erleben zu dürfen.

Es war eine spannende, interessante, aber auch anstrengende Zeit. Anstrengend, nicht nur, weil ich mich auf meine Prüfungen vorbereitete und gleichzeitig jobbte, sondern vor allem, weil die Traurigkeit über die Trennung von Benedikt nicht aufhören wollte. Immer wieder verkroch ich mich in meine Wohnung, zog mich von meinen Freunden zurück oder aber feierte exzessiv, um mich zu betäuben. Mein Selbstvertrauen lag am Boden.

Eines Abends lud mich ein guter Freund ins Münchner Restaurant »Madrigal« ein – damals ein sehr beliebtes Lokal – und fragte mich, ob er denn einen Freund mitbringen dürfe.

»Na klar, warum nicht? Ist er nett?«

Er entpuppte sich als besonders nett. Es handelte sich um Bernd Bagusat, der ein knappes Jahr später mein zweiter Ehemann wurde.

»Endlich strahlst du wieder!«, freuten sich meine Freunde. Jetzt erst erfuhr ich von ihnen, dass sie sich häufig Gedanken über mich gemacht hatten: »Diese struppigen Haare! Dieser schlottrige Hippielook! Hättest dich auch mal, wenigstens ein bisschen, herausputzen können, Steffi! Und fröhlich warst du auch nicht!«

Nach unserem Abendessen zu dritt rief mich Bernd gleich am nächsten Tag an. Wir gingen miteinander aus, trafen uns immer häufiger und verliebten uns bald. Ich hatte mein Studium immer noch nicht endgültig abgeschlossen, raste nach wie vor mit der Bahn oder im geliehenen Auto nach Wien zu meinen Prüfungen. Erst Anfang Juli 1988 beendete ich mein Studium als Diplomingenieurin der Forstwirtschaft.

VI

Mit der Erntezeit begann meine Arbeit. Mein Vater stellte mich umgehend in seinem Betrieb ein und zahlte mir ein reguläres Gehalt.

Keine zwei Monate später, am 25. August 1988, heiratete ich Bernd Bagusat. Er war achtzehn Jahre älter als ich und hatte mich heftig und nachhaltig beeindruckt. Er trat sehr selbstbewusst auf, konnte fabelhaft Witze erzählen, besaß ein Auto, ein Haus, reiste ständig in ferne Länder – all das unterschied ihn von meinen gleichaltrigen Freunden mit ihrem wenig spektakulären Studentenleben. Wie ich lernten und jobbten sie, feierten schon mal die Nächte in einer der angesagten Diskotheken durch. Das kannte ich zur Genüge, und es reizte mich nicht mehr. Bernd hingegen wirkte weltmännisch, wo ich mir selbst alles andere als glamourös vorkam: strähnige Haare, unförmige Klamotten und durch die Trennung von meinem ersten Mann noch immer ein beschädigtes Selbstbewusstsein.

»Mich will keiner mehr«, dachte ich, » ich kriege nie wieder einen ab.«

Bernd aber wollte mich. Wir heirateten standesamtlich in Starnberg, nur in Anwesenheit unserer Trauzeugen und deren Ehefrauen. Anschließend fuhren wir nach München, um mittags im Restaurant »Käfer« zu essen – nur zu sechst, wir wollten keine aufwendigen Feierlichkeiten mit Freunden und Verwandten. Und erst am Tag darauf stellte ich meine Eltern vor vollendete Tatsachen. Ich bat sie in Tüssling in den Salon und sagte: »Ich muss euch etwas sagen – Bernd und ich haben gestern geheiratet.«

Das Gesicht meines Vaters verfinsterte sich, meine Mutter schlug die Hände vor den Kopf und rief: »Das ist nicht dein Ernst! Einfach heiraten, ohne uns etwas zu sagen? Und die Feier, auch ohne uns? Ich fasse es nicht!«

Ich weiß nicht mehr genau, wie ich sie besänftigte, aber es gelang mir dann doch, ihren Ärger zu dämpfen. Zum Glück bereitete mir mein Vater diesmal nicht die geringsten Probleme. Wenn er mit Bernd und mir zusammentraf, suchte ich stets unauffällig sein Gesicht, doch es gab nichts zu befürchten. Er hatte sich wohl damit abgefunden, dass seine Lieblingstochter nicht ihm allein gehörte.

Ich gab also meine Wohnung in München auf und zog mit Bernd nach Starnberg. Er lebte dort in einem nicht besonders großen, von einem Garten umgebenen Haus in der Heimatshausener Straße. Er hatte zusammen mit seinem Bruder eine erfolgreiche Firma zur Verarbeitung von Früchten geerbt, fuhr jeden Tag in sein Büro im nahe gelegenen Geretsried, um dort zu arbeiten.

Unsere Freizeit verbrachten wir mit Reiten. Bernd war ein passionierter Reiter, er und sein Bruder hatten mehrmals beim Hamburger Springderby, an Turnieren in Rom und Aachen, sogar an renommierten internationalen Reitturnieren teilgenommen – die Brüder Bagusat gewannen schon in den Junioren-Mannschaften zahlreiche Medaillen und waren als Springreiter, auch jenseits der Grenzen Europas, bekannt.

Als ich Bernd kennenlernte, hatte er aber leider das Reiten nach einer schweren Krankheit vollkommen aufgegeben. Nie wieder würde er auf ein Pferd steigen! Ich jedoch träumte vom Reiten und schwärmte von meinen Erfahrungen beim Dressurreiten als Kind – wie rasant und beharrlich ich die Gangarten meines Pferdes verfeinert hätte. Ach, könnte ich doch bloß wieder reiten!

Bernd wollte zunächst überhaupt nichts davon wissen, irgendwann jedoch sprang der Funke meiner Begeisterung über und er sagte: »Wir kaufen dir ein Pferd!«

Wir fanden tatsächlich in kürzester Zeit eine sechsjährige Stute, ein nervöses Tier, das sich aus unerfindlichen Gründen dauernd auf die Hinterbeine stellte, doch sie war nicht teuer und gefiel mir, trotz ihrer Marotten. Ich wollte ja keine artistischen Schaukünste mit ihr veranstalten. Von nun an bin ich auf meiner Gravina, die wir in einem Stall in Starnberg unterstellten, fast täglich geritten. Bis ich schwanger wurde und nicht mehr reiten durfte. Doch da ereignete sich etwas Bemerkenswertes: Bernd überwand seinen Widerwillen, holte sich Gravina und fing auf einmal wieder an zu reiten. Da er kein Dressurreiter ist, ließ er Gravina über kleine Hindernisse springen und entdeckte zu unserer aller Erstaunen, dass dieses Pferd sich hervorragend als Springpferd eignete.

Nun begann unsere »Turnierkarriere«: Jedes Wochenende ein anderes Turnier! Selbst nachdem unsere erste Tochter auf die Welt kam, machten wir weiter. Mit der kleinen Sophie im Gepäck zogen wir von einem Wettspringen zum nächsten. Während der Woche ritt ich, so oft ich Zeit fand, im Parcours, um Gravina für die Springen am Wochenende vorzubereiten. Bernd gelang es sogar, nach drei Jahren wieder in der S-Klasse zu starten.

Als wir nach Tüssling zogen, kam Gravina natürlich mit. Wir haben für sie die Boxen im alten Pferdestall wieder hergerichtet und auch noch ein weiteres Pferd, Ratina, gekauft. Nun waren wir mit zwei Pferden und einem Baby von Turnier zu Turnier unterwegs.

Später, als ich weitere Kinder bekam, schaffte ich für sie zahme, entzückende Ponys an. Die Kinder sind heute fast alle begeisterte Reiter: Benedicta ist oberbayerische Meisterin der Junioren-Dressur, Sophie nimmt dieses Jahr an einem großen internationalen Turnier in Italien teil. Milana war schon mit drei Jahren bei einem Kinderturnier! Ich führte ihr Pony an der Longe. Als der Richter sie nach ihrem Alter fragte, lispelte sie: »Drei!« Er war fassungslos.

Zurück zu meinem ersten Ehejahr mit Bernd. Ich hatte mit dem Reiten noch nicht begonnen und arbeitete extrem viel. Liebend gerne hätten Bernd und ich das wohlige, glückliche Leben eines frisch verheirateten Paares geführt. Doch daraus wurde nichts. Ich fuhr jeden Montag bis Dienstagabend, jeden Donnerstag bis Freitag nach Tüssling, um den ganzen Tag bei meinem Vater zu arbeiten. Mittwochs kümmerte ich mich um die Forstwirtschaft in Mamhofen.

Die ständige Fahrerei von Starnberg nach Tüssling war schon nervenaufreibend genug, denn der Verkehr auf den Landstraßen war mörderisch, doch gegen den Stress an der Seite meines Vaters waren die Autofahrten die reinste Erholung. Ich war nun Ende zwanzig und diplomierte Forstwirtin, was meinem Vater jedoch nicht den geringsten Respekt einflößte – ich durfte trotzdem nicht selbstständig arbeiten. Er überwachte jeden Handgriff, gängelte mich, wo er nur konnte, kritisierte und bemängelte alles, was ich anfasste. Er tat das bestimmt nicht, um mich zu schikanieren, er war nur unfähig, Verantwortung abzugeben. Seine Angst, auch nur ein Stück seiner Macht zu verlieren, war überwältigend.

Die Arbeit im Wald, auf dem Feld und in der Trocknungsanlage verlangte harten körperlichen Einsatz. Dass ich dabei permanent unter Beobachtung stand, strengte mich allerdings mehr an, belastete meine Nerven weit stärker als die physischen Strapazen. Ich wünschte mir nichts sehnlicher, als eigenverantwortlich anpacken zu dürfen und flehte meinen Vater wiederholt an, mir doch bitte endlich zu erlauben, wenigsten ab und zu einen maßgeblichen Knopf zu drücken.

»Ich will nicht immer nur das Getreidesilo nachschieben, Papi, es macht mich wahnsinnig!«

Doch kaum wagte ich einen eigenständigen Handgriff, schlug er mir auf die Hände und rief: »Weg da, das kannst du nicht!«

Wie eh und je hatte ich das »Zigarettenbürscherl« zu spielen, mehr war nicht drin.

Irgendwann nahm ich mir ein Herz und bettelte: »Papi, lass mich nicht nur schaufeln, ich bin wirklich nicht so blöd, wie du glaubst!«

Da ließ er mich erst recht auflaufen. Scheinheilig fragte er: »Was würdest du denn jetzt machen, Steffi?«

Eifrig erklärte ich ihm, wie ich diesen und jenen Knopf betätigen würde, worauf er auftrumpfend den Kopf schüttelte: »Alles falsch, alles vollkommen falsch!«

Es klingt vielleicht verrückt, aber ich war dennoch froh, überhaupt etwas tun zu dürfen. Und das, obwohl in den Silos so viel Staub aufgewirbelt wurde, dass sich meine Lunge damit auffüllte. Nach der Arbeit fuhr ich, am Ende meiner Kräfte, zu meinem Mann nach Starnberg und lag dann am Abend häufig mit vierzig Grad Fieber und Schüttelfrost im Bett. Als sich am nächsten Morgen der Körper wieder einigermaßen erholt und sich die Lunge vom Staub befreit hatte, stieg ich erneut in die Silos. Ich wollte meinem Vater noch immer unbedingt beweisen, dass ich seine starke, durch nichts unterzukriegende Tochter war. Ich durfte um nichts in der Welt schlapp machen oder womöglich das Handtuch werfen.

Doch eines Tages hielt ich es nicht mehr aus. Mit fester, entschlossener Stimme bestand ich darauf, selbstständiger arbeiten zu dürfen. Schließlich hatte ich mein Diplom als Forstingenieurin in der Tasche, war kein unerfahrener Grünschnabel mehr, sondern eine Fachfrau in Sachen Forst- und Landwirtschaft.

»Ach so, du meinst, du bist jetzt besser als ich?«, spottete mein Vater.

»Nein, natürlich nicht, aber einiges kann ich schon!«

»Ja was, was kannst du denn? Was stellst du dir denn da vor?« Er war sehr aufgeregt.

»Ich habe schon so oft bei der Ernte mitgemacht, ich weiß inzwischen, wie es geht, wirklich!«

Da stöhnte mein Vater auf, schaute mich lange an, schien nachzudenken und sagte dann: »O.k., ab morgen machst du es!«

Ich war sprachlos. Dann fiel ich ihm um den Hals.

»Danke!«, jubilierte ich, »du wirst sehen, dass ich es kann!

Ich hab's doch studiert und schau dir sowieso schon so lange zu!«

Ich war selig, ich triumphierte – endlich!

Wir hatten gerade Rübenernte. Für uns arbeitete ein Traktorfahrer, Herr Miller, den ich seit meiner frühesten Kindheit kannte. Mit stolzgeschwellter Brust lief ich zu ihm, holte tief Luft und sagte: »Herr Miller, stellen Sie sich vor, ich darf jetzt die Landwirtschaft selbstständig machen. Juhu! Wir legen gleich los, zeigen Sie mir, auf welcher Seite des Feldes wir die Rüben abladen sollen.«

Mein Vater fuhr mit dem Auto vor uns her. Ich beachtete ihn gar nicht, dachte mir nichts Böses, so geschäftig war ich bei der Sache. Doch es kam, wie es kommen musste. Kaum hatte ich die Rüben abgeladen, schrie mein Vater: »Alles falsch, falsche Seite!«

Den Spruch kannte ich.

»Aber Papi! Bitte, so ist es doch praktischer, schau ...« Er ließ mich nicht ausreden.

Zwei Tage lang ging das so weiter, nichts als Kritik, Belehrung und Spott. Wenn er selbst einen Fehler beging, ärgerte er sich nie über sich, sondern gab mir dann kräftig eins aufs Dach. Erst recht, ich wenn ich etwas falsch gemacht hatte. Egal was passierte, die Schuldige war immer ich.

Im Übrigen hatte ich die Rüben tatsächlich auf der verkehrten Seite abgelegt. Jetzt konnte mein Vater wieder einmal triumphieren: »Steffi, du kannst es doch nicht! Nichts machst du richtig!«

Natürlich hätte ich mit ein wenig Hilfe von Herrn Miller die Arbeit auf dem Feld ohne Weiteres bewerkstelligen können. Ich war nicht inkompetent, ich war demoralisiert. Weil ich schikaniert und ungerecht behandelt wurde, brachte ich Dinge durcheinander, vergaß, was ich gelernt hatte, flatterte wie ein verschrecktes, gejagtes Huhn. Herr Miller witzelt heute noch, wenn er mich trifft: »Erinnern S' noch, wie Eahna Vatta gsagt hat, Sie derfen die Landwirtschaft macha? Des war a Gaudi!«

Heute kann auch ich darüber lächeln, damals war ich – wie Jahre zuvor mein Bruder Dicki – kurz davor, die demütigende, quälende Arbeit im Schlepptau meines Vaters endgültig hinzuwerfen. Es ging mir nicht darum, in Tüssling die Stelle meines Vaters einzunehmen, ihn zu verdrängen, ich wollte mich auch keineswegs aufplustern, aber wie ein Trottel neben meinem Vater herzulaufen, das schwächte und frustrierte mich zutiefst. Mein Vater erlaubte mir nicht einmal, Einblick in seine Finanzen zu nehmen, verweigerte mir jegliche Auskunft über seine Abrechnungen, seine Bilanzen. Ich arbeitete und war über nichts informiert.

Meine Rettung kam von unerwarteter Seite: Zum einen wurde ich schwanger. Zum anderen bekam der Förster in Mamhofen einen Bandscheibenvorfall und war von einem Tag auf den anderen absolut arbeitsunfähig. Nun war es mir nicht mehr zuzumuten, dass ich dauernd zwischen Starnberg und Tüssling hin- und herpendelte. Ich musste und wollte mich mehr um mich selbst, um meine Ehe und natürlich verstärkt um den Forstbetrieb in Mamhofen kümmern.

»Bitte versteh mich«, bat ich inständig, »ich erwarte ein Kind, vor allem aber muss ich jetzt mit ganzer Kraft in Mamhofen einsteigen, da läuft nichts mehr ohne den erkrankten Förster.«

Mein Vater stimmte zu, aber ich solle ihn unbedingt umfassend und regelmäßig auf dem Laufenden halten. Ich versprach es und atmete auf. Nach den psychischen und körperlichen Strapazen in Tüssling erschien mir die Aussicht, mich nur noch auf Mamhofen zu konzentrieren, als ein wahres Labsal. Glücklich teilte ich dem Förster mit, ich könne ihn nun entlasten und würde ab sofort mehrmals wöchentlich in Mamhofen auftauchen. Sofern es seine Kräfte erlaubten, könnten wir jetzt intensiver zusammenarbeiten. Er schien überhaupt nicht begeistert, druckste merkwürdig herum. Noch machte ich mir deswegen aber keine ernsthaften Gedanken. Mir waren zwar Gerüchte über sonderbare Machenschaften der Forstarbeiter zu Ohren gekommen, aber den Förster selbst hatte ich nicht im Geringsten in Verdacht. Ich war überzeugt, in Mamhofen erwarte mich im Vergleich zu Tüssling der Himmel auf Erden. Wie sollte ich auch ahnen, dass jetzt eine Herausforderung ganz anderer Art auf mich zukam?

Er sei leider lahmgelegt, bedauerte der Förster, er müsse sich schonen. Nun musste ich also übernehmen, wurde von heute auf morgen zum alleinigen Förster von Mamhofen. Zum ersten Mal in meinem Leben war ich in der Arbeit ganz und gar auf mich selbst gestellt. Ich legte mit aller Kraft los und durchforstete nicht nur den Wald, sondern auch die Akten im Büro des Försters, wobei nach und nach die erstaunlichsten Dinge ans Licht kamen: Der Förster war nicht nur ein notorischer Spieler, sondern auch ein Schwindler. Ein gewitzter, durchtriebener Gauner. Nachdem ihn seine Frau vor einigen Jahren verlassen hatte, fing er an zu trinken und zu spielen. Jeden Tag setzte er sich zu seinen Kumpels in die Kneipe am Starnberger S-Bahnhof und zockte ab Mittag bis in die späten Abendstunden. Er verlor dabei viel Geld und steckte bald bis über den Hals in Schulden. Und was tat er, um seine Schuldner wenigstens teilweise zufriedenzustellen? Er veruntreute das Geld, das er an die Holzhauer auszahlen sollte.

Nachdem ich das erfahren hatte, nahm ich die Bücher und Abrechnungen unter die Lupe, worauf der Schwindel bald in seinem gesamten Ausmaß aufflog. Der Saufbold von einem Förster hatte außerdem den Forst vernachlässigt, die notwendige Durchforstung schon jahrelang nicht mehr zuverlässig erledigt, meinem Vater aber immer zum Jahresende schriftlich bestätigt, es seien so und so viele Festmeter eingeschlagen worden. Mein Vater hatte ihm vertraut. Er war damals schon über achtzig, also viel zu alt und kraftlos, um das Revier selbst zu durchkämmen und gründlich zu inspizieren. Nicht nur die Rückstände bei der Durchforstung waren gigantisch, auch die durch Borkenkäfer verursachten Schäden erwiesen sich als horrend.

Als Erstes informierte ich meinen Vater. Er konnte es nicht glauben, geriet völlig aus der Fassung und beschloss die sofortige Kündigung des Försters. Zugleich lobte er mich in höchsten Tönen. Wenigstens hatte ich jetzt endlich bei meinem Vater einen Stein im Brett. Eine Premiere!

»Gut gemacht Steffi! Natürlich muss der Mann weg, das ist klar! Aber so schnell finde ich keinen neuen Förster. Schaffst du es, dich vorläufig in Mamhofen allein um den Forst zu kümmern?«

»Selbstverständlich«, versicherte ich ihm, selig über so viel Vertrauen und Anerkennung vonseiten meines stets hochgradig skeptischen Vaters.

»Nun, dann musst du dem Mann umgehend und fristlos kündigen.«

»Ich? Ich soll das machen? Nicht du?«

»Nein, Steffi«, meinte er mit resoluter Stimme, »das ist nun allein deine Aufgabe.«

Ich sollte nun also mit meinen achtundzwanzig Jahren diejenige sein, die diesem betrügerischen, zugleich maßlos verzweifelten, erkrankten und sehr viel älteren Mann fristlos, also unehrenhaft kündigte. Ein erschreckender Gedanke, vor diesem jämmerlichen Mann zu stehen und ihn noch tiefer in sein Unglück zu stoßen.

»Aber das schaffe ich nicht!«

Doch mein Vater ließ sich nicht umstimmen, er wollte es so, und mir blieb keine Wahl. Wie zu erwarten, brach der Mann zusammen. Er weinte und schrie, gab alles zu, flehte dann unter Tränen, trotzdem bleiben zu dürfen. Ich blieb hart, obwohl mir selbst zum Heulen zumute war. Später erfuhr ich, dass er zu seinen Eltern gezogen war, das beruhigte mich.

Nun war ich der Förster in Starnberg. Ich begann, Schritt für Schritt das Forstrevier bis in den letzten Winkel zu durchkämmen, kannte bald jeden Baum, jeden Strauch – und jeden Schaden. Ich fluchte ab und zu, weil ich täglich mehrere Stunden zu Fuß über Stock und Stein stapfen musste, und ich war bekanntlich nur ungern zu Fuß unterwegs. Allerdings wuchs ich an der Herausforderung, nun konnte ich endlich eigenständig und eigenverantwortlich in die Praxis umsetzen, was ich während meines Studiums gelernt hatte. Ich strengte mich enorm an und verausgabte mich, denn schließlich erfüllte ich Aufgaben, die normalerweise ein Förster mit langjähriger Erfahrung bewältigt. Erschwerend kam noch etwas anderes hinzu: Die Waldarbeiter hatten es zum ersten Mal mit einer Frau zu tun. Da stand sie vor ihnen, die junge Tochter des Barons und Forstbesitzers, schrieb vor, was getan werden sollte und machte ihnen auch noch Vorhaltungen: »Jede Menge Bäume sind falsch vermessen, unzählige auch noch von Borkenkäfern befallen. Wieso ist das niemandem aufgefallen?«

Die Männer, fast alles junge, einfache Burschen aus Tirol, waren zunächst wie gelähmt. Sie blieben wortkarg und starrten entweder mit vereisten Mienen an mir vorbei oder blickten sich gegenseitig an, auffällig verängstigt und angespannt. Erst nach Tagen entdeckte ich, warum. Der Förster hatte sie in den Genuss durchaus lukrativer Annehmlichkeiten kommen lassen. Er hatte beispielsweise Bäume falsch vermessen lassen, das heißt, die Arbeiter, die im Akkord arbeiteten, durften regelmäßig angeben, mehr Festmeter vermessen zu haben, als es tatsächlich der Fall war. Auch hatte der Förster mit Vorliebe heimlich Holz abfahren lassen, das dann aber nicht in den Abrechnungsbüchern meines Vaters auftauchte, für das er aber dennoch kräftig kassierte. Das Geld steckte er ein, zahlte den Arbeitern sporadisch ihren Lohn, um sie weiter bei Arbeitslaune zu halten.

Ich musste in Mamhofen also gründlicher aufräumen, als ich geahnt hatte. Ich war in einem tiefen, glitschigen Sumpf gelandet, den es nun galt, mit aller Macht trockenzulegen. Mit ungeheuerlicher Energie stürzte ich mich in diese Mammutaufgabe, entwickelte eine Kraft, die selbst den ruppigsten Holzarbeiter am Ende beeindruckte. Nun kam ich frisch von der Universität und kannte jedes Gras, jede Pflanze beim Namen, und das konnte mir kein einziger der Burschen nachmachen. Ich, nicht nur eine Frau, sondern auch noch ein »feiner Pinkel«, flößte ihnen schließlich doch Respekt ein.

Während dieser Zeit bemühte sich mein Vater intensiv um einen neuen Förster. Nach nur zwei Monaten stellte sich der Mann bei mir vor. Er war der Sohn eines Professors an der forstwirtschaftlichen Fakultät in München, was meinen Vater von der fachlichen Kompetenz dieses Mannes überzeugt haben muss.

»Ich habe den richtigen Mann gefunden, Steffi. Jetzt arbeite ihn mal ein, du weißt, ich kann das nicht mehr.«

Mein Vater war inzwischen einundachtzig, und seine Kräfte schwanden. Im Fall des neuen Försters müssen auch sein Urteilsvermögen und seine Menschenkenntnis von einem Nebelschleier getrübt gewesen sein. Vielleicht wollte er dem befreundeten Professor einen Gefallen tun und stellte seinen Sohn deswegen ein. Wie auch immer – der neue Förster entpuppte sich bald als ein gefährlicher Psychopath. Ich empfing ihn in aller Freundlichkeit und wies ihn in seine Arbeit ein. Währenddessen saß er mir stumm gegenüber und sah mich bohrend an, nur seine Gesichtsmuskeln zuckten. Ich war froh, als das einseitige Gespräch beendet war und er anfing zu arbeiten, gleichzeitig hatte ich ein schlechtes Gefühl. Ich hatte keine Art von Beziehung oder Vertrauen zu ihm aufbauen können. Er ängstigte mich vielmehr. Bereits am zweiten Tag lagen wir uns in den Haaren. Ich hatte bereits mit einigen schwierigen Arbeitskräften zu tun gehabt und war nicht mehr leicht aus der Fassung zu bringen, doch dieser Mann übertraf alles, was ich bisher erlebt hatte. Es begann damit, dass dieser Förster und angebliche Waldhüter – so unglaublich es klingen mag – sich tatsächlich weigerte, den Forst zu durchlaufen, um sich mit dem Revier vertraut zu machen. Er verweigerte sich überhaupt unentwegt, schlug jede Anweisung, die ich gab, in den Wind. Zunächst bemühte ich mich um eine konstruktive Auseinandersetzung, doch irgendwann ergriff mich eine maßlose Wut, und ich konnte nicht anders, ich schrie dem Mann ins Gesicht. Daraufhin bekam er einen Anfall, eine Art

Panikattacke. Seine Beine schlotterten, sein Oberkörper bebte, und sein hochroter Kopf schlug ruckartig von rechts nach links und wieder zurück. Dabei gab er wütende Töne von sich, schrilles, wirres Getöse.

Der Mann versetzte mich in Angst und Schrecken. Ich wurde das Gefühl nicht los, dieser Psychopath würde eines Tages auf mich losgehen und mich am liebsten umbringen. Ich war bereits im siebten Monat schwanger und reagierte auf die Bedrohung, die von diesem Burschen ausging, besonders empfindlich.

Ich rief meinen Vater an: »Der Mann ist verrückt! Ich habe Angst vor ihm, und zwar große. Du weißt, dass mir niemand so leicht einen Schrecken einjagt. Aber dieser Kerl, der ist nicht normal.«

»Dann schmeiß ihn raus!«, entgegnete mein Vater, »schick ihn in die Wüste, mach, dass er wegkommt.«

»Aber ich habe Angst, dass der auf mich losgeht, wenn ich ihn rauswerfe. Kannst du ihn nicht vielleicht …?«

Nein, mein Vater war nicht bereit und in der Lage, den Förster zu entlassen, ich musste es selbst tun. Also musste ich diesem Verrückten allein und ungeschützt entgegentreten. Seine Anfälle waren inzwischen immer heftiger geworden. Sobald er sich aufregte, stieß er seine schrillen Schreie aus, verfiel in wilde Zuckungen und sein Kopf wackelte. Ich nahm allen Mut zusammen, suchte den Förster auf und teilte ihm in einem letzten Gespräch mit, dass er gekündigt sei. Ein letzter Wutanfall, das letzte schrille Gebrüll, dann packte er seine Sachen und verschwand.

Schon einen Monat später fanden mein Vater und ich gemeinsam einen neuen Förster, Herrn Pinl, der noch heute in Mamhofen arbeitet.

Bis dahin stapfte ich allerdings weiterhin mit meinem dicken Bauch kreuz und quer durch den Wald, musste die Holzarbeiter anleiten, über die gefällten Bäume springen und mit den Holzkäufern das entsprechende Holz begutachten. Ich war von früh bis spät auf den Beinen. Es mussten ja auch die Bäume im Forst ausgezeichnet werden. Jeder Waldbestand muss etwa alle zwanzig Jahre durchforstet werden, weil sonst die Bäume zu eng stehen. Vor der Durchforstung müssen die Bäume ausgezeichnet, also angespritzt werden, damit man weiß, welche gefällt werden und welche stehen bleiben sollen. Zusätzlich gilt es, sich für die wirtschaftlich und ökologisch richtige Art der Durchforstung zu entscheiden, denn die Auswirkungen einer fehlerhaften Durchforstung zeigen sich erst in den nächsten sechzig, siebzig Jahren. Nachdem jahrelang nichts gemacht worden war, musste ein erschreckender Rückstand aufgearbeitet werden. Alte Borkenkäfernester mussten ausgeputzt werden, ich ließ verschiedene Baumarten an möglichst günstigen Standorten nachpflanzen. Mein Vater war tatsächlich sehr von meinem energischen und auch fachkundigen Einsatz angetan.

Als der neue Förster seinen Dienst antrat, blieben mir noch zwei Wochen bis zur Geburt. Ich wechselte also direkt vom Wald in den Kreißsaal hinüber. Am 1. November 1989 kam meine erste Tochter zur Welt. Sie war gesund und kräftig, meine kleine Sophie, schrie nachts wie jedes Baby, hielt mich lange wach und wollte, dass ich sie an mich drückte und bei ihr blieb. Ich war glücklich und ausgelaugt. Trotzdem fühlte ich mich keineswegs zu erschöpft, um nicht nach kurzer Zeit wieder an die Arbeit zu gehen. Die Krankenschwestern behielten mich ein paar Tage in der Klink, doch kaum war ich zu Hause, legte ich los, begab mich wieder in den Wald. Bei allen weiteren Geburten verbrachte ich dann nur eine einzige Nacht im Krankenhaus, schon am folgenden Tag stand ich bereits wieder auf der Matte; nach der Geburt meines sechsten Kindes empfing ich schon am nächsten Tag Gäste.

Ein halbes Jahr, nachdem meine zweite Tochter, Benedicta, zur Welt kam, brach einer der schlimmsten Stürme über uns herein, den ich jemals erlebt habe. Kaum jemand hat wohl einen größeren Respekt vor dem Wetter als Landwirte und Waldbesitzer. Das Wetter ist unser bester Freund, unser Verbündeter, aber ebenso unser Gegner, manchmal unser lebensbedrohender Feind.

Am Samstag, den 1. März 1990, geriet die Natur aus den Fugen. Seitdem kann ich den Schrecken der Menschen vor Orkanen und Tornados, vor Erdbeben, vor Feuer spuckenden Vulkanen und anderen Naturkatastrophen zutiefst nachempfinden. Sicher, bei uns traten weder reißende Flüsse über die Ufer, noch vernichteten mörderische Flutwellen unsere Dörfer oder zerstörten entsetzliche Dürren unsere Ernte. Aber sie verwüsteten unsere Forste nachhaltig. Die beiden Stürme verursachten ein ungeheuerliches Ausmaß an Schäden, hinterließen einen gewaltigen Trümmerwald und entsetzte, verzweifelte Waldbesitzer. Viele Tausend Festmeter Holz lagen am Boden. Als es geschah, war ich nicht in Deutschland, sondern mit Bernd und unseren beiden Töchtern in Miami. Obwohl mein Vater mich nicht fortlassen wollte und mich bedrängt hatte, ich solle meinen Pflichten in Mamhofen und Tüssling nachkommen, flog ich, allen Protesten zum Trotz, mit meiner Familie nach Florida. Ich brauchte Ruhe. Zwei Geburten schnell nacheinander, zwei anstrengende Babys – Benedicta war erst einige Wochen alt – und gleichzeitig ein gewaltiges Arbeitspensum hatten mich doch ausgelaugt.

Nichtsahnend schaltete ich in Miami den Fernseher an, um mir kurz die zumeist eher dürftigen Nachrichten anzuhören, als plötzlich die schrecklichen Bilder des Orkans auftauchten, der über Deutschland, Teilen der Schweiz und Österreichs hinwegfegte. Ich traute meinen Augen nicht. Der Sturm war so gewaltig, dass sogar die Nachrichtensendungen in den Südstaaten der USA darüber berichteten. Bilder aus der Luft zeigten Abertausende Hektar zerstörter Waldflächen, sogar zertrümmerte Autos und Häuser. Der Nachrichtensprecher sagte mit lakonischer Stimme, noch nie zuvor habe ein derartig verheerender Sturm über Mitteleuropa gewütet. Er erreiche teilweise Windgeschwindigkeiten von hundertdreißig bis zweihundert Stundenkilometern, in der Schweiz seien Orkanböen von zweihundertfünfundachtzig Stundenkilometern gemessen worden. Der entstandene Schaden in der Forstwirtschaft gehe in die Milliarden.

»Oh mein Gott«, dachte ich, »das sind Millionen Festmeter Kahlfläche. Mein armes Mamhofen! Mein armer Vater!«

Völlig aufgelöst rief ich auf der Stelle in Tüssling an.

»Ich nehme den nächsten Flieger. Ich komme sofort, ich helfe dir. Grauenhaft, was da passiert ist! Wenn ich Glück habe, bin ich morgen in Tüssling.«

»Bleib doch, wo du bist!«, schrie er zurück, »du bist sowieso nie da, wenn man dich braucht!« Dann legte er auf.

Immer musste mein Vater seinen Groll auf mich abwälzen. Jede Katastrophe, die ihm widerfuhr, schleuderte er mir vor die Füße. Ich mochte noch so unschuldig an seinem Unglück sein, die Schuld lag trotzdem bei mir. Mich packte eine maßlose Wut. Doch zugleich war mir natürlich klar, dass ich sofort nach Hause musste.

Die meisten Flughäfen in Deutschland waren allerdings wegen des Sturms gesperrt. Hunderte Urlauber warteten auf dem überfüllten Flugplatz von Miami darauf, zurück nach Deutschland fliegen zu können. Müde, überreizte Menschen, quengelnde Kleinkinder, blank liegende Nerven. Als ich endlich einen Platz in einer Maschine nach München bekam, waren Tage vergangen. Kaum war ich in München gelandet, machte ich mich auf nach Starnberg, wo mich ein erschöpfter Herr Pinl bereits voller Ungeduld erwartete.

Er fuhr mich durch das Forstrevier, seine Stirn in tiefe, bekümmerte Furchen gelegt. Man konnte nicht die üblichen Forstwege benutzen, musste auf den von der Feuerwehr oder den Holzarbeitern freigeschnittenen Straßen fahren. Überall Zerstörung. Der Wind hatte vom Westen in Richtung Osten gewütet und fast den gesamten Wald flach gelegt. Tausende von Stämmen abgerissen, uralte, gigantische Bäume umgehauen, als wären es Streichhölzer. So weit meine Augen blicken konnten ein wirres, endloses Chaos ineinander verkeilter Baumkronen, abgebrochener Zweige, wild zerzauster Sträucher. Mir drehte sich der Magen um.

Erst jetzt wurde mir klar, welch astronomisches, fast unmenschliches Ausmaß an Arbeit auf uns zukam. Herr Pinl und ich wussten beide, dass die Holzarbeiter mit ihren üblichen Motorsägen bei diesem Umfang an Sturmschäden zum Scheitern verurteilt waren. Außerdem war es für unsere Arbeiter viel zu gefährlich, das wilde Durcheinander kreuz und quer am Boden liegender Bäume aufzuarbeiten. Bei zahlreichen Bäumen war die Wurzel nicht vollkommen abgerissen, und es konnte passieren, dass der dann mit der Motorsäge, nah an der Wurzel abgeschnittene Baum plötzlich in die Höhe schnellte und den Arbeiter traf. Die meisten Bäume, selbst die umgestürzten, standen unter enormer Spannung. Wer hier aufräumte, wusste nie, ob nicht ein freigelegter Ast plötzlich emporschoss oder ob ein beschädigter Wurzelteller einfach umfiel. Die Verletzungsgefahr war groß und vollkommen unberechenbar.

Herr Pinl berichtete, es seien bereits zahlreiche Arbeiter in verschiedenen Wäldern verletzt worden: eingequetschte Beine und Arme, Knochenbrüche, Schädel-Hirn-Traumata. In den darauffolgenden Tagen meldeten die Nachrichten mehrere Tote.

Mein Vater beschloss, sogenannte Vollernte-Prozessoren nach Mamhofen und Tüssling zu holen. Diese Maschinen gab es damals ausschließlich in Schweden. Dort wurden riesige Flächen, »Plantagewälder«, mit diesen Prozessoren ganz und gar plattgemacht. Bei uns in Deutschland herrscht das Pflegeprinzip. Keine allzu große Fläche darf vollständig abgeholzt werden, es ist üblich, dass immer einzelne Bäume stehen bleiben. So kann später ein Stück Wald wieder nachwachsen, es entstehen keine exorbitanten Kahlflächen, und die Naturschützer sind zufriedengestellt.

Vollernte-Prozessoren sind riesige, schwere Maschinen, die das Holz schnell und präzise »aufarbeiten«, die Stämme also fällen und passend schneiden können. Sie sind mit einem Greifarm ausgestattet, der den Baum – nachdem er mit einer besonderen Motorsäge vom Wurzelteller getrennt worden ist – umklammert, ihn aus dem Gewirr von Zweigen und Splitterholz befreit und dann hochstemmt. Eine am Greifarm angebrachte Säge mit scharfen Zahnrädern säubert den Stamm anschließend von Ästen. Dann ist es so weit, der Baum kann in die gewünschten Längen zerlegt und abgelegt werden.

Unser Waldbesitzerverband startete eine Initiative, um aus Schweden die Vollernte-Prozessoren in unsere Wälder zu holen. Wir mussten uns beeilen, möglichst schnell das Revier »aufzuarbeiten«, sonst drohte uns der Masseneinfall von Borkenkäfern, die sich über das restliche, stehen gebliebene Holz hermachen würden. In ganz Deutschland begann ein Wettlauf um die Prozessoren, jeder wollte der Erste sein, der sie bekam. Uns gelang es erfreulicherweise, innerhalb sehr kurzer Zeit zwei dieser Maschinen nach Mamhofen zu holen, danach wurden sie in Tüssling eingesetzt.

Vier aus Schweden angereiste Männer nahmen die Arbeit an den Prozessoren in Angriff und schufteten in Schichten, sieben Tage in der Woche, vierundzwanzig Stunden lang. Sobald einer seine jeweils achtstündige Schicht beendet hatte, verschwand er in seinem Wohnwagen und schüttete sich erstmal mit Wodka zu.

Einer sagte einmal in gebrochenem Deutsch zu mir, es sei doch das Natürlichste von der Welt, einen satten Teil des Gehalts in Wodka umzusetzen. In Schweden könnten sie das nicht, das sei undenkbar, denn »Sprit«, oder wie sie es nannten, sei dort viel zu teuer, fast unerschwinglich!

Und wenn die Schweden abends ausgingen, leerten sie bereits vorher in ihrem Wohnwagen die erste Flasche Wodka – aus Sparsamkeit. In der Kneipe soffen sie dann ihren Whiskey. Am nächsten Tag waren sie trotzdem fit und schufteten, trotz ihres schier unfassbaren Konsums an harten Getränken, ungebrochen weiter.

Alle Waldbesitzer bekamen damals Zuschüsse vom Staat. Prämien gab es beispielsweise für den richtigen vorgeschriebenen Abtransport des Holzes. Wenn es – bevor es in die Sägewerke gelangte – möglichst schnell außerhalb des Waldes gelagert wurde, verringerte sich die Gefahr, dass das Holz von Borkenkäfern befallen würde, denn die Schädlinge können nur eine bestimmte Entfernung zurücklegen. Werden die Stämme also etwa zweihundertfünfzig Meter entfernt vom sogenannten stehenden Holz gelagert, sind sie für Borkenkäfer unerreichbar.

Prämien bekamen wir auch für den Bau richtiger Holzlagerplätze und für die neuen Wege, die wir gebaut hatten, um das Holz abtransportieren zu können.

Wohin mit all den Holzmassen? In der Not suchten die Waldbauern nach Möglichkeiten, das Holz so zu lagern, dass es möglichst lange vor Austrocknung und Pilzbefall bewahrt wurde. Viele versuchten, die geborgenen Bäume in »Nasslagern« unterzubringen, um ihre Haltbarkeit sicherzustellen, bevor sie endlich in eines der überlasteten Sägewerke transportiert werden konnten. In ihrer Verzweiflung warfen manche Forstbesitzer zur Konservierung ihr Holz einfach in einen See, andere vergruben es in Kiesgruben. Es war ein Albtraum! Riesige Waldbestände lagen am Boden. Man sprach von sechzig bis siebzig Millionen Festmetern »Sturmholz« in Deutschland. Das war etwa das Doppelte von dem, was bei uns normalerweise an Holz in einem Jahr »eingeschlagen« wird. Eine Versicherung für Sturmschäden im Wald gibt es nicht.

Wie zu erwarten, fiel der Holzpreis in den Keller. Heute bekommt man achtzig Euro pro Festmeter für eine mittlere Fichte, nach »Wiebke« wurden nicht mehr als sechzig D-Mark dafür bezahlt! Da kurzfristig immer neue Unmengen an »Sturmholz« anfielen, hielt der Preisverfall auf dem Markt sehr lange an. Die lächerlich geringen Erlöse aus der normalerweise sehr begehrten Handelsware Holz hatten für viele Forstbesitzer verheerende wirtschaftliche Folgen.

Im Rahmen einer Arbeitsbeschaffungsmaßnahme versuchte der Staat, Waldbesitzern unter die Arme zu greifen. Kräftige arbeitslose Männer sollten zur Verfügung stehen, also begaben Herr Pinl und ich uns nach Starnberg ins Arbeitsamt. Mehrere Langzeitarbeitslose wurden bei uns vorstellig. Wir erklärten den Männern, welche Arbeit sie bei uns erwartete, sie sollten vor allem den Holzbestand vermessen und Listen anfertigen, damit wir dem Sägewerk die Maße angeben konnten.

Herr Pinl und ich haben mit dreißig bis vierzig Arbeitslosen gesprochen. Sie waren alle gesund, keiner wirkte physisch geschwächt, aber mit einer einzigen Ausnahme lehnten alle ab.

»Wenn Sie sich einbilden, ich mache da Ihre Forstarbeit, dann werden Sie was erleben!«, bekam ich zu hören. »Am ersten Tag komme ich bereits zu spät. Am zweiten habe ich Schmerzen, am dritten bleibe ich ganz weg. Bin dann krank. Und bleibe krank.«

Ich solle auf der Stelle unterschreiben und abstempeln, dass sie nicht in der Lage seien, bei uns zu arbeiten. Ich konnte es einfach nicht glauben. Herr Pinl und ich waren sprachlos. Entgeistert und ohne große Hoffnung wandten wir uns zum Schluss an den Einzigen, der arbeitswillig schien. Es war ein Professor der Geologie, Anfang fünfzig und seit längerer Zeit arbeitslos. Er sagte klipp und klar: »Ich möchte dem Staat nicht auf der Tasche liegen. Ich habe auch keine Angst, mich körperlich anzustrengen.«

Dieser Professor, ein feiner und freundlicher Mann, schuftete im Wald, ohne sich zu beklagen. Unermüdlich half er uns, Berge von Holz zu vermessen.

Mein Vater tauchte nur ein einziges Mal in Mamhofen auf. Und schon das war einmal zu viel für ihn. Der verwüstete Wald, der Anblick der brutalen Zerstörung erschütterten ihn zutiefst. Ich glaube, dieser Höllensturm hat ihn letztendlich das Leben gekostet. Er litt seit längerer Zeit unter einer leichten Form von Angina Pectoris. Nach dem Sturm verschlechterte sich sein Zustand schlagartig. Sein geliebter Wald, die Natur, seine Felder waren sein Ein und Alles, und nun sah er sein Lebenswerk so gut wie vernichtet. Er wusste, dass er das Wiederaufleben seiner Wälder nicht mehr erleben würde.

Gleichzeitig kamen exorbitante Kosten auf ihn zu. Wir hatten in Tüssling und Mamhofen zusammengenommen 75 000 Festmeter Sturmschäden zu beklagen. Das dahingeraffte Holz musste nicht nur geräumt und aufgearbeitet werden, es stand ja auch die Wiederaufforstung an.

Mein Vater verlor den Überblick. Seine Welt war die der behäbigen, überschaubaren Holzbetriebe. Bisher hatten sich seine Förster abends zu Hause an einen Tisch gesetzt, um mit Bleistift und Papier die Festmeter auszurechnen. Mein Vater bekam dann die Listen mit den durchnummerierten Stämmen präsentiert und konnte schwarz auf weiß lesen: Der Stamm zweihundertvierzig ist siebzehn Meter lang, hat einen Durchmesser von siebzig Zentimetern. Eine langwierige, viel zu schwerfällige Prozedur, die nach den Sturmschäden nicht mehr funktionierte. Sie hatte ausgedient.

Die modernen Betriebe arbeiteten schon vereinzelt mit Computern, doch wir besaßen noch keinen in unserem. Ich beschloss daraufhin, mir einen der ersten Computer zuzulegen, die es damals gab, und bemühte mich, mithilfe des Programms »Basic«, die gigantischen Massen an angefallenen Festmetern zügiger auszurechnen. Es machte mir Spaß. Schon als Studentin gehörte das Fach EDV zu meinen Lieblingsfächern, ich bekam im Examen darin sogar eine glatte Eins. Zugleich musste ich mir über die anstehende Aufforstung Gedanken machen, musste entscheiden, welche Baumarten gepflanzt werden sollten – mehr Fichten als Buchen? Wie viele Laubbäume, Waldkirschen, Nussbäume, Linden? Wohin mit den sturmstabilen Eichen und den schnell wachsenden Douglasien? Welche Hölzer versprachen derzeitig den höchsten Erlös auf dem Markt? Und welche Holzarten mochten wohl in fernerer Zukunft die begehrtesten sein? Keine leichten Entscheidungen. Mein gesamtes Wissen im Bereich der Forstwirtschaft war gefragt wie noch niemals zuvor.

Ich bemühte mich, meinen Vater in meine Entscheidungsprozesse einzubeziehen. Die Zeit hatte ihn überholt, und er wusste es: »Einem alten Hund bringt man nichts mehr bei«, stöhnte er. Trotzdem versuchte ich ihm das Gefühl zu vermitteln, sein Urteil sei mir sehr wichtig. Natürlich hatte er Vorschläge zu machen, die ich berücksichtigte. Häufig setzte er sich sogar neben mich, wenn ich am Computer arbeitete, und hin und wieder gelang es mir, ihn ein wenig zu beruhigen.

»Du wirst sehen, wie gut und schnell wir jetzt vorankommen! Bald haben wir alles vermessen, alles wieder im Griff«, beschwichtigte ich ihn. Er nickte und sprach mir sogar seine Bewunderung aus. Doch der Schock saß tief, mein Vater war nicht mehr er selbst.

Jeden Tag trafen neue Rechnungen bei ihm ein. Sie stapelten sich auf seinem Schreibtisch und brachten ihn fast um den Verstand. Jedes Mal, wenn eine neue Geldforderung auf ihn zukam, geriet er in Panik.

Eines Morgens legte ich ihm die Rechnung der Schweden vor. Mein Vater saß beim Frühstück, ein gebeugter, müde wirkender alter Herr in Pyjama und Morgenmantel. Flüchtig blätterte er durch den dicken Ordner, sah die Endsumme auf der letzten Seite und wurde kreideweiß. Die Arbeiter hatten die Abwicklung der Arbeitsvorgänge und die Holzlisten, das Räumen und Schneiden, also die Aufarbeitung der Baumstämme, detailliert und ordnungsgemäß aufgeführt. Sie verlangten zweihundertfünfzigtausend D-Mark.

Mein Vater sackte in sich zusammen. Dann hob er plötzlich den Kopf, streckte den Oberkörper, knallte die Tasse auf den Tisch, sodass der heiße Tee auf seine Knie schwappte und warf den Ordner mit lauten Krach auf den Boden.

»Schmeiß die Schweden raus!«, befahl er.

»Was? Wieso rausschmeißen? Wir brauchen sie doch noch«, erwiderte ich verblüfft.

»Die müssen alles falsch gemacht haben! Alles! Diese Summe zahle ich nicht!«

»Aber sie haben fantastisch gearbeitet. Tag und Nacht. Ohne die Schweden wären wir verloren gewesen!«

Ich versuchte, ihn mit Engelszungen davon zu überzeugen, dass diese Männer mit ihren effizienten Aufarbeitungsprozessoren seinen Wald, seinen gesamten Forstbetrieb gerettet hatten. Dass ihre Honorarforderungen gerechtfertigt seien. Vergeblich.

Ich wusste, dass die hochmodernen, kreischenden Maschinen mit ihren Greifarmen, Zahnrädern und rotierenden Messern meinen Vater erschreckt und abgestoßen hatten. Deshalb, aber auch auf aufgrund seiner labilen Gesundheit und natürlich aus alter Furcht vor seinem aufbrausendem Temperament, hatte ich ihn stets wie ein rohes Ei behandelt: »Du hast ja recht! Selbstverständlich höre ich auf dich, Papi.« Doch nun platzte mir der Kragen.

»Es reicht! Wenn du die Schweden nicht bezahlst, dann gehe ich. Was soll ich ihnen denn sagen – mein Vater weigert sich, eure Arbeit zu bezahlen?«

»Mir ist egal, was du denen sagst. Die sind wohl verrückt geworden! Ich zahle nicht und damit basta!«

Ich war nicht mehr zu halten. Ich griff mir den Ordner vom Boden, schleuderte ihn durch den Raum und rannte aus dem Salon. Ich knallte sämtliche Türen hinter mir zu und fuhr wutschnaubend nach Hause.

Einen Tag später rief meine Mutter in Starnberg an und sagte mit müder Stimme: »Steffi, komm nach Tüssling. Dein Vater zahlt, ich habe stundenlang auf ihn eingeredet, er wird den Scheck unterschreiben.«

Tatsächlich setzte er mit zitternder Hand seinen Namen unter die Summe, schob den Scheck über den Tisch und sagte voller Verbitterung: »Da hast du es!«

Mein Vater war überfordert. Die Zeit ging über ihn hinweg, er verstand sie nicht mehr.

In den darauffolgenden Monaten verfiel mein Vater in erschreckendem Maße. Gerührt bemerkte ich, je schwächer und gebrechlicher er wurde, desto liebevoller und freundlicher ging er mit seinen Mitmenschen um. Er schleppte sich noch zur Taufe meiner Töchter Sophie und Benedicta, die im Mai 1991 stattfand, obwohl er stets unter Müdigkeit litt und sehr kurzatmig geworden war, und obgleich er Wasser in den Beinen hatte.

VII

Monate vergingen, der Zustand meines Vaters verschlechterte sich. Anfang Oktober, wenige Wochen vor seinem Tod, rief mich meine Mutter zu sich und teilte mir mit, mein Vater habe Lungenkrebs im letzten Stadium.

»Ich habe es dir absichtlich verschwiegen. Weißt du, ich wollte es dir nicht eher sagen, denn dann hättest du dich ihm gegenüber sicher anders verhalten, das musste ich verhindern.«

»Anders verhalten? Wie meinst du das – vielleicht wäre ich besonders rücksichtsvoll gewesen.«

»Ja, eben!«, meinte meine Mutter, »du wärst dann ganz lieb gewesen, überfreundlich und mitleidig, einfach unnatürlich. Das hätte er doch gemerkt!«

Ich beließ es dabei, obwohl ich mich ärgerte. Hätte ich sehr viel früher gewusst, wie ernst es um ihn stand, wäre ich tatsächlich öfter nach Tüssling gefahren, um bei ihm zu sein. Und zweifelsohne hätte ich ihm mehr Verständnis entgegengebracht, wäre geduldiger, behutsamer mit ihm umgegangen. Doch gerade das wollte meine Mutter verhindern. Eine für mich nur schwer nachvollziehbare Vorsichtsmaßnahme.

Dass mein Vater nicht mehr lange leben würde, war mir nun ganz klar geworden. In der Früh wollte er nicht aus dem Bett, und wenn er dann endlich aufgestanden war, verbrachte er den halben Tag im Morgenmantel, legte sich immer wieder hin. Er hatte keine Kraft mehr, sank zusehends in sich zusammen.

Ich beschloss daraufhin, mit meiner Familie nach Tüssling zu ziehen, denn sein Zustand beunruhigte mich zutiefst. Bernd und ich bewohnten das Gästezimmer und unsere kleinen Töchter, Sophie und Benedicta, zogen in das Schlafzimmer, das Kiki und ich uns früher geteilt hatten.

Etwa zehn Tage vor seinem Tod begann mein Vater zu halluzinieren. Er sah sich von wechselnden Phantomen umringt und behauptete, grüne Männchen hüpften in seiner Teetasse auf und ab. Meistens saß er vornüber gebeugt auf der Bettkante, sah mich mit glasigen Augen an und sagte: »Ich muss sitzen. Wenn ich mich hinlege, sterbe ich. Wenn man flachliegt, kommt der Tod.«

Ich weiß nicht, wie oft ich ihn gebeten habe, doch bitte im Bett zu bleiben, er jedoch hockte stur auf der Bettkante, kippte regelmäßig ganz langsam nach vorne, und wehe, ich war nicht schnell genug. Ein unachtsamer Augenblick, und er wäre umgefallen und auf den Boden gestürzt. Also drückte ich ihn immer wieder in sein Bett, rückte die Kissen hinter seinem Rücken zurecht, schob seine enorm aufgedunsenen Beine, aus denen das Wasser an einigen Stellen bereits heraustrat, unter die Bettdecke. Ich war schon wieder schwanger, aber ich sprach nicht darüber, stattdessen rief ich ihm Geschichten ins Gedächtnis, die uns beiden in der Vergangenheit große Freude bereitet hatten: die Entenjagd im Frühherbst; die rasenden Autofahrten auf Bayerns verkehrsreichen Landstraßen, seine wilden Überholmanöver, die wütenden Hupkonzerte erboster Autofahrer, die quietschenden Reifen; und dann die spannenden Spritztouren hoch über den Alpen in der DO 27.

»Weißt du noch, Papi? In der Luft hast du meistens den Motor abgestellt, und wir wussten nie, springt er wieder an oder nicht.«

Mein Vater lächelte.

»Aber Angst hatte ich niemals!«, sagte ich und lachte ihn an.

Doch ich erreichte ihn kaum noch.

Er lag im Sterben, und keiner in unserer Familie wusste, wie es nach seinem Tod weitergehen sollte. Mein Halbbruder Dicki muss noch geglaubt haben, dass er, als ältester Sohn, vielleicht doch das

Mit Detta auf dem Wickeltisch im Badezimmer unseres Hauses im Dorf.

1

Im Park neben dem Benefiziatenhaus gab es eine Betonplatte, auf der im Sommer Gartenstühle aufgestellt waren. Meine Mutter saß oft hier.

2

3

1963 in meinem gesmokten Lieblingskleid auf dem Schoß meines Vaters.

Henry, Dicki, Dudu, ich und Kiki im Garten.

4

5

Das Benefiziatenhaus, in dessen oberen Stockwerk meine Eltern wohnten.

Mit meiner kleinen Schwester Kiki in inniger Umarmung.

6

7

Mein erster Schultag in Tüssling mit Frl. Renate, unserem Kindermädchen, und Kiki auf der Schulhaustreppe.

◂ *Meine Mutter in den Sechzigerjahren.*

8

In meinem ersten Minikleid, auf das ich sehr stolz war.

9

Nach meiner Hüftoperation musste ich lange mit Krücken gehen.

10

Die Flugzeughalle wird aufgeschoben. Im Hintergrund sind die Blechkästen zu sehen, die die Reifen vor Mäusen schützten. ▸

Mit meinem Vater vor der Flugzeughalle.

11

Auch in der DO und in der Luft behielt mein Vater immer seinen Hut auf. ▸

12

13

Als Weihnachtsgeschenk für meinen Vater ließ uns meine Mutter vom berühmten Münchner Fotograf Sahm fotografieren (1978).

Mein erstes Abendkleid, angefertigt von einer Tüsslinger Schneiderin ▸

Meine Eltern auf der Jagd in Österreich – damals rauchte mein Vater noch Kette. ▸▸

Meine Mutter fotografierte Benedikt und mich auf der Brücke vor dem Schloss. ▸

16

17

18

Der Nordflügel vor der Renovierung. Hinter den großen Fenstern im ersten Stock befindet sich der Saal.

19

Löcher in den Dachzimmern, kaputte Fenster und Dächer, abbröckelnder Putz.

20

Abriss des ehemaligen Schweinestalls.

21

Es gibt viel zu tun!

22

23

Der Saal, nachdem wir ihn ausgeräumt und die Bilder abgehängt hatten.

So und ähnlich sahen viele Zimmer im Schloss vor der Renovierung aus.

24

Der Gartensaal entrümpelt, aber in desolatem Zustand.

Mein heutiges Büro, die ehemalige Melassekammer.

25

26

So sieht der Gartensaal heutzutage aus.

27

Das heutige Maharadscha-Zimmer vor der Renovierung …

… und danach. ▸

31

Hendrik, ich, Kiki, Henry, Dudu und Henry´s Frau Monika bei einer Geburtstagsfeier im Jahre 2006.

Ich liebe es, die Tische bei unseren Einladungen selbst zu dekorieren. Hier dient Rollrasen als Tischdecke, in die ich kleine Blümchen gesteckt habe. ▸

32

◂ *Gabo fotografierte mich für die Anzeigenkampagne von Gala-Kaffee.*

34

Bei der sogenannten »Romantischen Nacht«, während unserer Gartentage, sitzen Tausende Gäste im Park und genießen Musik und Stimmung.

Ankunft der Gäste bei einem unserer privaten Sommerfeste.

35

36

Meine Mutter wenige Monate vor ihrem Tod.

Gunter Sachs fotografierte Kiki und mich mit unseren zehn Kindern.

37

Besuch eines Waisenhauses in Sri Lanka kurz vor dem Tsunami, 2004.

Schloss samt Forst und Landwirtschaft erben würde. Doch mein Vater ließ alle in der Familie im Dunkeln darüber, ob er testamentarisch überhaupt etwas verfügt hatte. Er konnte sich bis zuletzt nicht dazu durchringen, seinen geliebten Besitz loszulassen. Noch wenige Tage vor seinem Tod unterzeichnete er mit bebender Hand verschiedene Aufträge: »Dein Vater unterzeichnet schon wieder alles selbst«, sagte meine Mutter, »er gibt nichts ab. Es ist zum Verzweifeln.«

Es war wirklich zum Verzweifeln, und es musste etwas geschehen.

Mein Vater hatte weder meiner Mutter noch mir jemals eine Vollmacht über seine Bankkonten gegeben, und nun sah ich mich außerstande, die Gehälter unserer Angestellten und Arbeiter zu bezahlen. Dazu war er inzwischen überhaupt nicht mehr in der Lage. Es blieb mir nichts anderes übrig, als mit meiner Mutter unseren lokalen Bankdirektor aufzusuchen und ihn zu bitten, auch unsere Unterschriften anzuerkennen, was uns glücklicherweise gelang. Der Tüsslinger Bankdirektor, der meinen Vater und mich schon sehr lange kannte, wusste die Situation einzuschätzen und war sofort bereit, meine Unterschrift ohne bürokratische Komplikationen anzuerkennen.

Jetzt erst, auf seinem Totenbett, verkündete mein Vater mit schwacher, stockender Stimme seinen letzten Willen. Hinter mir saß die Pflegerin. Ich spürte ihre Neugier in meinem Rücken, natürlich spitzte sie die Ohren. Ich drehte den Kopf und sah, wie sie vornübergebeugt auf ihrem Stuhl hockte und gespannt zu uns hinüberstarrte. Es waren die intimsten, die privatesten Momente, die man sich vorstellen kann.

»Schwester, Sie können ruhig gehen!«, flehte ich, »ich schaffe das allein mit meinem Vater. Es kann nichts passieren, wirklich, Sie müssen nicht hierbleiben.«

»Nein, nein ich kann nicht gehen. Denn wenn doch was passiert, dann brauchen Sie mich!«

Ich fand nicht die Kraft, sie aus dem Zimmer zu schicken, ich wollte ja auch keine Unruhe aufkommen lassen, meinen Vater nicht aufregen.

Einige seiner letzten, kaum noch hörbaren Worte lauteten: »Von eurer Mutter sind keine Probleme zu erwarten, ich weiß, dass sie einverstanden sein wird. Nur deine Geschwister werden unzufrieden sein, doch es geht nicht anders, der Betrieb muss in einer Hand bleiben.« Am nächsten Morgen war er tot.

Zu dem Zeitpunkt war ich im vierten Monat schwanger. Am 21. Mai 1992 kam mein erster Sohn auf die Welt, den wir nach meinem Vater Karl nannten.

Ich vermisste meinen Vater sehr. Dieser Patriarch, dieser oft ungestüme, besitzergreifende Vater und Machtmensch, der mich unterdrückt und so oft niedergemacht hatte – er fehlte mir jetzt. Trotz allem verehrte ich ihn! Er war eine absolut integere Persönlichkeit, hat immer sein Wort gehalten. Ob Arbeiter, Angestellte oder Geschäftsleute, alle wussten: Wenn Baron Michel etwas zusagt, dann gilt es. Die meisten hatten einen Heidenrespekt vor ihm, manche fürchteten ihn sogar. Doch allen war klar, dass er nie jemanden übervorteilte – niemals. Er war das, was man einen Ehrenmann nennt.

In den Wochen nach seinem Tod stiegen immer wieder lebhafte Erinnerungen in mir hoch. Ich war überrascht, welche Bilder mir einfielen. Von allen meinen Kindheitserinnerungen besitzt wohl keine den Zauber jener Silvesternacht, als mein Vater mich aufforderte, mit ihm in den Wald hinauszufahren: »Es hat geschneit, herrlicher Neuschnee und eine mondklare Nacht. Komm, Fienchen, wir machen uns auf in den Wald.«

Ich muss damals fünfzehn gewesen sein und empfand seinen Vorschlag als eine Zumutung: Was sollte ich in der Eiseskälte im stockdunklen Wald? Andere Kinder meines Alters feierten ein lustiges Silvester mit Freunden und Verwandten, ich aber hockte mit meinen Eltern vor dem Fernseher und langweilte mich. Und jetzt auch noch mit meinem Vater im Wald herumirren? Da aber Widerworte bei uns tabu waren, stieg ich also in meine dicken Stiefel, schlüpfte missgelaunt in meine Daunenjacke und zog mir eine Wollmütze über die Ohren. Dann starteten wir im Kübelwagen in den Wald. Meine Übellaunigkeit verflog innerhalb von Minuten! Der Vollmond tauchte alles in ein weißes, fast grelles Licht, der Schnee leuchtete geradezu. Und im Wald feierten die Tiere ihr eigenes Fest: Zwischen den Bäumen und auf den Lichtungen tapsten, huschten oder ästen Rehe, Hasen, Dachse, Füchse. Mein Vater hatte die Scheinwerfer ausgeschaltet, ganz langsam und voller Ehrfurcht fuhren wir die Forstwege entlang. Wir waren zwei, wenn nicht drei Stunden unterwegs. In dieser Nacht verstand ich, warum mein Vater die Natur so liebte.

Erstaunliche Bilder stiegen hoch. Ich dachte aber nicht nur an die gemeinsamen abenteuerlichen Erlebnisse meiner Kindheit und nur selten an unsere späteren Fehden und Auseinandersetzungen. Vielmehr sah ich meinen Vater an der Seite der Freunde, die ihm besonders wichtig waren. Männerfreundschaften aus dem Krieg, die er auf seine Weise gepflegt und die ich sehr bewusst und voller Bewunderung miterlebt hatte.

Mitte der Siebzigerjahre hatte ihn Geri Maasdijk besucht, den er in den Kriegsjahren kennengelernt hatte. Sie müssen damals enge Freunde gewesen sein, doch nach dem Krieg hatten sie sich aus den Augen verloren. Nun trafen sich Geri und mein Vater zum ersten Mal nach dreißig Jahren wieder. Ich sehe die beiden älteren Herren im Salon zusammensitzen, jeder in einem großen Ohrensessel, eine Tasse Tee in der Hand. Sie redeten kein Wort miteinander. So fand ich sie vor, als ich hereinkam, um Geri zu begrüßen. Meine Mutter hatte die beiden absichtlich allein gelassen, um sie nicht zu stören, doch nach einer Weile wollte auch sie Geri kennenlernen und rauschte in den Salon. Da saßen die beiden Freunde in Gedanken versunken und schwiegen.

Meine Mutter war fassungslos: »Warum sagt ihr nichts? Habt ihr euch nichts zu erzählen nach all den Jahren?«

»Wir haben uns doch schon alles gesagt«, meinte mein Vater. Drei, vier Sätze hatten ihnen genügt, nun genoss jeder wortlos die Gegenwart des anderen, und beide fühlten sich unglaublich wohl dabei.

Das schätzte ich an meinem Vater. Wenn er sich nicht gerade über eines seiner Familienmitglieder echauffierte, war er ein stiller, gedankenvoller Mann. Er schwafelte nie, er mochte kein Geschwätz, und trotzdem spürten seine Freunde, wie viel sie ihm bedeuteten. Sie mochten ihn sehr und hielten ihm die Treue.

Auch Albert Speer gehörte zu seinen Freunden. Sie kannten sich aus Berlin. Nachdem er 1966 aus dem Gefängnis in Spandau entlassen worden war, kamen er und seine Frau regelmäßig nach Tüssling. Auf ihrem Weg nach Südtirol, wo sie jeden Sommer ihre Ferien verbrachten, besuchten sie zunächst die Salzburger Festspiele, dann schauten sie bei uns vorbei. Ich war damals ein kleines Mädchen, wusste natürlich nichts über Speer und seine Rolle im Krieg, aber die aufgeschnappten Bemerkungen wie »Zwanzig Jahre Gefängnis!« beeindruckten mich zutiefst. Außerdem übertrug sich die gewaltige Aufregung, die meinen Vater erfasste, wenn Speer zu uns zu Besuch kam, natürlich auch auf mich.

Da ich ihm immer sehr nahestand, spürte ich natürlich, wie aufgewühlt er war.

In Gedanken an meinen verstorbenen Vater fiel mir plötzlich auch der berühmte Flugzeugingenieur Willy Messerschmitt wieder ein. Onkel Willy, ein gütiger und überaus freundlicher Mann, der mit einer Cousine meines Vaters verheiratet war, war hin und wieder nach Tüssling gekommen. Ich verehrte meinen Onkel und freute mich riesig, wenn er bei uns erschien. Kaum angekommen, hob er mich auf sein Knie und erzählte von seinen aufregenden Erfindungen. Wieder einmal sah ich mich in die frühen Siebzigerjahre zurückversetzt: Wir sitzen im Salon, ich auf Onkel Willys Schoß, mein Vater in seinem Sessel auf der anderen Seite des Tisches, und Onkel Willy erklärt mir mit einfachen, selbst für ein kleines Mädchen verständlichen Worten von seiner Erfindung und der Herstellung der Turbine.

»Ich war ein einfacher Bauernbub«, sagte er gern, »doch ich durfte studieren, und das war mein Glück. So konnte ich als junger Mann unendlich viel lernen und eines Tages meine eigene Flugzeugbaugesellschaft gründen. Ich tat das, was ich immer wollte: Flugzeuge bauen!«

Dann erzählte er mir, wie er die Me 262, das erste Jagdflugzeug mit Turbinen-Luftstrahltriebwerk, in die Luft geschickt hatte. Ich bewunderte ihn, lauschte gebannt, ich wollte nicht, dass mir auch nur ein einziges Wort entging.

Jedes Mal, wenn ich heute in ein mit Jet-Turbinen gesteuertes Flugzeug einsteige, denke ich an diesen genialen, weltberühmten Mann, danke meinem Vater für seine interessanten Freunde und dafür, dass ich dabei sein durfte, wenn sie bei uns Tee tranken und von ihrem Leben erzählten.

Und dann die Treibjagden auf Fasane und Hasen! Wir veranstalteten keine pompösen, ambitionierten Einladungen mit Prominenten, sondern lustige, unkonventionelle Jagden, auf denen nur wenig geschossen wurde und zu denen eine wild zusammengewürfelte Mischung aus der Landbevölkerung erschien – der Bäcker aus Buchbach, der Tierarzt aus Altötting, der Forstmann aus Mühldorf, der Dr. Schmitt aus einem anderen Nachbarort. Der Graf Soundso und der Baron Sonst-noch-was kamen natürlich auch – doch nur, wenn sie meinem Vater gefielen. Allein die Sympathie zählte. Mein Vater lud also alle ein, die er mochte und die gerne mit uns feierten, die mit Vergnügen tranken und sich mit Genuss über den sogenannten Knödelbogen hermachten: Im Wald wurden mittags Biertische und Bänke aufgebaut, und meine Mutter brachte zusammen mit Frau Dorn riesengroße Töpfe mit Erbsensuppe sowie Semmeln und Brezen für die Jäger und die Gäste. Hinterher gab es dann heißen Tee mit Rum. Wir Kinder halfen auch mit. Meistens waren wir schon zuvor bei der Treibjagd dabei, durften durch den Forst an der

Seite der Treiber laufen und den Jägern, also den Schützen, das aufgescheuchte Wild zutreiben.

Nachmittags wurde dann weitergejagt, anschließend gab es meistens wieder Tee im Benefiziatenhaus und später dann im Schloss. Oder aber es fand ein Abendessen statt, bei dem Kiki und ich mit unseren »Schlossgeistern« mitservieren mussten beziehungsweise »durften«. Meine Mutter legte großen Wert darauf, dass wir als Kinder sowohl lernten, wie man einen Tisch richtig deckt, als auch, wie man ordentlich serviert. Uns machte das Spaß, denn wir hatten das Gefühl, eine wichtige, verantwortungsvolle Aufgabe zu erledigen. Außerdem steckten uns einige der Gäste augenzwinkernd eine Mark zu, manchmal sogar zwei.

Heute bin ich meiner Mutter für diese erzieherischen Maßregeln besonders dankbar, denn die damals erworbenen Kenntnisse kann ich bei unseren heutigen Einladungen gut gebrauchen.

Doch meiner Mutter waren diese Gelage nach der Jagd meistens viel zu chaotisch. Sie liebte die Eleganz, mein Vater eher das Echte, das Ursprüngliche. Er mochte keine offiziellen Einladungen, verabscheute jede Form von Small Talk und wählte seine wenigen Freunde mit Bedacht. Er wurde schroff, wenn meine Mutter ihm zu viele Einladungen, zu viele Menschen zumutete, aber er lebte auf, wenn er mit seinen Spezln die geschossenen Hasen und Fasanen zelebrierte. Oder die Enten, als Ende der Siebzigerjahre die Hasen und Fasane aufgrund der vielen Gifte auf den Äckern und anderer widriger Umweltbedingungen weder die richtige Nahrung noch den notwendigen Unterschlupf mehr fanden und allmählich immer weniger wurden.

Die Erinnerungen stimmten mich wehmütig. Nie wieder würden wir solche Jagden in Tüssling feiern, sie waren ohne meinen Vater undenkbar.

Nun also ging es um das Erbe meines Vaters. Er war beerdigt, ein Großteil der Familie hatte sich in Tüssling versammelt, keiner wusste, wie das Testament meines Vaters lauten würde. Vielleicht existierte ja gar keines. Jedenfalls wusste niemand etwas Genaues, auch meine Mutter nicht, und mich hatten seine stockende Ausführungen kurz vor seinem Tod derartig überwältigt, dass ich gar nicht daran gedacht hatte, ihn zu fragen, wo er das Testament denn hingegeben habe. Außerdem wusste ich nicht, ob er nicht wieder halluzinierte, als er mir mitteilte, er würde den Betrieb in meine Hände legen.

Zum Glück teilte uns dann unsere Buchhalterin mit, dass das Testament ordnungsgemäß in Altötting beim Amtsgericht hinterlegt war, es aber erst nach mehreren Wochen eingesehen werden konnte. Allgemeines Entsetzen. Meine extra angereisten Geschwister konnten und wollten nicht wochenlang auf die Eröffnung des Testaments warten, also wandten wir uns an einen befreundeten Rechtsanwalt, der eine Kanzlei in Altötting hatte. Er verhandelte mit dem Amtsgericht, und fünf Tage nach der Beerdigung war es so weit.

Mein Halbbruder mütterlicherseits, Heinrich von Eichel, las das Testament meines Vaters in Anwesenheit von Dicki und meiner Mutter vor. Darin stand, dass er seine Tochter Stephanie Bagusat, geborene Freiin von Michel, als Alleinerbin von Betrieb und Schloss Tüssling einsetzte. Es war ein einschneidender Moment in meinem Leben. Mein Vater hatte tatsächlich meine Geschwister auf den Pflichtteil gesetzt, was einer Enterbung gleichkam. Meine Mutter hatte überhaupt keine Erbansprüche, da sie in einem Ehevertrag einen Erb- und Pflichtteilverzicht unterschrieben hatte. Sie wusste, dass ihr nichts zustand. Heute wäre es vermutlich sittenwidrig, damals galt es als normal.

Meine Mutter reagierte kühl und gefasst auf das Testament, Dicki erstarrte. Wie versteinert nahm er, das älteste Kind und der einzige Sohn meines Vaters, zur Kenntnis, dass er enterbt worden war. Nicht ihm, sondern mir gehörten nun das Schloss, der Forst und die Landwirtschaft in Tüssling. Auch Mamhofen wurde mir vermacht. Warum hatte mein Vater seine Kinder nicht zu Lebzeiten auf sein Vermächtnis vorbereitet? Ihnen mitgeteilt, was er plante? Er hätte uns einige schmerzhafte Auseinandersetzungen erspart! Dicki und Kiki brauchten lange, bis sie sich mit der Tatsache abfanden, dass mein Vater mir seinen gesamten Besitz hinterlassen hatte und wir wieder versöhnt und freundschaftlich miteinander umgehen konnten.

Wenige Tage, nachdem das Testament verlesen worden war, ergriff ein machtvoller Wunsch von mir Besitz: Ich musste unbedingt den Panzerschrank im Büro meines Vaters aufsperren, seinen gesamten Inhalt ausleeren und gründlich inspizieren. Mir gehörte jetzt Schloss Tüssling, ich konnte, so ich wollte, alle Räume vom Dachboden bis zum Keller bewohnen, leer räumen, vollstellen, umbauen, renovieren – theoretisch durfte ich nach eigenem Gutdünken über jeden Quadratmeter verfügen. Nur der tonnenschwere, uralte Tresor im ehemaligen väterlichen Arbeitszimmer blieb mir nach wie vor verschlossen. Sein Inhalt war ein Geheimnis, ein Versteck meines Vaters, an das sich niemand herantraute. Immer, wenn er ihn aufgeschlossen hatte, mussten wir den Raum verlassen.

Um fünf Uhr morgens stieg ich aus dem Bett, um den geheimnisvollen Safe zu knacken. Ich musste wissen, was mein Vater seit Jahrzehnten dort aufbewahrte. Als Kind, als junges Mädchen und auch als erwachsene Frau huschte immer wieder die Frage durch meinen Kopf, ob der verbotene Raum wohl einen ungeahnten Schatz verbarg.

Das gesamte Schloss lag im Tiefschlaf, ich tapste im Nachthemd auf leisen Sohlen ins ehemalige Büro, schaltete das Licht an, hockte mich vor den Schreibtisch und durchsuchte die Schubladen. Innerhalb von Minuten schon fand ich den Schlüssel, das »Sesam öffne dich« zum Tresor. Er lag zwischen den Papieren meines Vaters, eigentlich für jedermann ohne Weiteres greifbar.

Der Inhalt des Tresors überraschte mich. Er war berührend, ergreifend sogar. Mir war, als stünde mein Vater neben mir, um mir unbekannte Bruchstücke seines Lebens zu offenbaren, kleine, aber für ihn besonders kostbare Schätze. Was ich dort fand, war nichts als ein heilloses Durcheinander wundervoller, unbrauchbarer Dinge: die Zahnprothesen meines Großvaters; zwei Stricknadeln meiner Großmutter, die in einem völlig verfilzten, zur Hälfte gestrickten Wollsocken steckten; Akten aus dem Ersten Weltkrieg und hübsche antike Broschen, die bestimmt auch seiner Mutter gehört hatten. Keine Goldbarren, keine Liebesbriefe von einer geheimen Geliebten, aber immerhin einige Tausend D-Mark in einem vergilbten Kuvert. Ich leerte den Umschlag auf dem Boden aus und entdeckte gleich, woher die Scheine stammten: Über die Jahre hatte mein Vater das Geld, das ihm seine private Krankenkasse erstattete, im Safe gehortet, vermutlich als Rücklage für »schlechte Zeiten«.

Ich schlich mich zurück in mein Bett, starrte zur Decke des Gästezimmers, das Bernd und ich noch immer bewohnten, und sagte zu mir selbst: »Ich muss so schnell wie möglich mit der Renovierung beginnen, hier fange ich an.« Unser Zimmer hatte zwei Türen – die eine ging in ein von meinem Vater bereits renoviertes Zimmer, die andere führte in einen Abstellraum, eine morsche, heruntergekommene Rumpelkammer. Diesen Verschlag würde ich ausräumen, in diesem Zimmer wollte ich mit der Sanierung beginnen.

Im Februar 1992 gab Bernd unser Haus in Starnberg auf, und wir zogen mit unseren Kindern nach Tüssling. Ich war hochschwanger und wurde zunehmend schwerfälliger, wöchentlich langsamer. Also innehalten, ausruhen, Pausen einlegen? Bestimmt nicht! Auf mich warteten Berge von Arbeit, ich hatte das Gefühl, ganze Bergketten versetzen zu müssen. Die Landwirtschaft in Tüssling, der Forst, die Renovierung des Schlosses. Ich kannte mich zwar recht gut aus, schließlich hatte ich Forstwirtschaft studiert und besaß betriebswirtschaftliche Kenntnisse, doch es fehlte mir die Praxis. Mein Vater hatte mir ja nie das Ruder überlassen oder mich in die Abläufe des Betriebs eingeführt. Mamhofen besaß auch nicht die Dimension von Tüssling. Jedenfalls war ich versessen darauf, meine neue Aufgabe anzupacken und mich der neuen Herausforderung zu stellen.

Als mein Vater noch lebte, hatte ich mir keine konkreten Gedanken über die Renovierung des Schlosses und der Betriebsgebäude gemacht. Erst nach der Testamentseröffnung wurde mir klar, dass schnell etwas passieren musste. Während seiner letzten zehn Lebensjahre hatte mein Vater zwar den Innenhof des Schlosses unter der strengen Aufsicht des Landesamts für Denkmalpflege wunderschön restauriert, doch die Verfassung der gesamten restlichen Gebäude war katastrophal.

Ich beauftragte die Baufirma aus Mühldorf, mit der auch mein Vater zusammengearbeitet hatte, eine gründliche Bestandsaufnahme des Zustands unserer Gebäude zu machen.

Das Ergebnis war erschreckend: Die Dächer waren undicht, die Dachziegel porös und kaputt. Denn bei der letzten Deckung der Dächer vor etwa hundert Jahren hatte man kalkhaltige Ziegel verwendet, der wasserlösliche Kalk hatte sich im Laufe der Jahre aufgelöst. Das in den Hohlräumen der Ziegel angesammelte Regenwasser hatte die gesamte übrige Substanz angegriffen. An den Außenmauern der Gebäude bröckelte überall der Putz ab, an zahlreichen Stellen waren bereits die Ziegel zu sehen. Die Dachrinnen hatten Löcher und waren extrem verrostet. Fast alle Fensterstöcke waren verfault. Es war höchste Zeit, dem Verfall den Kampf anzusagen.

Also bekam die Baufirma mit ihrem überaus kompetenten Polier, Pauli Gumpinger, an der Spitze des Maurertrupps den Auftrag, mit der Sanierung der Dächer und der Außenmauern umgehend zu beginnen.

Im Frühjahr 1992 rückten die Arbeiter samt Gerüst in Tüssling an und bauten dieses an der Fassade des alten Pferdestalls auf.

Von meinem Vater wusste ich, dass nichts, nicht mal die geringste Veränderung, an unseren wertvollen historischen Gebäuden vorgenommen werden durfte, ohne das Landesamt für Denkmalpflege einzuschalten. Das schrieb das Gesetz vor. Für unser Gebiet war ein bedächtiger und strenger Kunsthistoriker zuständig. Während der Restaurierung des Innenhofs hatte ich bereits mitbekommen, dass die Vorstellungen und Forderungen dieser strengen Behörde meinen

Vater immer wieder zur Weißglut getrieben hatten. In seinen Augen waren die Auflagen oftmals extrem überzogen und auch ästhetisch keineswegs immer nach seinem Geschmack.

Nun stand mir zum ersten Mal die Auseinandersetzung mit dem Denkmalpfleger bevor. Es grauste mir davor. Befreundete Eigentümer historischer Gebäude ächzten und verdrehten jedes Mal die Augen, wenn sie von den unliebsamen Besuchen der Fachleute für Denkmalschutz berichteten: »Immer haben sie etwas zu meckern, hier ein Verbot, dort eine Auflage. Was uns das kostet, ist den Bedenkenträgern natürlich egal! Der ungeheuerliche Aufwand an Zeit, Geld und Materialien interessiert die doch gar nicht.«

Der Denkmalpfleger erschien, inspizierte, prüfte mit Kennerblick und Argusaugen die Außenmauern, die Innenwände und Decken, schüttelte dabei unentwegt seinen Kopf. Ich sah auf seine schütteren abstehenden Haare und dachte verzweifelt, »Oh Gott, ihm stehen ja die Haare zu Berge! Was kommt jetzt auf mich zu? Was gibt's zu beanstanden?«

Leise aber bestimmt stellte er seine Forderungen: »Der Putz muss gründlich analysiert werden, die Mischungen, die es heute gibt, taugen nichts, wir müssen den alten Putz wiederherstellen, mal sehen, wie wir das hinbekommen. Und für die Dachziegel brauchen wir Biberschwänze.«

»Biberschwänze? Was ist das denn?«, fragte ich erschrocken.

»Flache Dachziegel natürlich, sonst stimmt die Form nicht, schließlich handelt es sich bei Ihrem Schloss um ein Kulturdenkmal!«

Jeden Tag neue Fragen, Probleme und Belehrungen, mir brummte der Kopf, aber ich lernte auch ständig dazu. Erst als nach einiger Zeit der gesamte Putz abgeschlagen war und die Gebäude quasi nackt dastanden, konnten wir erkennen, welche Veränderungen im Laufe der Jahrhunderte vorgenommen worden waren: Hier hatte man eine Tür oder einen Kamin zugemauert, dort ein Fenster nachträglich eingebaut oder die Form des Fensters abgeändert.

Das Gebäude erzählte uns seine lange und interessante Geschichte.

Unermüdlich bemühte ich mich, dem ernsten Herrn ein Lächeln zu entlocken, nach einiger Zeit gelang es mir tatsächlich. Das Eis war gebrochen, und wir entwickelten ein zunehmend freundschaftliches Verhältnis, bemühten uns immer von Neuem, einen für beide Seiten akzeptablen Konsens zu finden. Ich lud ihn öfter zum Mittagessen ein und lernte seinen hintergründigen, intelligenten Humor zu schätzen.

Ein einziges Mal ärgerte ich mich maßlos über ihn: Nachdem er das gesamte Schloss untersucht und die erodierende Feuchtigkeit, insbesondere an der Nordseite, entdeckt hatte, sah er es als notwendig an, mir eine »Notsicherung« aufzuzwingen. Er schrieb einen offiziellen Brief, in dem er mir im Einzelnen vorschrieb, welche Sanierungsarbeiten ich in welcher Weise vorzunehmen hatte. Mehr noch: Die Renovierungen müssten vom Landesamt für Denkmalspflege durchgeführt werden, das mir dann die entsprechende Rechnung stellen würde. Ich war entsetzt – nie und nimmer hätte ich die zu erwartenden Geldforderungen zahlen können! Zum Glück konnten der Denkmalpfleger und ich uns dann doch auf eine für beide Seiten annehmbare Regelung einigen. Ich verzieh ihm sein Schreiben sehr bald. Zuweilen tat er mir sogar leid – die zu penetranter Strenge verurteilten Beamten für Denkmalschutz haben es gewiss nicht leicht. Jedenfalls hatte ich eine hohe Meinung von ihm und war oft dankbar für seinen fachmännischen Rat.

In meinen kurzen Verschnaufpausen fragte ich mich häufig, ob ich meinen Kindern überhaupt noch gerecht wurde: »Kommen sie zu kurz? Müsste ich mehr Zeit für sie haben? Wie kommen sie damit zurecht, dass ihre Mutter dauernd aufgedreht ist und ständig auf Trab ist?« Ich redete mir streng ins Gewissen und gab mir alle Mühe, den drei Kleinen zu geben, was sie sich wünschten: Gutenachtgeschichten, gemeinsame Ausflüge, lustige Kindergeburtstage, toben im Park und natürlich auch zuhören, sie in den Arm nehmen und bei Bedarf ausgiebig trösten. Das gelang auch recht gut, da ja mein Arbeitsplatz gleichzeitig unser Zuhause war. Häufig, wenn die Kinder morgens nicht im Kindergarten waren, kamen sie zu mir in mein Büro und spielten um mich herum. Bei meinen vielen beruflichen Telefonaten müssen sich meine Gesprächspartner mächtig über den Lärm und die spitzen kleinen Schreie im Hintergrund gewundert haben!

Die Nachmittage versuchte ich so oft wie möglich mit meinen Kindern zu verbringen und ihnen auch bei der Erledigung ihrer Hausaufgaben behilflich zu sein. Wurde ich in dieser Zeit unbedingt im Büro oder im Betrieb gebraucht, war ich ja immerhin für sie erreichbar.

Ich beschäftigte zwar ein Kindermädchen, aber abends ging sie pünktlich nach Hause. Ich legte mich möglichst früh schlafen, denn wenn ein Kind nachts aufwachte, war ich es, die aufstand, beruhigte und streichelte. Am nächsten Morgen stieg ich dann einigermaßen ausgeschlafen aus meinem Bett und kämpfte mich durch den Tag.

Für Bernd war unsere neue Lebenssituation nur schwer auszuhalten. Er richtete sich zwar in Tüssling ein Büro ein, von dem aus er seine Geschäfte tätigte, doch der endgültige Umzug ins Schloss, mein nicht endender Tatendrang, das tagtägliche Hämmern, Sägen, Bohren, Klopfen, Abreißen und Umbauen zerrten an seinen Nerven. Er vermisste das Haus in Starnberg, wo wir beide das Sagen hatten und nicht ich allein über Schloss, Hof und Angestellte bestimmte. Als 1995 unsere Tochter Amelie zur Welt kam, war unsere Ehe bereits hoffnungslos verloren. Wenn Bernd und ich spätabends, nachdem alle Kinder schliefen und nichts mehr zu tun war, endlich beisammen saßen, dann stritten wir uns. Über Monate versuchten wir, unsere Konflikte in hitzigen Debatten auszufechten – vergeblich. Es hagelte Klagen und Vorwürfe, und bald fanden wir keinen Weg mehr, uns auszusöhnen.

Wir bemühten uns, die Auseinandersetzungen von den Kindern

fernzuhalten, aber es gelang uns immer seltener. Da ich selbst jahrelang unter den lauthals ausgetragenen Streitigkeiten zwischen meinen Eltern zu leiden hatte, beschloss ich, auch zur Entlastung der Kinder, klare Verhältnisse zu schaffen. Schweren Herzens reichte ich die Scheidung ein.

Ich stand zwar eindeutig zu meinem Entschluss, aber die Trennung warf mich dennoch mit aller Wucht aus der Bahn. Innerhalb kürzester Zeit verlor ich zehn Kilo, taumelte geschwächt und mutlos durch mein Leben. Im Dorf fragten mich die Menschen, ob ich krank sei. Auf der Straße hielt mich eine besorgte Bekannte an und riet mir, unbedingt einen Arzt aufzusuchen: »Steffi, du bist ja dürr wie ein Stöckchen! Ganz klar, du hast die Magersucht, bitte hol dir sofort ärztliche Hilfe!« Eine Verwandte befahl mir, umgehend einen Psychologen zu konsultieren: »Du bist völlig neben dir, ohne Therapie schaffst du es nie, glaub mir!«

Ich war tatsächlich an einem schweren Infekt erkrankt, der mich wochenlang plagte. Zunächst fand kein Arzt heraus, was mir fehlte, und ich musste eine Magenspiegelung nach der anderen über mich ergehen lassen. Als irgendwann die Bakterien ausgemacht waren, stellte sich heraus, dass es zu der Zeit gegen die Bakterienart Helicobacter noch kein Antibiotikum gab. Es war zum Verzweifeln – ich konnte kaum etwas essen, dauernd war mir übel. Seelisch geriet ich zunehmend aus dem Lot. Doch ich wollte mir nur selbst helfen, lehnte es ab, einen Psychologen zu sehen. Lieber verkroch ich mich in Tüssling, um mich meinem Kummer zu stellen, vermied es, Bekannte und Freunde zu treffen und sagte alle Einladungen ab. Allerdings kümmerte ich mich intensiv um meine Kinder und trieb zugleich beharrlich die Renovierung des Schlosses voran. Langsam kamen Seele und Körper wieder zu Kräften.

Im Januar 1998 wurde unsere Ehe geschieden. Der Kontakt zwischen Bernd und mir brach ab, doch als unsere Wunden mit der Zeit nach und nach heilten, konnten wir wieder versöhnt und freundschaftlich aufeinander zugehen. Heute gehen wir freundschaftlich miteinander um. Noch im selben Jahr begann ich mit der Instandsetzung des Gartensaals. Die Idee, dort Feste und Events zu veranstalten, um die Kosten für die Sanierungsarbeiten hereinzuholen, war zwar noch nicht geboren, aber mein Gefühl sagte mir, dass sich die Renovierung dieses wunderschönen Raumes irgendwann auszahlen würde. Meine Unkosten stiegen bereits ins Uferlose, und ich brauchte dringend Einnahmen, um meinen Traum – die komplette Renovierung des Schlosses – verwirklichen zu können. Was mir an Geld fehlte, kompensierte ich zu jener Zeit einfach mit Gottvertrauen.

VIII

ZUNEHMEND BESORGT FRAGTE ICH MICH, wie ich denn die horrend hohen Rechnungen, die jetzt und in den nächsten zehn Jahren auf mich zukommen würden, um Himmels willen zahlen sollte. Da schickte mir der Himmel eine erste, unvermutete Antwort, und zwar in Form eines gigantischen Bergs uralter Zeitungen. Ich stapfte gerade durch den erschreckend heruntergekommenen Barocksaal auf der Suche nach Möbelstücken, die ich eventuell noch verwenden konnte, fand aber nichts, aber auch gar nichts Brauchbares. Dieser Saal glich einer Mülldeponie.

Nicht nur meine Eltern, schon meine Großeltern hatten den Raum als Abstellplatz für alle Gegenstände missbraucht, die sie nicht mehr haben wollten: alte Matratzen und Sofas, aus denen die Sprungfedern platzten, vergammelte Sessel, Stühle und wackelige Tische, die mit Leinentüchern abgedeckt worden waren. Mein Vater hatte hier auch seine alte wertvolle Märklin-Eisenbahn in einer zugenagelten Holzkiste verstaut. Außerdem zog sich eine mehrere Meter lange Reihe Koffer durch den Raum – wunderschöne alte Koffer mit eingravierter Familienkrone, die meisten aus edlem, wertvollem Leder. Früher, da reiste man noch standesbewusst mit exquisitem Gepäck!

Behutsam lupfte ich hie und da einen Deckel – und kam aus dem Staunen nicht mehr heraus! Da quollen mir Felle entgegen, ich entdeckte niedliche alte Puppenkleider sowie die Strickstrümpfe meiner Großmutter. Ich stieß sogar auf Haarbürsten mit gelblichen Haarsträhnen zwischen den Borsten. Ich begann zwar, die Koffer auszuräumen, doch nach kürzester Zeit war ich es leid. Ich ließ die Deckel zufallen, schleppte die halb ausgepackten Koffer in den zweiten Stock und stellte sie oben im Gang nebeneinander auf. Sie stehen heute noch da – eine witzige kunstvolle Installation großer und kleiner Lederkoffer.

Und was sollte ich mit dem restlichen Plunder im Saal anstellen? Leicht angewidert strich ich mit dem Finger über die zentimeterdicke Staubschicht auf Tischen und Stühlen und ließ meinen Blick über die verrottete Decke, die ramponierten Wände schweifen. Dann fiel mein Auge auf die gewaltigen Zeitungsstöße, die sich in einer Ecke stapelten. Mein Vater hatte dort mindestens dreißig Jahre lang Hunderte von Zeitungen und Zeitschriften gelagert. Die Stapel waren so schwer, dass bereits ein Riss in der Mauer entstanden war.

Beim Anblick der Zeitungen schoss mir ein rettender Gedanke durch den Kopf: Ich hatte in der Presse Anzeigen entdeckt, die ältere Zeitungen mit dem entsprechenden Geburtsdatum anboten.

»Es könnte doch sein, dass diese Anbieter Interesse an meinen alten Zeitungen haben«, dachte ich mir, kramte die Annoncen hervor und rief bei den Inserenten an. Ein freundlich klingender Mann aus Landsberg am Lech zeigte großes Interesse.

»Wenn es so viele Zeitungen sind, wie Sie sagen, dann fahre ich sofort zu Ihnen und lade alles in meinen Anhänger.«

»Am besten, Sie kommen am Wochenende, ich bin sowieso hier, und wir helfen Ihnen, die Stöße einzuladen«, antwortete ich überglücklich. Etwas Besseres konnte mir nicht passieren – den Plunder loswerden, ihn sogar verkaufen zu können, anstatt Geld für die Entsorgung bezahlen zu müssen! Das freute mich riesig, doch das erfreulichste, das einträglichste Angebot sollte noch kommen.

Wie vereinbart, stand der Mann am Samstag vor der Tür. Er hatte auch seine Frau mitgebracht, und so schleppten wir nun zu dritt körbeweise alte Zeitungen und Zeitschriften – unzählige Ausgaben von »Spiegel«, »Stern«, »Quick« und von anderen Gazetten – in den

Hof und luden alles in seinen Anhänger. Dabei kamen wir ins Gespräch.

»Sagen Sie, wer macht denn hier für Sie die Arbeit? Wen haben Sie mit diesem riesigen Sanierungsvorhaben beauftragt?«

»Ein großes Bauunternehmen, wen sonst«, erwiderte ich.

»Und was zahlen Sie dem?«

»Für eine normale Arbeitsstunde werden mir durchschnittlich sechzig D-Mark in Rechnung gestellt, dabei bin ich doch erst am Anfang mit meinen Renovierungsarbeiten. Keine Ahnung, wie ich das alles in den nächsten Jahren finanzieren soll. Aber was soll ich machen? Der Bauunternehmer muss schließlich seine Familie ernähren, seine Büroräume finanzieren, die Gehälter der Bauarbeiter und der Angestellten bezahlen. Also blättere ich hin, was er verlangt.«

Der Mann nickte bedächtig.

»Was machen Sie denn beruflich, wenn Sie nicht gerade Zeitungen kaufen und verkaufen?«, fragte ich ihn nach einer Weile.

»Ich habe eine Baufirma in Landsberg und habe mich auf Altbausanierung spezialisiert.«

Ich spitzte die Ohren.

»Vielleicht kann ich Ihnen ein gutes Angebot machen«, meinte er. »Ich beschäftige nämlich Arbeiter, die zwar aus Polen stammen, die aber einen deutschen Pass besitzen. Sie stammen aus ehemaligen schlesischen Familien, die aufgrund eines Sonderabkommens mit dem deutschen Staat immer noch deutsche Staatsbürger sind. Dadurch brauchen sie keine Arbeitsgenehmigung. Lassen Sie mir ein paar Tage Zeit, vielleicht fällt mir eine gute Lösung für Sie ein. Ich rede mit meinen Arbeitern, eventuell könnte ich Ihnen von meiner Firma ein paar Leute schicken, die bei mir angestellt sind. Dann würden die Kosten für Ihre Renovierungsarbeiten bestimmt sehr viel niedriger ausfallen.«

Danach ging alles ganz schnell. Nach einer Woche war bereits klar, dass mir mein freundlicher Zeitungsabnehmer acht seiner

Arbeiter schicken würde – vier ausgebildete Maurer, einen Maler, einen Spengler und zwei Hilfsarbeiter. Sie verlangten die Hälfte des Stundensatzes, den ich an die bisherige Baufirma gezahlt hatte. Wir handelten nicht nur ihren Stundenlohn aus, wir kamen auch überein, dass sie am besten gleich in Tüssling, in der ehemaligen, in einem der Betriebsgebäude gelegenen Wohnung unseres Verwalters, Quartier bezogen.

Nun fehlte nur noch jemand, der die Arbeit einteilte, koordinierte und fachlich kompetent war. Auch da war das Glück auf meiner Seite. Pauli Gumpinger, der Vorarbeiter der bisherigen Baufirma aus Mühldorf, mit dem ich bereits die ersten Renovierungsarbeiten durchgeführt hatte, hatte die Baufirma vor einiger Zeit verlassen und war mittlerweile Rentner. Er erklärte sich bereit, die Funktion des Poliers, des Vorarbeiters, zu übernehmen.

»Ich habe jetzt alle Zeit der Welt, ich kenne das Schloss in- und auswendig, ich mache mit!«, sagte er voller Freude und Tatendrang. Ich konnte mein Glück kaum fassen. Pauli besaß nicht nur das nötige Know-how, er war auch kreativ: Er ersann und konzipierte laufend neue Ideen.

Unser Erfolgsteam war komplett.

Aber dann geschah etwas Unerwartetes. Bereits nach einem halben Jahr meldete die Landsberger Baufirma, die mir ihre Arbeiter »vermietet« hatte, Konkurs an. Ich erschrak zunächst heftig, doch ausgerechnet die Zahlungsunfähigkeit meiner »Leihfirma« stellte sich für mich als besonders vorteilhaft heraus, denn meine acht fleißigen, fachkundigen Arbeiter aus Schlesien blieben mir erhalten: Ich konnte sie nun selbst betrieblich anmelden und sparte mir dadurch die bisherige Vermittlungsprovision. Sie waren damit sehr einverstanden, denn andernfalls wären sie allesamt arbeitslos geworden. Es waren wirklich sehr günstige Umstände für mein weiteres Vorhaben.

Nun sollte Fassade um Fassade, Dach um Dach renoviert werden. Wir kauften ein sechshundert Quadratmeter großes Gerüst, nachdem wir ausgerechnet hatten, dass es um einiges teurer gewesen wäre, ein Gerüst dieses Umfangs für eine unbestimmte, vermutlich sehr lange Zeit zu mieten. Im Frühjahr 1994 machten wir uns an die Dächer der Betriebsgebäude, deckten jeden Tag einen Abschnitt von vier Metern. Natürlich verwendeten wir nicht billige, handelsübliche Ziegel, sondern die vorgeschriebenen und erheblich teureren abgerundeten Biberschwänze. Wir benötigten für diese Dächer etwa zwanzigtausend neue Ziegel. Im Juni waren endlich sämtliche Dächer der Betriebsgebäude fertig und erstrahlten in neuem Glanz.

Auf einmal wirkte das Schloss neben den fabelhaft renovierten Betriebsgebäuden trist, grau und sehr unansehnlich. Bisher war mir das nicht in dem Maße aufgefallen, doch nun stand ich vor dem Gebäude und hatte auf einmal das Gefühl, in einer abbruchreifen Ruine zu leben. Das geflügelte Wort der Briten »My home is my castle« ging mir durch den Kopf. Ganz klar, jeder möchte sein Zuhause, den existenziellen Knotenpunkt des Lebens, so schön wie nur irgend möglich gestalten. Ein wahres »home« ist ein gemütlicher Rückzugs- und Begegnungsort, dort will sich der Mensch entspannen, geborgen fühlen und so glücklich sein wie in einem herrlichen »castle«. Alles soll stimmen. Meine schwierige Aufgabe bestand nun darin, mein gigantisches Schloss in ein »stimmiges« Zuhause umzuwandeln – an diese Umkehrung hatten die Briten wohl nicht gedacht, als ihr Spruch entstand. Ich aber dachte ständig darüber nach. Gemütlichkeit in ein riesiges Schloss zu zaubern – kein einfaches Unterfangen.

Der erste Flügel des Schlosses wurde eingerüstet. Das bedeutete, dass uns auch wieder der Experte vom Landesamt für Denkmalspflege ins Haus stand, um die Richtlinien für die neuerlichen, dringend erforderlichen Renovierungsarbeiten festzulegen. Er war es, der die Vorgehensweise zu bestimmen hatte, und natürlich wurde abermals am Putz gekratzt, und alle Farben wurden ausführlich analysiert. Ein unbeschreiblicher Aufwand! Es stellte sich heraus, dass im Laufe der Jahrhunderte bei den Renovierungen gewaltig gepfuscht worden war. Man hatte den alten Putz nie abgenommen, hatte einfach die neue Schicht auf die alte aufgetragen, wobei der Untergrund lediglich aufgeraut worden war, damit die neue Schicht hielt.

Es war sehr spannend, auf die Originalschichten aus dem 16. Jahrhundert zu stoßen. Ohne unsere Anstrengungen wären die ersten baulichen Ergebnisse für immer verborgen geblieben. Wir entdeckten beispielsweise, dass die Fenster ursprünglich viel kleiner gewesen waren und schräge, rot-weiß gestreifte Einfassungen gehabt hatten. Es handelte sich dabei um die sogenannte Sgraffitotechnik: Zwei unterschiedlich farbige Putzschichten liegen übereinander, wobei man die oberste stellenweise abgekratzt hatte. Diese Technik erzeugt optisch einen sehr plastischen Eindruck und erinnerte mich an unsere Kindheit, als wir mit Wachsmalkreiden zeichneten und die oberste Schicht immer wieder mit einem Stift wegkratzten, um dann noch einmal zu übermalen.

Ich hatte noch nie in meinem Leben von derartigen Vorgehensweisen gehört, mich noch nie mit den Techniken früherer Zeiten beschäftigt und nahm alles gespannt und voller Wissbegier auf. Das Problem war nur, dass der Denkmalpfleger möglichst das gesamte Schloss, zumindest aber die Außenmauern und Stuckdecken, in ihren Originalzustand zurückversetzen wollte: »Stellen Sie sich doch vor, wie wunderschön das Schloss dann von außen aussieht! Wir stellen alles wieder so her, wie es früher war. Wenn Sie wüssten, wie plastisch, wie herrlich die Farben dann wirken würden!«

Ich sah erneut exorbitante, vermutlich unerschwingliche Ausgaben auf mich zukommen und fragte beklommen, ob ich denn meine eigenen Arbeiter für diese Aktion einsetzen könne.

»Wissen Sie, ich muss die Kosten berücksichtigen, das verstehen Sie doch sicher.«

»Ihre eigenen Arbeiter? Das geht auf keinen Fall! Das müssen Fachleute machen, vermutlich sogar ausgebildete Kirchenmaler.«

Ich erschrak gewaltig. Nie und nimmer würde ich die erforderlichen Geldsummen aufbringen können. Die zu restaurierende Fläche war schwindelerregend groß: vier je vierzig Meter lange Flügel, jeder zwischen zwanzig und dreißig Meter hoch. Hinzu kamen die vier Ecktürme.

Die einstigen feudalen Schlossherren konnten sich, als sie ihre opulenten, ausschweifenden Bauträume umsetzten, nicht vorstellen, welche finanziellen Folgen die grenzenlosen Ausmaße eines solchen Châteaus in einer Zeit wie der unsrigen haben würden. Wirtschaftliche Überlegungen und vernünftige Kalkulationen gehörten nicht in ihre Welt, in einem Renaissanceschloss wie Tüssling wurden verschwenderische architektonische Wunderwerke verwirklicht. Es fehlte jegliches Maß, oder was wir heute dafür halten. Das hatte ich nun davon.

»Können Sie sich vorstellen, was da auf mich zukommt, wenn hier Kirchenmaler ans Werk gehen? Sie wissen ja, dass ich vom Staat keinerlei finanzielle Unterstützung beantragt habe, keine Zuschüsse. Wie soll ich das alles schaffen?«, fragte ich den Denkmalpfleger.

Wir diskutierten miteinander, stellten verschiedene Kalkulationen auf, verhandelten. Zum Glück kamen wir überraschend schnell zu einer Einigung. Der Denkmalpfleger war bereit, mir entgegenzukommen: Fachleute würden die Sgraffitomalereien direkt unterhalb des Daches exakt so herstellen, wie sie früher einmal waren, und meine eigenen Leute durften dann die gesamten Wandflächen und Fenstereinfassungen in einer sehr viel einfacheren Weise gestalten. Mir fiel ein schwerer Stein vom Herzen! Die historischen Putze wiederherzustellen war aufwendig genug, für den reinen Kalk, den man dazu verwendete, musste ich ohnehin tief in die Tasche greifen.

Die Fassaden der Betriebsgebäude wollte ich in Weiß und Gelb haben. Auf einer Autofahrt von Tüssling nach Mühldorf war ich an einem Ort namens Zangberg vorbeigekommen, wo ein altes Kloster wunderschön renoviert worden war; seine Fassaden leuchteten in Weiß und Gelb, das gefiel mir sehr. Ich ließ die Fenster in den Betriebsgebäuden also weiß einfassen, der Rest wurde mit gelber

Farbe »gefascht«. Doch galt es wieder einmal, den richtigen Putz dafür ausfindig zu machen. Selbstverständlich durfte ich keinesfalls den für unser denkmalgeschütztes Gebäude unzulässigen Glattputz hernehmen. Nein, ich war gezwungen, einen Spritzputz, der an die Wände gespritzt wird, zu verwenden. Dieser musste dann auch noch angereichert werden mit den Körnungen, die heutzutage aus allen Putzsorten gezielt entfernt werden. Manchmal war ich wirklich kurz davor, durchzudrehen.

Ich werde nie vergessen, wie wir den passenden Kalk für die Fassade des Schlosses herangeschafft haben! Da gab es in unserer Nähe eine über dreißig Jahre alte Kalkgrube, aus der wir uns den Kalk holten, denn die Fassade durfte nicht zu neu aussehen. Im Hof stand also monatelang diese gigantische Wanne mit altem Kalk, die immer neu aufgefüllt wurde, bis die gesamte Fassade verputzt war. Hin und wieder setzte ich mich kühn über die Vorschriften unserer Denkmalschützer hinweg. Neben den Türmen lagen relativ kleine Nebenräume, mit denen man wenig anfangen konnte. Eines Tages kam mir die glorreiche Idee, dort Bäder einzubauen. Dazu musste ich eine Innenwand einreißen und einen Durchbruch für eine Tür machen lassen. Alles nicht ordnungsgemäß, aber ich muss gestehen, dass ich zu diesem Zeitpunkt nicht nur mit den Nerven am Ende war, ich fühlte mich inzwischen auch kompetent genug, um sicherzugehen, dass bei meinen minimalen baulichen Veränderungen keine wertvolle Bausubstanz verloren ging. Zum Glück waren bei einem Brand Anfang des 18. Jahrhundert alle Baupläne verbrannt.

Wenn es aber wirklich um historischen Denkmalwert ging, war ich immer gewissenhaft und akkurat. Einmal ging es um den Fries über dem Torbogen des Schlosses. Da das äußere Erscheinungsbild stimmig sein sollte, scheute ich keine Kosten, um für diesen Fries die gleiche Sgraffitoputztechnik zu wiederholen, wie sie unter dem Dach angewendet worden war. Ich hätte gern gemogelt und die Bänderung schlicht anmalen lassen. Aber seufzend hielt ich mich strikt an die Vorschriften.

Nun ging es endlich an den Barocksaal. Bevor die Stuckateure anrückten, musste dieser überdimensionale, dreihundertfünfzig Quadratmeter große Saal geräumt werden. Nahezu der gesamte Krempel, der hier lagerte, gehörte in den Sperrmüll. Sechs unserer Arbeiter brauchten drei volle Tage, um ihn leer zu bekommen. Eine höllische Arbeit! Kaum war der Saal geräumt, begannen die Stuckateure, Risse in den Wänden zu verschließen, fehlende Ecken, Stücke und Segmente zu ergänzen.

»Und was geschieht mit dem Boden?«, fragte ich den Herrn vom Amt für Denkmalpflege, »müssen wir neues Parkett verlegen? Bei der riesigen Fläche ist das nicht zu bezahlen!«

Der Boden war grau und stumpf, wir konnten ihn unmöglich so lassen. Wir entschieden uns dafür, ihn erst einmal abzuschleifen, dann würde man weitersehen, vielleicht waren einige Abschnitte ja noch brauchbar. Ich glaubte nicht daran, aber ich durfte die Hoffnung nicht aufgeben. Ohne Zweckoptimismus hätte ich längst aufgegeben! Schon nach den ersten abgeschliffenen Quadratmetern erlebten wir eine wunderbare Überraschung: Unter den daumendicken Schichten aus Staub und Dreck kam ein herrliches Eichenparkett zum Vorschein. Es musste nur noch abgeschliffen und versiegelt werden. Welch ein Glück!

Doch zur Ruhe kam ich noch lange nicht. Ich hatte keinen Vorgesetzten, den ich zu Rate ziehen konnte, ich war ganz und gar auf mich gestellt, bestimmte und organisierte, denn ich trage für alles, was im Schloss geschieht, die Verantwortung. Es bleibt mir keine andere Wahl, als immer weiterzumachen. Als Nächstes musste ich mich den gewaltigen Dächern zuwenden. Mir war klar, dass nur eine gründliche Sanierung half, sonst bestand Gefahr, dass uns die brüchige Zimmerdecke irgendwann auf den Kopf fiel. Ich wollte so schnell wie möglich dafür sorgen, dass die Löcher im Dach repariert wurden, bevor der Regen in unsere Räume tropfte. Vorher aber verlangten die zahlreichen Fledermäuse, die in unserem Dachstuhl hausten und unter sehr strengem Naturschutz standen, dass ich mich fachkundig um sie kümmerte.

Einmal im Jahr bekommen wir Besuch von einer Fledermausforscherin, die dann die sogenannte Fledermauspopulation im Speicher wissenschaftlich untersucht. Die Expertin zählt die Anzahl der Tiere, notiert sich die unterschiedlichen Arten und schreibt auf, welche sich wie häufig vermehrt haben. Sobald die Fledermausexpertin das Schloss betrat, um unseren Dachstuhl zu inspizieren, rief ich die Kinder hinzu, denn sie verfolgten die leicht schaurige Großaktion mit den Flattertieren mit großer Faszination. Wir beobachteten genau, wie die Forscherin Zeitungen unter den Höhlen im Gebälk ausbreitete, und zwar immer dort, wo Fledermauskot zu sehen war. So konnte sie im darauffolgenden Jahr dann an den frischen »Würsteln« auf den Zeitungen präzise feststellen, welche Höhlen bewohnt und welche verlassen worden waren. Außerdem leuchtete sie den Speicher mit einer Taschenlampe aus und konnte so schnell erkennen, an welcher Stelle die Männchen während des Tages hingen und wo die Weibchen ihre Kinderstuben eingerichtet hatten. Nicht selten flogen die aufgeschreckten Tiere knapp über unsere Köpfe hinweg. Ich zuckte zusammen, die Kinder quietschten.

Fledermäuse sind sensible Wesen, die äußerst empfindlich auf jegliche Veränderung reagieren und die zudem die Giftstoffe, mit denen die Holzlatten imprägniert werden, sehr schlecht vertragen. Also mussten wir sämtliche neuen Dachlatten mit umweltfreundlichen und für Fledermäuse unschädlichen Mitteln behandeln. Außerdem galt es, auf die Jungen Rücksicht zu nehmen – der Ablauf unserer Arbeit am Dach richtete sich streng nach dem Wohlbefinden und den Entwicklungsphasen der Fledermausbabys. Natürlich verzögerte und behinderte das die Arbeit der Dachdecker, doch unsere Behutsamkeit hat sich wirklich gelohnt, denn die Fledermäuse haben überlebt und vermehren sich weiterhin fröhlich und ungestört.

Häufig, wenn wir an Sommerabenden auf der Terrasse sitzen,

sehen wir sie in der Dämmerung ausschwärmen, um auf Insektenfang zu gehen. Manchmal fliegen sie haarscharf an uns vorbei und verschwinden dann in der Dunkelheit. Bekanntlich erkennen Fledermäuse ihre Beutetiere auch bei Nacht. Hin und wieder schrecke ich im Sommer nachts in meinem Bett auf, weil eine Fledermaus ihre Kreise über meinem Kopf dreht. Das erste Mal versetzte mich das rauschende Flapp-Flapp in Angst und Schrecken, doch mittlerweile weiß ich Bescheid – Fledermäuse sind neugierig, sausen gern durch offene Fenster in die Zimmer der Menschen und scheuchen sie auf.

Über die Jahre wurden neue Fenster eingebaut, Stromleitungen verlegt und Heizungen installiert. Auch die Arbeit an den Stuckdecken kam voran. Wir begannen, die Räume im Ostflügel des Schlosses zu renovieren. Wieder einmal bekamen wir strenge Auflagen vom Amt für Denkmalschutz aufgezwungen: So durften beispielsweise die Heizungsrohre keinesfalls in der Wand verlegt werden, es könnten ja wertvolle alte Ziegel verloren gehen.

Die Leitungen mussten also an der Wand entlang, über dem Boden verlegt werden. Damit man sie nicht sieht, benötigten wir besonders dicke Teppichleisten, um die Leitungen darunter zu verstecken. Im Keller musste ich einen riesigen starken Kessel und neue Stränge installieren.

Auch die Stromkabel wurden erneuert und mussten in den engen Freiräumen zwischen der Stuckdecke und dem Boden des darüberliegenden Speichers untergebracht werden. Wir durften nicht einmal den feinsten Schlitz in die Decke fräsen, sonst hätten wir womöglich den Putz beschädigt. Wie so oft empfand ich diese Vorschriften als stark übertrieben, stöhnte und fluchte. Unser armer Elektriker, Herr Blümhuber, musste mehrere Stunden nach den Hohlräumen suchen, durch die er dann endlich seine Kabel ziehen durfte.

Ich hatte wohl noch nie zuvor in meinem Leben so viel zu tun gehabt wie in diesen Jahren. Doch es bereitete mir eine unbändige Freude, den sichtbaren Erfolg, den täglichen Fortschritt meiner schier unendlichen Renovierungsvorhaben bestaunen zu können. Außerdem stärkte es mich, Pauli, den fähigen Polier, an meiner Seite zu wissen. Er machte die Renovierung des Schlosses zu seinem Lebenswerk, verbrachte auch schon mal eine schlaflose Nacht, wenn ein scheinbar unlösbares Problem auftauchte. Es kam vor, dass wir uns früh am Morgen mit dunklen Schatten unter den Augen begegneten und seufzten: »Haben Sie auch nicht schlafen können?«

»Was machen wir bloß? Wie geht es weiter?«, fragte ich den guten Pauli.

»Wir finden schon eine Lösung! Lassen S' mich noch einmal darüber schlafen«, gab er dann zurück, und tatsächlich – jedes Mal fiel ihm etwas Passendes ein.

Pauli flößte allen Respekt ein. Er war stämmig, strotzte vor Kraft, trug stets einen Stoffhut und gehört zu den ungeduldigsten Menschen, die ich kenne. Wenn wir im Büro seine flinken Schritte herannahen hörten, legte Frau Bathen, meine Sekretärin, sofort den Telefonhörer auf, und alle im Raum standen stramm. Pauli ließ man nicht warten, sonst trippelte er nervös von einem Fuß auf den anderen und schimpfte: »Was macht's ihr bloß, was seid's denn so langsam, des muss ois schneller gehen!«

Mit unseren Arbeitern, seinen »Banditen«, wie er sie liebevoll nannte, verstand sich Pauli sehr gut. Er wusste sie anzuleiten, sprach ihnen seine Anerkennung aus und motivierte sie immer wieder aufs Neue. Unermüdlich legten sie sich für uns ins Zeug, arbeiteten sechs Tage die Woche, manchmal bis zu zehn Stunden am Tag. Abwechselnd fuhren sie nach Hause zu ihren Familien und kamen meistens pünktlich zurück, um sich wieder in die Arbeit zu stürzen. Drei von ihnen arbeiten immer noch in Tüssling und sind inzwischen absolute Profis: Zur Zeit montieren sie im Schloss eine sogenannte Holzhackschnitzel-Heizung, die meine exorbitanten Heizkosten senken soll, denn darin kann ich meine Berge von Abfallholz aus dem Forst und sogar die Misthaufen der Pferde verheizen.

Übrigens konsultiere ich auch heute noch den inzwischen fünfundsiebzigjährigen Pauli, wenn ich in Sachen Renovierung oder Sanierung nicht weiter weiß. Dann sprechen wir gemeinsam alle nur erdenklichen Ideen und Möglichkeiten durch und entwickeln die erstaunlichsten Strategien. In all den Jahren war mir stets gegenwärtig, dass ich mit Schloss Tüssling einen sehr kostbaren Besitz geerbt hatte. Da ich diese Hinterlassenschaft zu schätzen weiß, machte ich die aufwendige Renovierung meines »Stammsitzes« denn auch zu meiner Herzensangelegenheit. Dennoch musste ich nüchtern und kühl kalkulieren: Ich wollte und konnte nicht nur sanieren, ich musste auch einreißen, abreißen und wegschaffen. Es gab Gebäude, die mir ein Dorn im Auge waren, und ich beabsichtigte, sie auf jeden Fall verschwinden zu lassen: insbesondere das vermoderte, bröckelnde Benefiziatenhaus im Park, den Lagerkeller einer ehemaligen Brauerei, die alte, unbrauchbare Gärtnerei und den verdreckten und ungenutzten Schweinestall im Schlosshof. Wieder stand mir ein Verhandlungsmarathon mit dem Herrn vom Amt für Denkmalschutz bevor.

Ich säuselte: »Sie erwarten doch bitte nicht, dass ich die scheußlichen Gebäude im Schlosshof renoviere! Sie wurden erst vor ungefähr hundert Jahren gebaut und das auch nur aus betrieblichen Gründen. Die sind also nicht wirklich alt, warum sollen wir sie dann erhalten? Ich möchte sie unbedingt abreißen lassen. Das gilt auch für das verkommene Benefiziatenhaus im Park. Es muss weg. Das sehen Sie doch auch so, oder?«

»Langsam! Das werde ich mir erst alles sehr genau ansehen«, erwiderte der gewissenhafte Experte, »es könnten ja historisch wertvolle Gewölbe, Dachstühle oder sogar Stuckarbeiten vorhanden sein!«

Er sprach wie so oft von den zu berücksichtigenden Denkmalgesetzen, von Auflagen und dem einzigartigen Wert alter Kulturdenkmäler, betonte vehement das öffentliche Interesse an der Erhaltung von Zeugnissen menschlicher Geschichte. Ich fragte mich, ob mein ekliger Schweinestall und die verrottende Gärtnerei unbedingt in die Kategorie der zu schützenden Kulturdenkmäler einzureihen seien, hielt mich aber selbstverständlich zurück und sagte kein Wort.

Der Denkmalpfleger und ich starteten also wieder einmal eine gründliche, langwierige Inspektion. Natürlich, wie konnte es auch anders sein, stieß er zielsicher auf historische Substanz. Gemeinsam schritten wir ein Gebäude nach dem anderen ab, er ließ seinen kritischen Blick über Böden, Wände und Decken gleiten, erspähte immer wieder ein kleines, erhaltenswertes Juwel. Und mir stockte das Herz. Dieses Mal meinte er es gut mit mir. Nachdem wir jedes Gebäude, jeden Winkel begutachtet hatten, nahm er als Letztes den Schweinestall in Augenschein, drehte sich kurz zu mir um und sagte mit einem minimalen Augenzwinkern: »Ich habe hier nirgends etwas gesehen, das gegen einen Abriss spricht. Sie bekommen die Genehmigung.«

Ich lächelte dankbar und war unendlich erleichtert. Zu meinem Glück war er kein verbohrter Paragrafenreiter, sonst hätte er mir niemals die gesetzlich vorgeschriebenen Abrissgenehmigungen erteilt. Da gingen »dem öffentlichen Interesse« auch wirklich keine grandiosen Kunstschätze verloren. Außerdem hatte ich ihn längst für mich gewonnen. Unverhohlen freute er sich darüber, wie gewissenhaft, unverdrossen und auch traditionsbewusst ich als Hüterin meines Erbes alles daransetzte, den historischen Originalzustand des Schlosses wiederherzustellen. Und welche Kosten ich bereit war, auf mich zu nehmen, auch das konnte ihm schließlich nicht verborgen geblieben sein.

Zug um Zug wurde abwechselnd renoviert und abgerissen. 1992 kam die heruntergekommene Gärtnerei weg, 1993 ließ ich eine neue Reithalle bauen, ein Jahr später wurden verschiedene Gebäude im Schlosshof abgerissen, gleichzeitig deckten meine Arbeiter die Dächer von Tüssling neu. Kurz darauf wurde die Fassade des Schlosses saniert. 1997 waren alle vier Flügel an der Außenseite komplett fertig und sahen wirklich wunderschön aus. Im Sommer 1997 erfolgte dann endlich der Abriss des ungeliebten Benefiziatenhauses.

Anschließend wandte ich mich der Parkmauer zu. Der Orkan »Wiebke« hatte zahlreiche mächtige Bäume entwurzelt, die mit Wucht auf die Mauer gestürzt waren und sie an mehreren Stellen demoliert hatten. Weitere Teile der Mauer waren mit der Zeit von selbst zerfallen. Vor allem dort, wo die schweren Lastwagen vorbeidonnerten, hatte die Mauer besonders gelitten, sie musste also partiell niedergerissen und dann neu errichtet werden. Dazu musste ich ausmessen lassen, welche Abschnitte ich stehen lassen konnte und wie viele Meter neu gebaut werden mussten – es waren an die vierhundert. Zum Teil waren sogar die Fundamente zerstört, auch diese wurden erneuert. Damit die gesamte Parkmauer einheitlich aussah, brachte man sogenannte Holzschalungselemente an, die ein bestimmtes Muster haben mussten. Wir wollten ja, dass die gesamte Parkmauer genauso aussah wie früher.

Trotz aller Anstrengungen war mein Tatendrang unstillbar, und auch mein Gestaltungswille steigerte sich immer mehr. Oft schien es mir, als habe mein eigenes Leben erst richtig begonnen, nachdem ich das Schloss und den Betrieb in Tüssling übernommen hatte. Diese stressvollen, mich immer neu herausfordernden Jahre kamen mir wie ein nicht endender Lehrgang vor, wie ein Intensivkurs, in dem ich mir täglich neues Wissen und große Sachkenntnisse aneignete.

Auch Garten und Park mussten von Grund auf saniert werden. Der Park glich einer Wüstenei, der Garten war verlottert und verwildert, auf dem Rasen vermoderten mehrere Lagen vergammeltes Laub, keine Blumen, nirgends ein blühender Strauch. Lediglich auf der großen Wiese vor dem Schloss hatte meine Mutter zwei kreisrunde Fliederbeete angelegt. Von meinem Vater stammten die Fichten, die er im hinteren Teil des Parks hatte anpflanzen lassen, um dort Fasane anlocken und füttern zu können. Unter diesen Bäumen wucherte dichtes Gestrüpp, durch das man kaum noch hindurchsehen konnte. Dieses Gesträuch war so knorrig und undurchdringlich, dass wir es mulchen, also kleinhacken mussten mittels einer schweren Maschine, die wir sonst nur im Forst einsetzen. Mit gewaltiger Kraft fährt das Gerät über Stämme und Bäume und hackt sie in tausend Stücke.

Endlich konnten wir die gesamte wild wuchernde Vegetation unter den Fichten meines Vaters verschwinden lassen. Und kaum war das Gestrüpp weg, entschwand auch die Handvoll Fasane in den Wald – dorthin, wo sie hingehören. Zu unserer großen Verwunderung kamen aus der geräumten Wildnis alte vergessene Steinfiguren zum Vorschein – Kopien aus dem Bamberger Schlosspark, die mein Großvater hatte anfertigen und in Tüssling aufstellen lassen. Dort waren sie dann mit der Zeit vom Dschungel im Park verschluckt worden.

Ich legte im Park neue Wege an und säte Gras. An dem Platz, an dem die alte Gärtnerei betrieben worden war, war noch ein weiteres Mal schweres Gerät nötig, denn dort gab es alte, mit Beton unterlegte Beete. Sie mussten erst ausgehoben werden, bevor man sie mit Humus auffüllen konnte.

Schließlich ließ ich Hunderte von Rosen pflanzen. Ich wählte möglichst unkomplizierte, »dauerblühende« und pflegearme Arten aus, damit ich mich nicht auch noch zu jeder Jahreszeit um Garten und Park kümmern musste. Infolgedessen gibt es bei uns keine Edelrosen zu bewundern, dafür blühen meine schlichten, anspruchslosen Rosenstöcke zuverlässig ab Juni bis zum ersten Frost. Nur einmal im Frühjahr werden sie zugeschnitten.

Dem Gartensaal wandte ich mich erst Mitte 1998 zu. Er lag mir besonders am Herzen, denn er gehört für mich zu den schönsten Räumen des Schlosses. Ich hatte jedoch die Renovierung immer wieder hinausgezögert, weil Bernd strikt dagegen war: »Das kostet ein Vermögen! Das ist rausgeschmissenes Geld! Was willst du mit dieser Müllhalde anfangen, lass die Finger davon!«

Erst nach der Trennung von Bernd brachte ich endlich den Mut auf, das immens kostspielige Unterfangen in Angriff zu nehmen. Meine Gedanken und Gefühle kreisten zwar noch täglich um Bernd, und seine eindringlichen Warnungen tönten laut und unaufhörlich in meinen Ohren, doch vielleicht musste ich mich gerade deswegen mit aller Kraft in die neue Aufgabe stürzen. Mir wurde jetzt deutlich bewusst, dass es mir bei meinen Renovierungsarbeiten auch um Freiheit ging – um einen Befreiungsschlag aus der Bevormundung, die ich ein Leben lang erfahren hatte. Meine aufkommenden Bedenken und Ängste verjagte ich mit einer bewährten Beschwörungsformel: »Du kannst es! Du machst es – wer denn sonst?« Wie ein Zaubertrank sollte dieser magische Satz in den kommenden Jahren immer neue, ungeahnte Kräfte in mir freisetzen.

IX

DER GARTENSAAL WAR IN EINEM ERBÄRMLICHEN ZUSTAND, alles in diesem Raum war beschädigt. Mehr als das – der Gartensaal war eine heruntergekommene, ekelerregende Bruchbude: Die Farbe bröckelte von den Wänden, das Parkett wellte sich, hatte breite Risse und Sprünge, in denen sich jahrzehntealter Dreck festgesetzt hatte. Uns stand erneut eine Sisyphusarbeit bevor, die nicht vergeblich sein durfte.

In dem einhundertzwanzig Quadratmeter großen Gartensaal vergammelten nicht nur Möbel, irgendwo stand auch eine uralte Bügelmaschine mit zwei von Hand zu bedienenden Holzrollen, in einer anderen Ecke zerfiel ein amerikanisches Harmonium in seine Bestandteile. Ich überlegte kurz, ob ich versuchen sollte, das Harmonium reparieren zu lassen und den besser erhaltenen Hausrat und einigermaßen brauchbare Möbel auf dem Flohmarkt zu verkaufen, doch ich entschied mich dagegen. Der Aufwand schien mir unverhältnismäßig groß.

Zu unserem Leidwesen mussten anschließend die gesamte Familie und alle Angestellten für vier Tage aus dem Schloss ausziehen. Damit hatte ich nicht gerechnet, doch die Fachleute machten mir klar, dass der Gartensaal begast werden musste, um alle dort befindlichen Schädlinge zu vernichten. Kaum waren wir ausquartiert, wurde das Schloss abgeriegelt und hermetisch abgedichtet. Das Gas wurde dann achtundvierzig Stunden lang in den Saal geleitet, wobei vermummte und mit Masken ausgestattete Männer ständig kontrollierten, ob auch wirklich nichts aus irgendeiner undichten Stelle austrat. Am Ende wurde das Gas aus dem Saal mit Schläuchen abgesaugt. Nachdem wir zwei weitere Tage alle Fenster des Schlosses geöffnet und für Durchzug gesorgt hatten, bis das Gift verschwunden war, durften wir wieder einziehen.

Erst jetzt konnten wir endlich mit der Renovierung beginnen. Die Wände, die Decke und der Boden mussten von Grund auf erneuert werden. Also ließen wir uns vom Landesamt für Denkmalpflege einen Kirchenmaler aus Bad Endorf am Chiemsee vermitteln. Der Fachmann schickte mir eine Reihe Praktikantinnen, die sich daran machten, die Malereischollen an den Vertäfelungen zu bearbeiten. Die Farben auf den Holzwänden im Saal waren über all die Jahre eingetrocknet und blätterten teilweise ab, zum Teil wellten sie sich und bildeten Schollen. Mit sogenanntem Elefantenpapier – drei mal drei Zentimeter große, hauchdünne, leicht ablösbare Papierchen – wurde eine Scholle nach der anderen »niedergelegt«. Denn beim anschließenden Abtransport mussten die gesamten aus Fichtenholz bestehenden Bretter glatt und sauber sein.

Als Nächstes wurde der gesamte Saal auseinandergenommen. Stück für Stück wurde die Vertäfelung abgebaut und in einzelne Bretter zerlegt, dann vermessen, gekennzeichnet, nach Bad Endorf gebracht und bei dem Kirchenmaler gelagert. Er hatte für die Arbeiten am Gartensaal extra ein Lager gemietet, um sich in Ruhe jedes Brett einzeln vorzunehmen. Durch die Jahrzehnte andauernde Trockenheit hatte sich das Holz gewellt, die Malerei auf den Holzpaneelen war oxidiert, sodass die ursprünglich hellen, fröhlichen Blumen und Ranken zu finsteren Klumpen verkommen waren; die weiße Farbe hatte sich überall in ein schmutziges Dunkelgrau verwandelt. Es musste ein kompliziertes und langwieriges Verfahren angewendet werden, um die Oxidation rückgängig zu machen und die durch die Trockenheit »geschwundenen«, also gewellten Bretter zu begradigen. Immer wieder schaute ich in der Werkstatt des Kirchenmalers vorbei, um die mühevolle Kleinarbeit, aber ebenso die erstaunlichen Fortschritte zu bewundern.

Auch im Gartensaal musste der Boden saniert, Strom gelegt und eine neue Heizung eingebaut werden.

Zunächst zum Boden. Früher, zu der Zeit, als das Schloss gebaut wurde, ließ man die Böden zwischen den Stockwerken nicht mit dämmendem Material abdichten wie heute. Man füllte den Hohlraum zwischen der unteren Schicht des Bodens und dem Parkett mit Schutt aus, der beispielsweise vom Abbruch eines Hauses abfiel. Diesen Unrat mussten wir erst beseitigen und entsorgen, bevor wir den Boden mit Perlit, einem modernen Material zum Dämmen, so aufbauen konnten, dass er dicht war und die Wärme im Raum erhalten blieb. Danach wurden Matten über dem Dämmstoff platziert, die man anschließend aneinanderschweißte. Erst jetzt konnte der Holzboden verlegt werden.

Wir hofften, Parkett anbringen zu dürfen. Doch das Landesamt für Denkmalpflege war natürlich strikt dagegen, weil es in einem historischen Gebäude wie Schloss Tüssling stets nur Fichtenböden gegeben hatte. Also blieb mir nichts anderes übrig, als mich zu fügen, allerdings war das nicht unproblematisch: Die Fichten in unserer Gegend wachsen relativ schnell, was dazu führt, dass ihre Jahresringe ziemlich breit und auch die Luftzwischenräume im Holz dementsprechend groß sind. Das macht das Holz der Fichten weich, und ein Boden aus diesem Material ist besonders empfindlich. Ich sah schon Scharen elegant gekleideter Frauen in spitzen Pfennigabsätzen durch meinen herrlichen Gartensaal trippeln und überall kleine hässliche Abdrücke auf dem neuen teuren Boden hinterlassen. Ich war ratlos und beschloss, mich gründlich beraten zu lassen. Nach einiger Zeit und vielen Terminen mit Fachleuten kam uns dann die großartige Idee, die langsam wachsende und dadurch erheblich härtere Alpenfichte zu verwenden. Wir zogen schließlich noch eine Art Eichenband ein, um den einheitlichen Holzton der riesigen Parkettfläche etwas aufzulockern, und fertig war der Holzboden. Dachten wir.

Stolz präsentierte ich dem Beauftragten vom Amt für Denkmalschutz unseren hellen, fast weißen Boden aus Fichte, worauf er heftig den Kopf schüttelte und rief: »Um Gottes willen, so geht das nicht! Der Boden ist ja viel zu hell!«

»Aber Sie waren es doch, der angeordnet hat, der Boden dürfe nicht gebeizt werden. Ausdrücklich haben Sie verlangt, er müsse naturbelassen sein, also ist er jetzt so, wie es die Denkmalgesetze vorschreiben«, konterte ich und spürte, wie Zorn in mir hochstieg. Warum musste schon wieder ein Denkmalschützer daherkommen und mir neue Hindernisse in den Weg stellen? Er sah doch herrlich aus, unser Gartensaal mit der neuen Vertäfelung und dem glänzenden weißen Boden samt eingezogenen Eichenband! Was schlug mein überkritischer Denkmalpfleger, der gelehrte Historiker, nun als Alternative vor? Nichts! Er bestand lediglich darauf, dass der Boden noch einmal bearbeitet werden müsse, so gebiete es der Denkmalschutz. Er redete vom notwendigen Erhalt und Schutz eines Kulturdenkmals und wiederholte, der Boden sei einfach zu weiß.

Also befragte ich wieder einmal unseren ideenreichen Schreiner, was wir mit unserem hellen Boden denn anstellen könnten, damit er etwas dunkler werde.

»Wir wachsen ihn einfach. Wir reiben ihn mit einem leicht grauen Wachs ein, dann wird das schon«, versicherte er.

Aber es wurde überhaupt nicht. Nachdem wir den Boden bearbeitet hatten, war er zwar nicht mehr weiß, aber dafür hatte er sich in einen dunkelgrauen, unansehnlichen Drecksboden verwandelt. Was nun? Ich fluchte in mich hinein und flehte den Schreiner an, das Wachs wieder zu entfernen.

»Geht nicht«, sagte er, »das Zeug ist längst in den Ritzen drin, und da kriegen wir es nie wieder raus.«

Wir wischten, schrubbten und rubbelten, mit dem Erfolg, dass der Boden fleckig wurde. Er sah nun aus wie ein gigantischer, schmuddliger Fleckerlteppich.

Schon wieder stand der Denkmalpfleger vor der Tür und monierte: »Oh je, das geht nun gar nicht!«

Daraufhin wurde die Wachsschicht wieder abgezogen und eine weitere getestet, die aber auch nicht passte. Dann noch eine und wieder eine neue Schicht. Ich glaube, wir haben vier, vielleicht sogar fünf unterschiedliche Beläge Heißwachs ausprobiert – ein frustrierender Testlauf nach dem anderen. Es war jedes Mal eine Prozedur, und am Ende die immer gleiche bange Fragen: Deckt die neue Schicht richtig? Scheint die darunterliegende doch noch durch? Und stimmt der Farbton endlich? Irgendwann sagte ich: »Schluss jetzt! Wir lassen den Boden so, wie er ist.«

Und siehe da, wie durch ein Wunder war er bei seiner erneuten Inspektion mit dem Ergebnis einverstanden. Durch die immer neuen Wachsschichten und die anschließenden Versuche, diese wieder zu entfernen, hatte der Boden inzwischen eine alt anmutende Patina bekommen. Zwischendurch bin ich bereits mehrmals auf den herrlich »abgenutzten, uralten« Holzboden angesprochen worden. Ich grinste dann, sagte nichts und freute mich, dass uns die unzähligen und unsäglichen Probeläufe einen derartigen Erfolg beschert haben.

Bernd hatte recht gehabt – die aufwendige Sanierung und Restaurierung des Gartensaals kostete ein Vermögen. Doch der Aufwand sollte sich auszahlen, denn nach zweieinhalb Jahren Renovierung konnte ich diesen wunderschönen Raum, der auf einer Seite zum Park, auf der anderen zum Innenhof geht, besser vermieten als unseren Ballsaal. Im Gartensaal haben bis zu einhundertzehn Personen bequem Platz. Viele Prominente und auch weniger Prominente feiern dort heute ausgiebig und zu jeder Jahreszeit üppige Feste, Hochzeiten und Geburtstage.

Trotz aller Widrigkeiten waren die Renovierungsarbeiten für mich eine unendlich reizvolle, produktive und kreative Aufgabe.

Ich hatte mir zum Ziel gesetzt, mein Äußerstes zu geben, keine unguten Kompromisse zu schließen, was Geschmack und Materialien betraf, und aus diesem Schloss, das mir mein Vater übergeben hatte, das Allerbeste herauszuholen. Jeden Tag lernte ich dazu, wurde immer mehr zur Expertin in Sachen Renovierung, Sanierung, Umbau, Abbruch und Neugestaltung. Natürlich geriet ich manchmal an den Rand absoluter Erschöpfung. Wellen von Energie und unbändiger Tatkraft wechselten sich mit Phasen der Zweifel und Überforderung ab. Ich kam überhaupt nicht mehr zur Ruhe, unaufhörlich musste an einem neuen Rad gedreht werden, nie entstand ein Stillstand in der Maschinerie, die ich in Gang gesetzt hatte.

Vielleicht hätte ich mir ein gemächlicheres Tempo erlauben können, vielleicht mir und meinen Kindern längere Zeiten gemeinsamer Muße gönnen sollen, doch ich konnte nicht anders, als dran zu bleiben: Ich machte weiter mit der verbissenen Ausdauer eines Marathonläufers, der nicht verschnauft, weil er sonst zusammenbrechen könnte, oder der einfach befürchtet, ihm würde nach einer Pause die Kraft ausgehen für die nächste Etappe. Gewiss sank ich manchmal erschöpft irgendwo auf einen Sessel, stützte den Kopf in die Hände und fragte mich, ob ich nicht doch kürzertreten sollte. Ich konnte jedoch sichergehen, dass in einem solchen Augenblick einer der Arbeiter Alarm schlug.

Denn andauernd tauchten unvorhergesehene Probleme auf. So kam einer der Männer, die den Gartensaal renovierten, eines Morgens, als ich mit den Kindern beim Frühstück saß, angerannt und sagte, ich müsse mir da dringend etwas ansehen.

»Oh Gott, was ist denn jetzt wieder los?«, fragte ich alarmiert.

»Wir haben festgestellt, dass sich das Schloss abgesenkt hat«, antwortete er.

»Abgesenkt? Was heißt denn das?« Meine Nervosität wuchs.

»Die Fundamente. Die haben sich um ganze neun Zentimeter gesenkt«, erklärte er mir.

»Und was machen wir nun? Man kann das Schloss schließlich nicht wieder in die Höhe heben oder so etwas.« Mir wurde immer mulmiger zumute.

»Natürlich nicht. Es geht darum, die Absenkung bei der Rekonstruktion der Holzpaneele zu berücksichtigen.«

Als er mein Entsetzen bemerkte, beruhigte er mich schnell: »Wir kriegen das schon hin, keine Sorge!«

Es wurde eine Riesengeschichte. Die Vertäfelung des Raumes musste, um sie den verzerrten Ausmaßen anzugleichen, auf der einen Seite angestückelt und auf der anderen Seite abgetragen werden. Und da die Arbeiten später nicht mehr ins Auge fallen durften, mussten die Männer Millimeterarbeit leisten. Aber sie schafften es tatsächlich, indem sie auf der gesamten Breite »tricksten«.

Zum Schluss kam die Heizung an die Reihe. Es war unbedingt nötig, für die optimale Temperatur zu sorgen, also verlegten wir zwischen Wand und Vertäfelung Rohre, die nur mäßige Wärme, aber keine übermäßige Hitze produzieren. Sonst würde das Holz anfangen zu arbeiten und austrocknen. Auch die Luftzirkulation hinter der Vertäfelung musste gewährleistet sein, um einen möglichen Fäulnisprozess zu verhindern.

An der Außenfassade wurde alles immer schöner: Der heruntergekommene, bröckelnde Familiensitz entpuppte sich nun als ein wundervoll renoviertes historisches Schloss, eingebettet in einen blühenden Garten, der in einen prächtigen, ausgedehnten Park überging. Ringsherum stand eine perfekt sanierte Schlossmauer. Ein herrliches Kulturdenkmal, ein historisches Anwesen, das mit seinem bedächtigen, entspannten »Atem der Geschichte« unsere hektische Welt zur Ruhe kommen lässt. Das ist der Zauber, dem die Außenwelt erliegt. Was man nicht bemerkt, gar nicht erfassen kann, ist die ständige Arbeit, zur Instandhaltung des Baus: Bis an mein Lebensende werden wir renovieren, sanieren, reparieren und instandsetzen.

Die Mauern beispielsweise. Immer wieder dringt Feuchtigkeit ein und greift den Ziegel an. Also mussten diverse Löcher ins Mauerwerk gebohrt und sogenannte Mauerinjektionen durchgeführt werden, wo die Feuchtigkeit am stärksten war. Mit diesen recht bodennahen Injektionen wird eine Masse eingespritzt, die sich horizontal in der Mauer verteilt und so eine Sperre bildet. Diese verhindert, dass das Wasser von unten nach oben dringt. Und dann die Dächer. Sie verrotten leicht. Insbesondere auf den Dächern im Norden des Schlosses, wo keine Sonne hinkommt, bildet sich sehr schnell eine dicke, grüne Schicht aus Moos. Ein Regenschauer, und schon breitet sich das Moos auf den Dächern aus.

Als ich einem Freund, der auch ein Schloss besitzt, mein Leid klagte und ihn fragte, wie er denn mit dem Problem der Feuchtigkeit auf seinen Dächern zurechtkäme, gab er mir einen großartigen Tipp: Kupferbänder einziehen, denn Kupfer weist das Wasser ab. Also beschloss ich, alle nördlichen Dächer abdichten zu lassen, und zwar dort, wo die Kamine auf das Dach treffen, damit das Regenwasser nicht entlang der Kamine herunterrinnen konnte. Nun aber stellte sich die Frage, wer auf die Dächer steigen und die Bänder anbringen würde. Bei dem Gedanken, wieder einmal eine sündhaft teure Firma mit der Installation beauftragen zu müssen, wurde mir bang ums Herz.

Doch das Glück sprang mir unverhofft zur Seite, wie so oft, wenn ich – die gewaltigen Kosten vor Augen – zu verzweifeln drohte. Unser Installateur, Herr Mittermayer, ein kräftiger und behender Mann und vor allem ein wagemutiger Bergsteiger, trittfest und schwindelfrei, war sofort Feuer und Flamme:

»Das mach ich Ihnen! Sie wissen doch, dass ich schon auf den Atlas rauf bin, und den Montblanc! So ein Schlossdach ist eine Kleinigkeit für mich, ich brauche keinen Pickel und keinen Haken, da seile ich mich einfach hoch, setze mich auf den Dachfirst und ziehe die Bänder ein. Schwierigkeitsgrad gleich null.« Gesagt, getan: Herr Mittermayer kletterte wie eine Katze auf unseren Dächern herum und befestigte in einem enormen Tempo die Kupferbänder. Und tatsächlich, seitdem die am First angebrachten Bänder, die etwa fünfzehn Zentimeter über die Ziegel hinausragen, unsere Dächer schützen, werden sie nie mehr glitschig und grün.

Das nächste große Rätsel gaben uns die Zwiebeltürme auf: Warum drang das Wasser regelmäßig durch die Turmdächer und beschädigte die innen eingebaute Holzkonstruktion, obwohl sie doch alle außen aus Kupfer waren? Fest entschlossen, auch diesem merkwürdigen Problem auf den Grund zu gehen, kletterte Herr Mittermayer auf eine der Kuppeln und seilte sich dort fest. Er wurde sehr schnell fündig: Die Kuppel war übersäht von vielen kleinen und größeren Löchern! Gemeinsam kamen wir rasch dahinter, woher diese Perforation stammte: Es waren Einschusslöcher aus dem Zweiten Weltkrieg.

Die nordamerikanische Luftwaffe war mehrmals über Tüssling geflogen und hatte in unsere Kuppeln unzählige Löcher geschossen. Niemand hatte es bis jetzt erkannt. Also mussten wir die defekten Stellen irgendwie abdichten – nur wie? Neues Kupfer ist hell und glänzend, das Kupfer unserer alten Türme ist naturgemäß um einiges dunkler. Und wieder wurde eine gute Lösung gefunden: Ganz klar, wir würden für die lecken Stellen altes, bereits oxidiertes Kupfer verwenden. Herr Mittermayer deckte also mit Engelsgeduld und großer Geschicklichkeit ein Loch nach dem anderen mit altem dunklem Kupfer ab. Das Resultat war ein perfekter, kunstvoll wirkender Kupfer-Fleckerlteppich!

Und während all dieser aufwendigen Renovierungsarbeiten am Gartensaal ereignete sich in meinem Leben etwas sehr Bedeutsames: Etwa einen Monat vor der Scheidung von Bernd verliebte ich mich in Christian – Christian Graf Bruges von Pfuel. Bernd und ich kannten ihn schon recht lange. Er war des Öfteren bei Einladungen zum

Abendessen in Tüssling dabei gewesen und hatte mit Bernd im Burgenland gejagt.

Christian faszinierte mich, denn er war sehr kreativ, gesellig und lebensfroh. Er diskutierte für sein Leben gern und interessierte sich glühend für die unterschiedlichsten Themen – Politik, Geschichte, Ernährungswissenschaft. Und er war das Gegenteil von Bernd, der, ähnlich wie mein Vater, lieber zurückgezogen lebte, anstatt sich mit Freunden zu treffen und sich zu amüsieren. Christian war positiv, humorvoll und verstand es, mich aufzubauen. Ich hatte mich nach der Trennung von Bernd in Tüssling verkrochen, kümmerte mich die meiste Zeit um die Renovierungsarbeiten und verspürte nur selten Lust, unter Menschen zu gehen. Christian rüttelte mich auf und zeigte mir seine Zuneigung offen. Dennoch wollte ich lange nichts von ihm wissen und wehrte ihn ab: »Bitte lass mich in Ruhe! Meine Scheidung steckt mir noch immer in den Knochen. Ich bin noch nicht so weit, lass mich einfach!«

Doch Christian blieb hartnäckig. Wir trafen uns zufällig bei einer Karaoke-Veranstaltung, die ein Freund zu seinem Geburtstag veranstaltete, und ich hatte gerade »Marmor, Stein und Eisen bricht« geschmettert, als er seinen Arm um mich legte. Ein anderes Mal begegnete ich ihm bei einer Nikolaus-Feier, zu der ich mit meinen Kindern eingeladen war. Er spielte den Nikolaus so hinreißend, dass nicht nur meine Kinder, sondern auch ich von seinem Witz und umwerfenden Charme einfach mitgerissen wurde.

Christian ließ nicht locker. Er schickte mir ein Fax nach dem anderen ins Tüsslinger Büro und erklärte mir mit vielen, mal anrührenden, mal humorigen und immer geistreichen Worten seine Zuneigung. So lange, bis ich mich in ihn verliebte. Wir wurden ein Paar, und es verging kein Jahr, bis wir heirateten.

Die Hochzeit fand am 22. Juni 1999 statt, und ein halbes Jahr danach, am 28. Dezember, kam unsere süße Tochter Milana zur Welt. Erfreulicherweise akzeptierten meine vier Kinder Christian sehr schnell, sie fanden auch von Anfang an einen Draht zu Christians kleiner Tochter Anina. Ich denke, sie waren richtig froh und erleichtert, dass ihre Mutter entspannt und glücklich war. Durch ihre Offenheit gaben sie mir große Zuversicht, ein Geschenk, für das ich ihnen bis heute dankbar bin.

X

MEIN SCHLOSS FÜR VERANSTALTUNGEN ZU VERMIETEN, kam mir erstaunlicherweise lange nicht in den Sinn. Beharrlich und unaufhaltsam trieb ich die Renovierung weiter voran, weil es sein sollte und weil ich es wollte. Es gehörte zu meiner Pflicht als Erbin. Gleichzeitig bereitete mir die Arbeit eine Riesenfreude. Selten fragte ich mich, trotz der nimmer endenden Anstrengungen, der intensiven Inanspruchnahme: Muss ich? Kann ich? In der Hinsicht bin ich wie mein Vater – ich ziehe durch, was ich mir vornehme. Dabei stellte ich fest, dass sich fügen und selbst entscheiden keine Gegensätze sein müssen.

Nun fügte es sich, dass mich 1997 eines Morgens eine Filmgesellschaft im Büro anrief und anfragte, ob ich denn wohl meine Räume vermieten würde. Sie produzierten gerade für das Fernsehen die Serie »Schloss Hohenstein« und wollten unbedingt einige Folgen in einem alten Schloss drehen. Der Regisseur schilderte mir wortreich, warum Tüssling die optimale »Location« für sein Filmprojekt sei: Der erste Teil der Handlung spiele in Nordbayern in einem prächtigen, riesigen Herrenhaus. Für die weiteren Folgen brauchten sie ein schönes, aber noch unrenoviertes Schloss, denn ein Teil der Filmfamilie fiel im Verlauf der Handlung in Ungnade, worauf man sie hinauswarf und bei garstigen Verwandten einquartierte. Diese waren zwar bereit, ihre bemitleidenswerten Familienangehörigen aufzunehmen, verbannten sie jedoch in die allerletzten vergammelten Zimmer.

Die Renovierungsarbeiten in Tüssling befanden sich im Anfangsstadium, die Schlossfassade war noch nicht saniert, mehrere Räume waren noch richtig heruntergekommen und schäbig. Also vermietete ich diese traumhaft maroden Zimmer für siebentausend D-Mark am Tag. Ein stattliches Honorar – heutzutage muss ich meistens darum kämpfen, eine solche Summe zu bekommen. Die Soap »Schloss Hohenstein«, in der bekannte Schauspieler wie Mathieu Carrière mitspielten, wurde ein großer Erfolg. Trotzdem dachte ich noch immer nicht ernsthaft daran, meine Renovierungskosten mit Hilfe von Veranstaltungen im Schloss zu finanzieren.

Wieder kam mir auf Umwegen der Zufall entgegen. 1999 heirateten Clarissa Gräfin Toerring und Tassilo Graf Metternich. Die Toerrings, gute alte Freunde, besitzen in der Nähe von Tüssling das Schloss Winhöring, und die eigentliche Hochzeitsfeier sollte dort an einem Freitagabend stattfinden – mit etwa dreihundert Gästen. Am Samstag dann wollte das Brautpaar in unserem großen Saal zum Brunch laden. Christian und ich – wir hatten selbst erst vier Wochen zuvor geheiratet – begrüßten die Idee. Wir waren beide sogar hocherfreut – eine Hochzeit von Freunden mit interessanten Gästen, das gefiel uns!

Die Hochzeit fand Anfang Juli unter strahlend blauem Himmel statt, Jung und Alt, Freunde, Verwandte und zahlreiche von weither angereiste Gäste strömten in Park und Saal, tranken, schwatzten und amüsierten sich an diesem Tag im Schatten der Bäume. Der Brunch zog sich bis zum späten Nachmittag hin, dann begannen die Ersten, sich zu verabschieden, um sieben waren auch die Letzten weg. Wir hatten einige Gäste bei uns im Schloss untergebracht, einige übernachteten bei Toerrings, die Mehrzahl in den Hotels der näheren Umgebung. Nachdem alle verschwunden waren, lief ich noch einmal durch den großen leeren Saal und freute mich über das gelungene Fest.

»Schön war's«, sagte ich zu den Leuten von »Käfer«-Feinkost aus München, die das Catering organisiert hatten, »haben wir noch etwas zu besprechen?«

»Ja, eine Frage hätte ich noch«, erwiderte der Chef des Teams,

»wir haben noch hundert Schnitzel übrig. Wohin damit? Soll ich sie einpacken und nach Schloss Winhöring bringen?«

Ich überlegte kurz, dann bat ich ihn, die Schnitzel zu halbieren und bei uns aufzubewahren, denn mein untrügliches Gefühl sagte mir, dass eine Vielzahl der Gäste bald wieder aufkreuzen würde. Es war Samstag, bei uns auf dem Land war nichts los, die kirchliche Trauung fand erst Sonntag früh statt – was sollten sie da so lange mit sich anfangen? Kaum eine Stunde später, noch vor Sonnenuntergang, kamen sie tatsächlich wieder – ausgeruht, aufgekratzt, hungrig und in Feierlaune. Zweihundert halbe Schnitzel warteten auf sie, doch das war auch alles. Keine Kerzen, keine Musik, kaum etwas zu trinken. Wir mussten improvisieren. Das Personal von »Käfer« fuhr aus, um sich in den umliegenden Tankstellen und Gaststätten mit Getränken einzudecken. Gleichzeitig wurden bei uns die gesamten Essensbestände aus Küche, Kühlschrank und Vorratskammer geplündert, Christian installierte unsere Stereoanlage im Saal, und dann feierten wir. Feierten und tanzten wie verrückt und verdrängten vollkommen, dass Etti Toerring, Clarissas Mutter, an dem Abend ein feines gesetztes Dinner für sechzig auserlesene Gäste geben wollte – geladen waren engere Verwandte, Freunde aus Übersee, darunter auch Mitglieder des englischen Königshauses. Plötzlich stand ein verlegener und leicht verwirrter Bote der Familie Toerring im Saal und fragte, wo denn die Gäste blieben, Graf und Gräfin Toerring warteten schon verzweifelt. Schuldbewusst und ziemlich beschwipst hasteten die Gäste der Toerrings von dannen. Wir Übrigen feierten bis morgens um drei, auch ich selbst, obwohl ich mit Milana schwanger war.

Eine tolle Nacht mit einem schönen Nebeneffekt: Nicht nur wir, auch der Chef des »Käfer«-Teams begeisterte sich für Tüssling, für den wundervollen Gartensaal, und fragte mich, ob ich nicht meine Räume in Zukunft für hochkarätige Veranstaltungen vermieten wolle.

Warum eigentlich nicht?, dachte ich mir, andere Schlossbesitzer öffneten auch ihre Räume und erwirtschafteten auf diese Weise die enormen Summen, die Restaurierung, ständige Reparaturen und Instandhaltung ihrer Schlösser verschlangen, ganz zu schweigen von den Gehältern für die Angestellten und Arbeiter. Selbst im Königreich Großbritannien, wo ein Großteil der besonders wohlhabenden Familien noch immer aus der Aristokratie stammt, wo die Schlösser und großen Güter seit Hunderten von Jahren von den gleichen Familien bewohnt werden und wo die mächtige adlige Elite im Oberhaus das Sagen hat – in diesem traditionsbewussten Land halten die Lords ihren Besitz zusammen, indem sie ihre Schlösser der Öffentlichkeit zugänglich machen. Die Besucher zahlen Eintritt, den Schlossbesitzern werden Steuervergünstigungen gewährt, die kostenintensiven Herrenhäuser bleiben so den ursprünglichen Besitzern erhalten. Und nicht nur ihnen, sondern auch ihrem Land, denn die Landadligen kümmern sich verantwortungsvoll um ihre historischen Gebäude, schon deswegen, weil sonst die Besucher murren und wegbleiben würden.

Mir wurde immer mehr klar, dass in Zukunft ein hartes Business auf mich zukommen würde. Aber neugierige Besucherströme durch mein Zuhause, meine privaten Räume und die Kinderzimmer laufen zu lassen, das kam für mich nicht infrage. Vermieten ja, Events, große Feste, Messen, Konzerte – unbedingt, doch wie ich lebte, ging allein meine Familie und mich etwas an.

2001 feierte Fußballstar Oliver Bierhoff seine Hochzeit in unserem dreihundertfünfzig Quadratmeter großen Barocksaal. »Käfer« richtete das Fest aus, servierte Champagner im Park und kochte für Hunderte von Gästen. Bierhoff und seine Verlobte Klara hatten sich den Saal angeschaut und waren begeistert. Kaum hatte die Boulevardpresse über diese prominente Hochzeit ausgiebig berichtet, häuften sich die Anfragen für Veranstaltungen. Noch im selben Jahr starteten die Dreharbeiten zur »Gala«-Kaffeewerbung von Eduscho, einem Werbespot, in dem ich mich im bodenlangen Abendkleid im Kreis drehe, um mich herum tanzende Kinder.

Im September wurde für das Fernsehen die wunderschön-schauerliche Schlosstrilogie »Die Kristallprinzessin« auf Tüssling gedreht. Es ging um Mord und Inzucht in blaublütigen Kreisen. Ein junger verliebter Mann aus dem Hochadel tritt mit einer ebenso leidenschaftlich verliebten Bürgerlichen vor den Traualtar, doch dann tun sich Abgründe auf: Intrigen, Verrat, Scheidung, Tod. Wesentliche Teile der dramatischen Handlung spielten sich im Schloss und auf unserer Terrasse ab. Zuvor musste sie allerdings noch gebaut werden, sie existierte vor der Adelsromanze noch gar nicht. Das Filmteam installierte an die Außenmauer des Gartensaals eine Kulisse – eine achtzig Quadratmeter große, sehr malerische Terrasse mit einem Boden aus Holz, mit Säulen und einer Balustrade aus Fertigbauteilen. Dort empfing die Film-Baronin ihre Dienerschaft und erteilte ihre diversen Anweisungen.

Diese Terrasse inspirierte mich: Kaum waren die Dreharbeiten beendet, ließ ich sie für uns umbauen, der Boden wurde betoniert, wir verwendeten die Holzelemente der Kulissen als Verkleidung, und mein begabter Vorarbeiter Pauli ließ bei einem seiner Freunde Säulen aus Beton gießen, die dann zum Schluss weiß angestrichen wurden. Die Terrasse ist ein kleines Wunderwerk, eine geniale Konstruktion, die nicht viel kostete und auf der wir lange warme Sommerabende verbringen. Sie wirkt, als wäre sie schon immer Teil des Schlosses gewesen – trotz der Säulen aus profanem Beton. Kein Denkmalschützer würde sich jemals daran stören, so alt und echt sehen sie aus.

Manche großen Feste vergesse ich nie. Zum Beispiel eine sehr aufwendige, hochkarätige jüdische Hochzeit. Anina, die Tochter von Christian aus erster Ehe, ging mit der Schwester der Braut in dieselbe Schule. Die Mitschülerin sprach Anina an, erzählte, sie habe die Kaffeewerbung mit mir gesehen und fragte, ob ihre Schwester denn ihr Hochzeitsfest in Tüssling feiern könne. Natürlich sagte ich zu und schickte ihnen meine Unterlagen. Veranstaltungen, die durch Mundpropaganda über Freunde oder Verwandte zustande kommen, sind mir immer die liebsten. Es wurde eine sehr spannende Veranstaltung. Tage zuvor tauchte bei uns der israelische Geheimdienst mit Spürhunden auf, um das gesamte Schloss zu inspizieren, eine leider notwendige Sicherheitsmaßnahme, wie sie betonten. Zu den Gästen gehörten Charlotte Knobloch, damals Präsidentin der Israelitischen Kultusgemeinde von München und Bayern, der komplette Vorstand der jüdischen Gemeinde Münchens und sogar Paul Spiegel, der damalige Präsident des Zentralrats der Juden in Deutschland. Während der gesamten, drei Tage andauernden Feier zogen Hubschrauber unermüdliche Kreise über unser Schloss. Passiert ist Gott sei Dank nichts, und für mich persönlich war die Hochzeit eine einzigartige Erfahrung, nie zuvor hatte ich der Vermählungszeremonie einer anderen Religion beiwohnen dürfen.

Die Events auf Schloss Tüssling sind vielfältig – große Gesellschaften feiern im Barocksaal, für etwas kleinere Gesellschaften steht heute auch der Gartensaal zur Verfügung. Mit der Zeit konnte ich recht hohe Geldsummen für meine Veranstaltungen verlangen. Dennoch mache bis heute keine Werbung in Event-Magazinen oder ähnlichem und habe nur eine Website gestalten lassen. Ich stehe auf dem Standpunkt, dass es Erfolg versprechender ist, auf Exklusivität zu setzen und möchte, dass meine zahlenden Gäste und die Veranstalter wissen, dass ich nicht wie am Fließband ein Event nach dem anderen abspule. Ich verlange viel Geld für einen Abend, für ein Wochenende, dafür sollen meine Auftraggeber auch das Gefühl haben, dass ihre Hochzeit, ihr Geburtstagsfest, ihre Firmenfeier eine gehobene, erlesene und sorgsam ausgeführte Veranstaltung ist. Vor etwa drei Jahren machte ich den Fehler, jedes Wochenende, von Mai bis zum Ende des Sommers, ein Event im Schloss abzuhalten. Das wurde mir am Ende zu viel, schließlich lebe ich im Schloss mit meiner Familie, ich möchte Zeit mit meinen Kindern verbringen, die Kleinen wollen im Park spielen, auf ihren Rädern die Wege entlangflitzen, und ich selbst möchte mit Freunden ungestört einen Drink auf der Terrasse genießen. Das geht unmöglich, wenn aus dem Gartensaal Musik tönt, Hochzeitsgäste durch den Park flanieren oder Firmenangehörige um die Ecke lautstark über ihre Geschäfte diskutieren.

Wir waren damals ein gutes Team, Christian und ich. Wir beflügelten uns gegenseitig, und ich war entzückt darüber, mit welcher Begeisterung Christian sich an der Gestaltung der Räume beteiligte. Er war kein Landmensch und behielt stets eine Wohnung in München, doch wenn im Schloss seine Kreativität und originelle Einfälle gefragt waren, dann genoss er es, in Tüssling zu sein und lief zur Hochform auf. Er war der Meinung, dass ich keinesfalls auf Biegen und Brechen im Schloss meine eigene Vergangenheit aufleben lassen oder gar romantisieren sollte. Lieber verwirklichten wir neue, frische Ideen und schlugen dann eine Brücke zwischen der Erinnerung und unserem persönlichen Geschmack, zwischen würdiger Tradition und origineller Moderne. Mir persönlich lag sehr an einem entspannten Umgang mit antikem Mobiliar, mit der herkömmlichen Einrichtung der Großeltern und Eltern. Bewusstes »Crossover« verschiedener Stilrichtungen, gezielte Exotik, poppige Ausstattungselemente und rare, gut platzierte Designermöbel. Das gefiel mir. Bloß nichts Plüschiges, Schwülstiges oder edle Teppichböden und durchgängig antikes Mobiliar, höchstens ein nettes Biedermeiersofa zur Dekoration in der Ecke!

So ließen wir auch die an den Gartensaal angrenzenden Räume hinreißend renovieren und einrichten. Ursprünglich wollten wir aus den maroden Zimmern Arbeitsbereiche für die Catering-Firmen ausbauen, doch dann entschieden wir uns glücklicherweise doch anders. Die Zimmer waren in einem erbärmlichen Zustand: An den Wänden entlang wucherte Grünspan, die Türen brachen auseinander, der Klinkerboden hatte sich aufgelöst und in eine große, feuchte, rot schimmernde Fußmatte verwandelt. Wenn man darüberlief, klebten rostfarbene Klumpen an den Schuhsohlen. Überall lagerten Strohballen, die wohl von einer Brauerei stammten.

Als Erstes mussten wir die Wände gründlich auf Hausschwamm untersuchen, zum Glück blieb uns dieser Fluch aber erspart! Dann wurden die nachträglich eingefügten Zwischenwände entfernt, die splitternden Türen ausgebaut, um sie zu reparieren und neu zu bemalen. Anschließend verlegten wir den Boden mit dem gleichen Fichtenparkett wie im Gartensaal, ließen die Anschlüsse für Starkstrom und Wasser einbauen. Erst nachdem wir all diese grundlegenden Maßnahmen hinter uns hatten, bemerkten wir, dass diese Räume viel zu schön waren, die Gewölbe viel zu edel, um aus einem solchen Kleinod gewöhnliche Koch- und Arbeitsräume zu machen.

Christian und ich überlegten, wie wir die Räume gestalten wollten: Kühler Minimalismus? Klassische Moderne? Barocke Opulenz, prunkvoll bezogene Sofas und teure Vorhangdrapierungen? Nein! Christian hatte schließlich eine grandiose ausgefallene Wohnidee, die mich sofort überzeugte: Warum diese ehemaligen Aschenputtel-Zimmer nicht in exotische Tausend-und-eine-Nacht-Salons verwandeln, aber ganz ohne Prunk und Protz? Satte, leuchtende Farben, ungewöhnliche orientalisch gemusterte Stoffe, ein paar pfiffige Kunstgriffe – das war es doch! Zu Zeiten, als England noch seine Kolonien besaß, hatten viele wohlhabende Briten bei ihrer Rückkehr aus fernen Ländern ihre Räume chinesisch, türkisch, griechisch oder indisch eingerichtet. Wir wollten das auch.

Dazu kauften wir uns die notwendigen Bücher, insbesondere Bildbände, um unser Know-how zu erweitern und uns inspirieren zu lassen. Außerdem suchte ich ein fabelhaftes Einrichtungsgeschäft in Neuötting auf und ließ mich von der Inhaberin, Uschi Capelle, beraten. Uns verbindet inzwischen eine enge Freundschaft. Sie kennt meinen Geschmack bis ins Detail, ist mit mir nach Frankreich und Italien gereist, um ausgefallene Stoffe und ungewöhnliche Möbel auszusuchen. Gemeinsam sind wir enorm schöpferisch, entwickeln dauernd neue, oft leicht verrückte Ideen. Sie war es auch, die mir einen Kirchenmaler vermittelte, der auf meinen Wunsch hin gleich mehrere Räume im Schloss herrlich ausmalte. Zum einen das im Osten des Schlosses gelegene, sogenannte Maharadscha-Zimmer, wo neben indischem Flair auch einige byzantinische Kunstelemente enthalten sind. Ein wenig erinnern sie an die Malereien in der Hagia Sophia.

An der Zimmerdecke befindet sich ein täuschend echter, naturgetreuer Sonnenuntergang. Das mag ungeheuer kitschig klingen, aber in Wirklichkeit ist es einfach schön und eher surrealistisch. Unser Kirchenmaler, Oskar, aber von allen Ossi genannt, ist ein wahrer Könner hinsichtlich Licht-, Schatten- und Farbgebung: Die Wirkung des exotischen Deckengemäldes ist umwerfend, unsere Gäste können sich gar nicht daran sattsehen.

Auf den Abbildungen an den Wänden des Maharadscha-Zimmers im Turmzimmer tummeln sich behäbige Elefanten und munter springende Leoparden vor einem satten roten Hintergrund, der im oberen Teil des Gewölbes in leuchtendes Gelb übergeht. In diesen Raum ließ ich für die Sofas, oder besser gesagt, für die Liegen, Gestelle aus Holz anfertigen, damit der fernöstliche Touch gewahrt bleibt. Darauf kamen mit rotem Samt bezogene Matratzen und unzählige indische »Glitzerkissen«. Ich hatte diese in München in einem kleinen Einrichtungsladen gefunden, der eigentlich hauptsächlich Ramsch anbot. Normalerweise sind die Kissen fünfzig mal fünfzig Zentimeter groß, doch ich konnte die Besitzerin des Ladens, die regelmäßig in Indien einkauft, überreden, mir doppelt so große Kissenbezüge mitzubringen. Ich musste zwar ein Jahr darauf warten, doch dann rief sie mich endlich an und überhäufte mich mit den herrlichsten, über und über mit glitzernden Steinchen und Pailletten bestickten Bezügen.

Zierliche Tischchen, kleine Stühle und ein wenig Schnickschnack – ein witziger und wirklich indisch anmutender Raum ist hier entstanden! Die größeren Kinder, von der Atmosphäre inspiriert, rauchen hier hin und wieder eine Wasserpfeife.

In einem an den Gartensaal angrenzenden Raum, von uns Hellas-Zimmer genannt, zauberte der geniale Ossi »historische« Fresken: Diskus werfende Jünglinge aus der Antike sowie Alexander der Große bei der Schlacht von Gaugamela gegen den Perserkönig Dareios III. sind so kunstreich abgebildet, dass Besucher mit nur geringen kunstgeschichtlichen Kenntnissen ausrufen: »Oh, das sind ja echte alte Fresken! Ist das nicht die Alexanderschlacht? Bestimmt eine uralte Kopie aus der Renaissancezeit – einfach umwerfend, wirklich fantastisch!«

Ossi gelang es sogar, die Wohnung, die wir im Schloss für meine Mutter renoviert hatten, so geschickt zu gestalten, dass man die Küche neben ihrem Salon nicht gleich als solche erkannte: Auf der Schiebetür aus Fichtenbrettern, welche die beiden Räume trennte, malte Ossi eine Südtiroler Burg mit einem reizvollen Innenhof, im Hintergrund eine hübsche kleine Laterne; über einem Bogen in der Mauer flatternde Vögelchen. In den Bogen selbst malte er mit schwungvoller Schrift den unsäglichen Spruch: »In tera stumis da coprata ibas resei, iguns ea mira a«, was »entlateinisiert« und »eingebayert« so viel bedeutet wie: »In dera Stubn is der Koprata (Pfarrer) übers Reisei kumma. I guns eam, ira a.« Und an anderer Stelle stand noch: »Despe stebei tera hizis do amas.« Damit wollte er sagen: »Des Beste bei dera Hitz is do a Maß.«

Er hatte also mitnichten die lateinische Redewendung, die wir vorgesehen hatten, verwendet, sondern kleine »Schweinereien« auf Bayerisch eingeschmuggelt.

»Ossi, das muss man doch anders schreiben«, sagte ich zu ihm, »terra« ist »der Boden« auf Lateinisch, das schreibt man mit t und zwei r. Da sah er mich verschmitzt an und »übersetzte« mir die vermeintlich lateinischen Sprüche. Ich muss zugeben, ich bog mich vor Lachen. Die Gäste, die in diesem Zimmer übernachten, fordere ich mit diebischer Freude auf, Ossis Rätsel zu entziffern. Bis jetzt ist es noch keinem auf Anhieb gelungen, denn jeder kramt in seinen Lateinkenntnissen und scheitert natürlich.

Als Ossi das griechische Zimmer ausmalte, hatten wir unseren ersten Streit miteinander. Er hatte tatsächlich auf einer lieblichen

Girlande in der Hand einer griechischen Göttin mit winziger Schrift lauter zweideutige Sprüche geschrieben. Ich ahnte sofort, dass er damit meine Freundin und eifrige Einrichtungsberaterin Uschi Capelle meinte und ihr eins auswischen wollte. Sie ließ ihn nicht immer alles so machen, wie er es wollte, und griff vehement ein, wenn er seine eigenwilligen Ideen ungeniert in die Praxis umzusetzen versuchte.

Als ich ihn empört zur Rede stellte, meinte er mit unschuldigem Augenaufschlag: »Des kann man ruhig nei schreiben, koaner woaß, wen i moan …«

Auch im Turmzimmer übermannte ihn seine nicht immer lupenreine Fantasie. An einer Stelle, wo zwei Fenster zugemauert waren, malte er mit feinem Gespür und artistischer Geschicklichkeit als Trompe l'œil die fehlenden Fenster auf die Wand. Die Fenster waren geöffnet und gaben den Blick auf unsere prachtvolle Parkanlage frei. Als er kurz vor Feierabend sein Werk vollendet hatte, rief er mich, um es mir voller Stolz zu zeigen. Ich war hellauf begeistert und überschüttete ihn mit Lob. Doch dann sein Schelmenstück: Zu später Stunde ging ich noch einmal ins Turmzimmer, um Ossis Gemälde erneut zu bewundern, bevor ich mich schlafen legte – und was sah ich? Ossi hatte in letzter Sekunde einen gewaltigen Sprung in eine Scheibe gemalt. Typisch! Wenige Augenblicke vor Arbeitsschluss hatte ihn einer seiner närrischen Einfälle überkommen; flugs setzte er ihn um und verschwand, bevor ich ihn erwischen konnte. Nicht sonderlich korrekt, aber Ossi verzieh ich sowieso nahezu alles. Er ist ein außergewöhnlicher Künstler und zugleich ein anarchistischer Schlingel, der mich mit seinen kühnen Kapriolen jedes Mal zum Lachen brachte.

Wäre ich angepasst und in Konventionen erstarrt, sähe Tüssling heute anders aus. Ich möchte in meinen Räumen keine öde Harmonie, lieber eine Prise Zeitgeist, einen Schuss Theatralik, starke Farben, und alles in allem ein möglichst ungewöhnliches, überraschendes Gesamtarrangement. Antike Möbel dürfen natürlich sein, aber ich möchte sie verfremden. Es langweilt mich maßlos, wenn alles perfekt zueinander passt. Ich habe meine alten geerbten Sitzmöbel deshalb mit auffälligen schrillen Stoffen bezogen. Eines der leicht spießigen geschwungenen Barocksofas und die dazu passenden Lehnstühle ließ ich mit schillerndem dunkelblauem Samt beziehen – ein, wie ich finde, raffinierter, unorthodoxer und doch recht eleganter Stilmix.

Ich habe auch etliche zugegebenermaßen antike, aber nicht extrem wertvolle Tische auseinandernehmen lassen und einfach umgemodelt. Unser Couchtisch im Salon ist beispielsweise eine dieser neuen Kreationen. Dieses Möbelstück, ursprünglich ein etwa ein Meter zwanzig hoher Esstisch, der in einem der noch unrenovierten Räume ungenutzt verstaubte und auf dem seit Ewigkeiten ebenso staubige wie unbrauchbare Koffer standen – diesen Tisch hatte ich schon seit geraumer Zeit im Visier. Mir gefiel die schöne furnierte Wurzelholzplatte, doch der Tisch war zu hoch. Durfte ich ihm die Beine kürzen? Ich tat es einfach. Ich brachte ihn zu unserem Kunstschreiner, der ihm die Füße im Handumdrehen abschnitt.

»Ist es ein kunsthistorisches Verbrechen?«, fragte ich den Restaurator. Er schüttelte den Kopf. »Das Untergestell ist nicht original.«

Es entstanden immer mehr Tische. Ich stöberte sie irgendwo im Schloss auf, prüfte, ob ich sie für meine Zwecke gebrauchen konnte, und brachte sie beherzt in die Werkstatt des Restaurators. Eine Tischplatte mit einem Schachmuster inspirierte mich dazu, einen weiteren Tisch mit einem Backgammon-Muster anfertigen zu lassen. Theoretisch könnte man darauf Backgammon spielen, aber auf die Dauer würde das die Tischplatte doch beschädigen, denn sie ist mit Schellack, also mit altem wasserlöslichen, auf Knochenbasis hergestellten Leim beschichtet. Das bedeutet, dass sie empfindlich ist, aber der Tisch sieht tatsächlich schön antik aus.

Alle Räume des Schlosses, die noch nicht zu Ende eingerichtet waren, bestückte ich mit meinen eigenen »Kreationen«: alte Stühle,

Tische und Kommoden wurden teilweise auseinandermontiert und zu neuen Möbeln »recycelt«. So musste ich keine Möbel kaufen, dafür schmücken meine herrlichen, aus alten Furnieren gezimmerten Tische die verschiedenen Räume.

Ich weiß nicht recht, was wahre Antiquitäten-Kenner zu meinen Neuschöpfungen sagen würden, aber ich denke, ich habe keine ästhetischen Maßstäbe verletzt. Vielmehr spiele ich mit dem Alten und ironisiere es vielleicht hie und da. Es macht Spaß, zahlreiche Variationen durchzuspielen, sich Gedanken über neue Kombinationen zu machen und die üblichen Vorstellungen über »echt« und »unecht« ein wenig durcheinanderzubringen. Auch Künstler probieren schließlich neue Techniken und Zusammensetzungen aus.

In den Zimmern der Kinder ist alles modern ausgestattet – unempfindliche, strapazierfähige Tische, Schränke und Betten. Die Schleiflackmöbel, die meine Eltern für Kiki und mich ausgesucht hatten, entfernte ich aus den Kinderzimmern, jetzt stehen dort ausziehbare Rollbetten von IKEA, damit Platz ist für die Freunde der Kinder, die bei uns übernachten. Außerdem sind alle Betten relativ breit, denn meine Kinder verbringen die Nacht ungern allein. Mein vierzehnjähriger Sohn Charly, der erst seit Kurzem ins Internat geht, holt sich immer, wenn er zu Hause ist, eine kleine Schwester oder den kleinen Bruder Alex ins Bett. Sonst kriecht Alex zu Milana unter die Bettdecke. Meine Kinder lieben es, etwas Weiches, Kuscheliges neben sich zu haben.

Überraschendes erlebten wir mit den alten Bildern, die früher im Barocksaal hingen. Als wir sie abnahmen, entdeckten wir, dass die Gemälde nachträglich vergrößert worden waren. Sie sollten den Raum zwischen den Fenstern ausfüllen, doch dafür reichte das ursprüngliche Format nicht aus. Also hatte ein früherer Schlossherr, Graf Wartenberg, etwa um 1720 an die jeweilige Leinwand ein Stück ansetzen lassen und Künstler beauftragt, eine zusätzliche Szene, einen Baum oder eine Heiligenfigur hinzuzufügen – je nachdem, ob das Bild ein biblisches Thema oder aber eine Landschaft darstellte. Dort, wo die Naht verlief, war das Motiv besonders dunkel gehalten, um zu kaschieren, dass man das Gemälde vergrößert hatte. Wir entdeckten sogar, dass auf manchen Gemälden mitten in das Bild ein Hirte mit Stock oder ein Rosenbusch hinzugekommen war. Denn durch die Vergrößerung hatte sich der Mittelpunkt verlagert, sodass das Gleichgewicht wiederhergestellt werden musste.

An den schmalen Seiten des großen Saals hingen damals Gemälde der Ahnen, an den breiten die manipulierten, in die richtige »Passform« gebrachten Ölbilder. Leinwände waren damals sehr teuer, also war es durchaus üblich, die bereits bemalte Leinwand zu verlängern und das Gemälde entsprechend um hübsche Szenen zu erweitern. Auf andere Weise kümmert sich die heutige Kunst ja auch nicht um Grenzen.

Bis jetzt konnten wir noch nicht alle dieser arg ramponierten Bilder und die angefressenen Holzrahmen restaurieren lassen, weil es doch ein recht kostspieliges Unterfangen ist. Dafür müssen wir jedes Mal ein fahrbares Gerüst im Saal aufbauen, einen Lastwagen für den Transport mieten und sehr viel Geld für die Restaurierung eines Gemäldes zahlen, das, kunsthistorisch gesehen, nicht sonderlich wertvoll ist.

Ich denke, der Barocksaal sieht auch so prächtig genug aus.

Viel Spaß machte mir die Renovierung eines weniger spektakulären Raumes: Der Kuhstall wurde letztes Jahr in einem Hauruck-Verfahren zu einem ungewöhnlichen und witzigen Ausstellungsraum umgemodelt. Zunächst musste ein gewaltiges Bohrfahrzeug hineingefahren werden, dann wurden die ehemaligen Tränkebecken aus Beton herausgerissen, anschließend kam der Putz von den Wänden, elektrische Leitungen wurden gelegt, und am Ende wurde alles so verspachtelt, gestrichen und hergerichtet, dass ich den Raum ausstatten konnte. Wieder einmal lärmende Maschinen, Dreck, Staub und Berge von Schutt. Aber der Aufwand hat sich gelohnt.

Ich wünschte mir für meinen ehemaligen Kuhstall ein exotisches, orientalisches Flair. Dafür kaufte ich mir in einem kleinen marokkanischen Einrichtungsgeschäft in München die entsprechenden Lampen. Es dauerte über drei Monate, bis der Geschäftsinhaber sie mir besorgte, aber nun zieren sie meinen neuen, sechshundert Quadratmeter großen Ausstellungsraum und geben ein warmes, indirektes Licht, das von Besuchern sehr gelobt wird. Der Raum ist in »Gewölbehalle« umgetauft worden, nur ich nenne ihn nach wie vor Kuhstall.

Es ist nicht immer leicht, die Besucher meiner Räume zufriedenzustellen. Die meisten Menschen haben bestimmte Vorstellungen von Schönheit, und die wenigsten wollen sich auf Ungewohntes einlassen.

XI

CHRISTIAN VERTRAT DEN STANDPUNKT, ich solle mich rarmachen in der Öffentlichkeit: nicht zu häufig in Talkshows auftreten, nicht dauernd in Boulevardblättern als »Society-Lady« erscheinen, denn die inflationäre Vermarktung meiner Person könne mir nur schaden. Auch ich war größtenteils seiner Meinung, obwohl eine gewisse Präsenz in der Öffentlichkeit durchaus hilfreich für unsere Veranstaltungen ist. Also sagte ich zahlreiche Fernsehauftritte ab. Unter anderem riefen die Redaktionen von Harald Schmidt und von Johannes B. Kerner an, um mich für eine Show zu gewinnen, aber ich sagte Nein. Im Nachhinein hätte es mich doch interessiert, beide Einladungen anzunehmen.

Ich hörte auf Christian. Ich gab nach, weil ich mich nicht mit ihm anlegen wollte. Ich mochte mich noch so macht- und kraftvoll durchsetzen, wenn es um die Arbeit in Tüssling ging, doch in meiner Ehe schreckte ich vor Konflikten und Streitgesprächen zurück. Ich wollte die Beziehung zu Christian nicht gefährden, mir und meiner Familie zuliebe den Hausfrieden wahren. Gebranntes Kind scheut bekanntlich das Feuer, und ich hatte mich schon zweimal verbrannt.

In den vergangenen Jahren habe ich dann doch einige Talkshows besucht. Es macht mir Spaß, dort mir unbekannte, interessante Menschen zu treffen. Leider beschränken sich die Fragen der Moderatoren oft darauf, wie es sich anfühlt, Gräfin zu sein und in einem Schloss zu wohnen, ob ich wirklich ganz normal arbeite, welche Promis ich kenne und wer von ihnen bei uns zu Gast ist. Für die eigentlichen Themen der Sendung und etwas sinnvollere Fragen bleibt dann oft keine Zeit mehr.

Was meine Veranstaltungen betrifft: Bekanntlich lernen wir am besten aus unseren Fehlern. Liebend gern hätte ich mir so manchen Fehler und so manche Lektion erspart. Etwa bei der Regie meiner Veranstaltungen. Erst mit der Zeit komme ich dahinter, dass ich auf dieser Bühne Exklusivität anstreben muss: Zu viele mittelmäßige Veranstaltungen schaden mir und zahlen sich nicht aus.

Vor einigen Jahren beispielsweise wurden zwei Paare, die ihre Hochzeit bei uns feiern wollten, gleichzeitig zur Vorbesichtigung durch die vermietbaren Räume des Schlosses geführt. Meine Mitarbeiterin, Frau Bathen, nahm das eine Pärchen unter ihre Fittiche, ich das andere. Wie es der Zufall wollte, trafen wir alle ausgerechnet in der Kapelle aufeinander.

Betretenes Schweigen, misstrauische Blicke und am Ende auch böse Worte: »Veranstalten Sie etwa zwei Hochzeiten zur gleichen Zeit? Das hätten wir vorher wissen müssen. So haben wir uns das nicht vorgestellt! Wir zahlen viel Geld dafür, dass wir hier die Einzigen sind!«

Frau Bathen bekam von ihrem aufgebrachten Paar auch nichts Charmantes zu hören: »Wir dachten, dieses Schloss ist etwas Besonderes. Wir wollen hier doch keine Doppelhochzeit feiern! Das kriegen wir in anderen Schlössern zu einem sehr viel günstigerem Preis, wir sind nicht auf Sie angewiesen!«

Das habe ich mir gemerkt. Seitdem lege ich niemals zwei Termine, und sei es nur zur Besichtigung der Räume, auf dieselbe Uhrzeit. Und ich sehe zu, dass nicht zwei Veranstaltungen gleichzeitig stattfinden. Eine feierliche Hochzeitsfeier im Barocksaal und parallel ein Kaffeeklatsch im Innenhof – das ist tabu. Ich sage auch vielen Interessenten ohne Weiteres ab. Im Jahr der Fußballweltmeisterschaft fragte eine sehr zahlungskräftige Besuchergruppe aus Mexiko an, ob ich nicht das gesamte Schloss während der Spiele an sie vermieten würde. Meine Kinder und ich hätten dann ausziehen müssen, vierzig Mexikaner wären mit Sack und Pack ins Schloss gezogen, und ich wäre um einhunderttausend Euro reicher gewesen. Ich lehnte ab, denn »my castle is my home« und nicht ein Hotel.

Die jährlich stattfindenden Gartenmessen und der Weihnachtsmarkt sind aufwendig und aufreibend genug. Ich betreibe sie mit Freude und setze alles, aber wirklich alles daran, dass sie erfolgreich werden und die Besucher auf ihre Kosten kommen. Doch wenn es vorbei ist, bin ich auch nervlich am Ende.

Fast hätte ich den Vorschlag, eine Gartenmesse bei mir zu veranstalten, entschieden abgelehnt. Christian und ich saßen gerade beim Frühstück, als mich der Anruf erreichte.

»Grüß Gott, mein Name ist Lohde. Ich soll Sie von einem gemeinsamen Freund grüßen, Förster Zwölfer. Er riet mir, unbedingt bei Ihnen anzurufen, Sie hätten bestimmt Interesse an einer Gartenmesse.«

Ich unterbrach ihn: »Nein, es tut mir sehr leid, aber ich mache keine Ausstellungen, auch keine Messen.«

Fast jeden Tag bekomme ich solche und ähnliche Angebote – per Fax, E-Mail, Telefon oder Post. Bei mir stapeln sich die Prospekte sowohl von Ausstellern, die sich für meine Räume interessieren, als auch von Sängern, von unzähligen kleinen und großen Musikensembles – von Terzetten, Quartetten oder Quintetten, die in Tüssling auftreten wollen. Diese Menschen in allen Ehren, aber ich weiß, dass sich solche Veranstaltungen finanziell für mich überhaupt nicht lohnen, also muss ich sie ablehnen.

Ich war also kurz davor, mich von Herrn Lohde zu verabschieden und den Hörer aufzulegen, als Christian mich am Arm packte. Überrascht schaute ich zu ihm hinüber und sah, dass er einen hochroten Kopf bekommen hatte. Zornig zog er die Augenbrauen zusammen und zischte: »Hör den Mann doch wenigstens mal an! Warum würgst du ihn denn ab, das könnte doch interessant sein, so eine Gartenmesse!«

Ich stöhnte, aber ein Streit mit Christian war das Letzte, was ich mir wünschte, also lenkte ich ein.

»Gut, Herr Lohde, erzählen Sie mir, wie Sie sich das Ganze vorstellen. Ich glaube zwar nicht, dass eine Gartenmesse für mich infrage kommt. Ausstellungen bringen nur wenig ein, und wissen Sie, ich bin darauf angewiesen, Geld zu verdienen.«

Da unterbrach er mich und sagte: »Wir wollen doch beide Geld verdienen. Und das werden wir auch!«

Dann schwärmte er, wir könnten täglich mit Tausenden von Besuchern rechnen, und natürlich würden wir Eintritt verlangen und die Einkünfte dann fair unter uns aufteilen.

Ich war noch immer nicht überzeugt, doch auf Christians Gesicht brannte unvermindert diese bedrohliche Röte, und da ich eine unangenehme Auseinandersetzung befürchtete, falls ich Herrn Lohde sofort abblitzen ließ, hörte ich ihm brav weiter zu.

»Ich bin eigentlich Landschaftsarchitekt«, erklärte er, »und ich organisiere an Pfingsten eine Gartenausstellung im Kloster Fürstenfeld. Bitte fahren Sie doch hin und schauen sich dort meine Ausstellung an. Doch vorher möchte ich bei Ihnen vorbeikommen, damit wir unser Ding gemeinsam besprechen und planen können.«

Bereits am nächsten Morgen erschien Herr Lohde in Tüssling, und wir besprachen »unser Ding«, während er begeistert und mit blitzenden Augen an meiner Seite durch den Park lief. Allmählich fing auch ich Feuer, Herr Lohde überzeugte mich.

Nachdem ich seine prächtige, bestens besuchte und professionell organisierte Ausstellung im Kloster Fürstenfeld gesehen hatte, begann ich umgehend, unsere eigene Messe zu konzipieren. Herr Lohde ließ Plakate herstellen und sorgte dafür, dass sie im Umkreis von etwa hundert Kilometern verteilt und an den richtigen Stellen angebracht wurden. Ich kümmerte mich meinerseits um die Pressearbeit und konnte dann meine Auftritte in Talkshows als Werbung für unsere Gartentage nutzen.

Im Juli 2002 war es soweit. An drei Tagen – Freitag, Samstag, Sonntag – zählten wir sage und schreibe vierzehntausend Besucher auf unserer Messe. Heute kommen an einem Wochenende bis zu dreißigtausend Menschen! Die Gartenmesse schlug also ein und ist mittlerweile in unserer Gegend zu einer äußerst beliebten Institution avanciert. Gedankt sei der Zornesröte auf Christians Gesicht und Herr Lohdes beharrlichen Überzeugungskünsten!

Das Angebot unserer Aussteller ist so gewaltig und vielfältig, dass ich mich anstrengen muss, um nicht den Überblick zu verlieren: Wir bieten natürlich eine Unmenge Pflanzen an – Blumen, Kräuter, Stauden und Samen –, dann Gartenmöbel und -geräte jeder Art, Tischdecken und -dekorationen, selbst gekochte Marmeladen, Grillutensilien, Kerzen und auch Lebensmittel. An Stehtischen kann man im Freien zubereitete Gerichte zu sich nehmen, und wer will, kann auch Vorträge über Themen rund um den Garten besuchen.

Besonderen Anklang findet die »Romantische Nacht am Samstagabend« mit Livemusik unterm Sternenhimmel. Mehrere Tausend Menschen, junge Leute, Familien mit Kindern, auch zahlreiche »ältere Semester« strömen nach dem Messebesuch in unseren Park, breiten Decken aus und machen es sich bequem. Die meisten haben einen Picknickkorb dabei, entzünden Teelichter und lauschen den seelenvollen italienischen Balladen der wundervollen Musikkapelle.

Manchmal stelle ich mich unauffällig an den Rand der Terrasse oder schlendere an den ebenfalls beleuchteten Buden der Aussteller entlang und freue mich über meine gelungene Gartenmesse.

Um elf Uhr nachts explodiert dann über dem Park ein herrliches Feuerwerk, begleitet von Georg Friedrich Händels donnernder barocker »Feuerwerksmusik«. Danach wanken die Besucher müde und zufrieden nach Hause.

Nach jeder größeren Veranstaltung schaue ich am darauffolgenden Morgen leicht besorgt aus dem Fenster, um das hinterlassene Chaos zu überblicken, und bin immer wieder aufs Neue überrascht, wie respektvoll sich die Besucher auf unserem Gelände benehmen. Irgendwo die eine oder andere Cola-Dose oder ein liegengebliebener Pullover, aber kein Unrat, nur einige Zigarettenstummel. Die Abfalleimer quellen über, der Rasen ist ziemlich platt gedrückt, aber ich weiß ja, dass er sich wieder aufrichten und schnell von dem vorabendlichen Gelage erholen wird.

Letztes Jahr brach jedoch abends um neun ein gewaltiges Gewitter los. Kaum fielen die ersten Tropfen, schon schnappten sich die etwa fünftausend Besucher in Windeseile ihre Decken und Körbe, stellten sich irgendwo unter oder liefen zu ihren Autos. Es schüttete, viele mussten pitschnass geworden sein. Mir wurde bang ums Herz: Was jetzt? Kein Feuerwerk? Kein Händel? Und dann die Eintrittskarten. Nun würden die Besucher bestimmt ihr Eintrittsgeld zurückverlangen, um sich dann recht frustriert auf den Heimweg zu machen.

Zum Glück kam es anders. Nach zehn Minuten hörte es auf zu regnen, die Menschen stiegen aus ihren Autos und kamen wieder auf die Terrasse zurück. Als ob nichts geschehen wäre, breiteten sie lachend ihre Decken auf dem feuchten Boden aus und freuten sich auf das Feuerwerk. Froh und maßlos erleichtert beobachtete ich die Szenerie vom Barocksaal aus – unten der Teppich aus blinkenden Teelichtern, darüber die hell leuchtenden Gasballons an den Bäumen der Allee: Es könnte im Märchen nicht schöner sein.

Unser Weihnachtsmarkt kann sich auch sehen lassen. Eberhard Leichtfuß, ebenfalls Schlosseigentümer und Organisator des meiner Meinung nach schönsten Weihnachtsmarktes, der in seinem Schloss Hexenagger stattfindet, vermittelte mir seine Aussteller, und gemeinsam arbeiteten wir das Konzept für meinen Weihnachtsmarkt aus.

Obgleich unser Tüsslinger Weihnachtsmarkt erst seit zwei Jahren existiert, ist der Erfolg überwältigend, und jedes Jahr planen wir Verbesserungen. Die Tüsslinger helfen und arbeiten mit, sie sind ein unverzichtbarer Bestandteil des Ganzen. Junge Männer schleppen, packen zu, hämmern und bauen mit auf, wenn die Stände errichtet werden. Ein halbes Dutzend eifriger und sehr engagierter Rentner aus dem Dorf fasst ebenfalls mit an, kommt sogar mit eigenen Ideen, wie man unseren Markt verbessern könnte und welche Fehler wir in Zukunft unbedingt vermeiden müssen: »Du, Steffi, des da bringt fei nix. Des musst in Zukunft so macha!«

Da sie mich seit meiner Kleinmädchenzeit kennen, duzen sie mich, während ich sie aus alter Gewohnheit oft sieze: Hallo Frau Gratzl, Grüß Gott Frau Michalke. Letztere ist meine frühere Handarbeitslehrerin, die mir vor einem halben Jahr das Du anbot, und nun sage ich Ingeborg zu ihr.

Meine »Rentnerband«, wie ich sie liebevoll nenne, bekommt zwar für ihre Arbeit einen Stundenlohn bezahlt, aber ich glaube, sie würde ihren Tüsslinger Christkindlmarkt auch ohne Weiteres unentgeltlich mitgestalten.

Die Bewohner von Tüssling sind mir wohlgesonnen, sie sehen mich als eine von ihnen. Allein, dass ich bereits 1996 in den Rat der Marktgemeinde Tüssling gewählt wurde, zeigt, dass ich zu ihnen gehöre und mich für unser Gemeinde einsetze. Darauf bin ich stolz.

Unter den Messe-Ausstellern sind auch mehrere Tüsslinger, die meist gute Geschäfte machen. Eine Frau, die ein Korbgeschäft in einer kleinen Tüsslinger Seitenstraße betreibt, nimmt an nur zwei Wochenenden für ihre Korbwaren mehr ein als sonst in einem halben Jahr. Das gilt auch für unseren Tüsslinger Metzger Steiner. Vor seinem Stand stehen die Menschen bei jedem Wetter geduldig in der Schlange, um seine »Bosna«, seine köstlichen Hotdogs, zu bekommen: eine kross gebratene Bratwurst in einer länglichen Semmel, dazu Zwiebeln und eine scharfe, vom Metzger selbst kreierte Sauce.

Der katholische Frauenbund verkauft selbst gebastelte Sterne, der Schulförderverein macht seine frischen, warmen, mit Honig oder flüssiger Schokolade übergossenen Waffeln zu Geld, und der Gartenbauverein verdient an seinen Plätzchen, an Obst- und Sahnekuchen. Die Gasthäuser können sich auch nicht beklagen. Dort wohnen die Aussteller, sodass zu dieser ansonsten toten Jahreszeit in und rund um Tüssling kein einziges Zimmer frei bleibt.

Die Akzeptanz der Tüsslinger freut mich ungemein, sie ist nicht selbstverständlich – ich weiß, dass befreundete Messeveranstalter zuweilen mit dem Widerstand der gesamten Umgebung fertig werden müssen.

Eines Tages kam unser Installateur, Herr Mittermayer, mit einem großartigen Vorschlag an. Wir müssten endlich »gescheite« Toiletten bei uns einbauen. Mich hatten die hässlichen gelben Klohäuschen, die wir kommen ließen, wenn die Messen im Schloss stattfanden, immer sehr gestört. Nun unterbreitete mir Herr Mittermayer einen bereits ausgearbeiteten Plan: »Wir bauen die Toiletten in eines der Betriebsgebäude ein, und zwar dort, wo der Durchgang zur Getreidetrocknung ist.«

Ich war sofort Feuer und Flamme. Wieder einmal ein schwieriges Projekt, denn die Auflagen vom Gewerbeaufsichtsamt müssen bis ins letzte Detail befolgt werden: Vorgeschrieben ist unter anderem die Zahl der Waschbecken pro Kloschüssel, die Breite der Türen, die Mindestgröße der Fenster, die Anzahl der Damen- beziehungsweise Herrentoiletten. Natürlich war auch eine behindertengerechte Toilette Vorschrift. Sie wurden sehr ansehnlich, unsere »Häusl«, wo sogar eine Klofrau für Sauberkeit und Hygiene sorgte. Unsere Messebesucher waren entsprechend angetan: »Mei, is des schön gepflegt bei Eahna!«

Weniger, oder besser gesagt nicht den geringsten Zuspruch fand allerdings das von mir besonders geschätzte »Café Stephanie«. Der Organisator des Weihnachtsmarktes, Eberhard Leichtfuß, hatte mir eines Tages die Idee unterbreitet, wir könnten doch unsere ehemalige Brauerei mitsamt des Sudhauses leer räumen, um darin ein originelles, improvisiertes Café einzurichten, und zwar nur für die Zeit des Weihnachtsmarktes. Den Namen für das Café habe er auch schon: »Stephanie« müsse es heißen.

Da ich immer für neue, ausgefallene Vorschläge zu haben bin, legten wir los: Brauerei ausräumen und putzen; dann Tische, Stühle und einige »Heizpilze« auf dem rohen Betonboden verteilen. Mehr nicht. Wir entfernten weder die Löcher in der Decke noch die herabhängenden Leitungen, besserten auch die Scharten in den Wänden nicht aus und legten die alten Rohre nicht unter Putz. Urig und ursprünglich sollte unser Café sein, ein pfiffiger Kontrast zu unserem so aufwendig und prächtig renovierten Schloss. Doch die Besucher hielten nicht das Geringste von diesem Kontrast. Sie beschwerten sich, was man ihnen hier denn zumute, eine Unverschämtheit, dieser hässliche, schäbige, lieblos zusammengeschusterte Raum.

Also wird das Café spätestens im nächsten Sommer doch restauriert. Ein Wasseranschluss und ein Abfluss wurden bereits installiert, wieder einmal werden wir den Putz abschlagen und überlegen, wie wir diesem Raum zu neuem alten Glanz verhelfen. Um für positive Stimmung zu sorgen, teilte ich der lokalen Presse rechtzeitig mit, dass unsere Besucher im nächsten Jahr mit einer Überraschung rechnen könnten, das Café werde ganz und gar renoviert.

Apropos Kaffee: Der Werbespot im Fernsehen für Eduscho-Kaffee entstand quasi aus Versehen. Wie bei so mancher meiner spontanen Unternehmungen, wurde ich praktisch durch die Hintertür überrumpelt.

Mein Mobiltelefon läutete. Am anderen Ende die gehetzte Stimme meiner Freundin Leslie Wangenheim: »Hör mal, mich rief da eine Frau Soundso vom Fernsehen an, die will was bei dir machen. Sie interessiert sich für deine Location, hör dir mal an, was sie zu sagen hat, die klang irgendwie gut. Notiere dir mal ihre Telefonnummer, o.k.? Tschau, ich hab's eilig, ich muss schnell los.«

Keine Chance, Genaueres zu erfahren. Also wählte ich die Nummer besagter Dame: »Ich habe gehört, Sie brauchen das Schloss als Location für eine Fernsehgeschichte. Worum geht es denn?«

»Ja, wir wollen Probeaufnahmen machen, und zwar möglichst bald. Wann haben Sie Zeit?«

Ich überlegte nicht lange und bestellte das Team gleich für den nächsten Tag nach Tüssling, da ich zwei Tage später mit meinen Kindern in Ferien fahren wollte.

Das Team erschien direkt nach dem Mittagessen. Ich trug gerade meine Reithose und einen blauen Pullover, ich weiß es noch genau, denn der blaue Pullover missfiel offenbar: »Könnten Sie vielleicht einen andersfarbigen Pullover anziehen, Frau von Pfuel? Das wäre uns sehr lieb!« sagte die Chefin des Teams.

Kopfschüttelnd kramte ich in meinem Schrank nach einem grünen Pullover, obwohl ich doch recht befremdet war: »Die Wünsche der Medienleute werden immer eigenartiger! Wieso spielt es eine Rolle, welchen Pullover ich trage, wenn die Leute Aufnahmen vom Park machen oder den Saal filmen?«, dachte ich mir und zog widerwillig den gewünschten grünen Pullover über den Kopf.

Es wurde alles noch merkwürdiger. Sie stellten ihre Kameras im Garten auf, und die zuständige Aufnahmeleiterin sagte doch tatsächlich: »Gräfin, Sie haben noch Spinat in den Zähnen. Könnten Sie den bitte entfernen?«

Irritiert erwiderte ich, es sei doch vollkommen egal, was ich in den Zähnen habe, sie sollten endlich mit ihren Aufnahmen anfangen.

Das wollten sie auch, erst aber müsse ich mich möglichst lässig gegen den Baum dort hinten lehnen und bitte ein freundliches Gesicht machen.

Ich lachte, posierte brav und verstand immer noch nicht, worum es ging.

»Wieso brauchen Sie mich denn auf dem Bild, wenn Sie den Park filmen wollen?«, wollte ich dann doch von ihnen wissen.

Ihrerseits verwundert, erklärten sie mir, sie müssten schließlich für den geplanten Werbespot Probeaufnahmen von mir machen.

Endlich erfuhr ich, dass es sich hier um die Werbeagentur Scholz & Friends handelte, die von Eduscho den Auftrag bekommen hatte, mich für eine Kaffeewerbung abzulichten.

Hätte ich das vorher gewusst, wäre dieses Treffen wohl niemals zustande gekommen. Nun aber gab es kein Zurück mehr.

Sie benötigten dann noch Aufnahmen von mir beim Kaffeetrinken im Salon, also bat ich unsere Köchin Roswitha, eine große Kanne Kaffee zuzubereiten.

Roswitha meinte es gut mit uns und kochte wohl den stärksten Kaffee ihres Lebens: Das erschöpfte Team sollte doch wieder zu Kräften kommen, bevor es den Rückflug antrat!

Nun musste ich mir Kaffee einschenken, entspannt in die Kamera lächeln, dann mit meiner Tasse in die Sofakissen zurücksinken und Roswithas schwarzes Gebräu genussvoll in mich hineinschlürfen.

Die Folge davon war, dass ich die halbe Nacht mit rasendem Herzen senkrecht im Bett saß oder aber in meinem Nachthemd im Schloss umherlief. Der Kaffee hatte mich so aufgeputscht, dass ich nicht aufhörte, wie ein aufgezogener Kreisel durch die Nacht zu rotieren.

Um fünf in der Früh weckte ich dann die Kinder, um in unserem gemieteten Bus in die Ferien zu fahren. Christian wollte später nachkommen, also packte ich die gesamte Brut in den Bus, setzte mich hinter das Steuer und machte mich vollkommen übernächtigt und ausgelaugt auf den Weg. Zum Glück schliefen die Kinder, sogar die eineinhalbjährige Milana schlummerte und war mucksmäuschenstill. Hätten sie sich gestritten und wären wie üblich irgendwann auf der Autobahn übereinander hergefallen, ich glaube, ich hätte den Bus an den nächsten Baum geknallt.

Wir bauten gerade eine Sandburg am Strand von Albarella, einer kleinen Insel in der Nähe von Venedig, als die Werbefirma von Eduscho per Handy anrief. Sie wolle unbedingt den Spot mit mir realisieren. Mich überkamen erhebliche Zweifel. Sollte ich mich wirklich darauf einlassen? War das Ganze nicht eine Schnapsidee?

Christian war diesmal dafür.

Er redete mir zu, betonte energisch, dass es weder beschämend noch peinlich sei, für Kaffee zu werben – egal was Freunde und Verwandte dazu sagen würden.

Eine Truppe von dreißig Mann kam nach unseren Sommerferien in Tüssling angerückt und hievte ihren gigantischen, tonnenschweren Filmkran in unser Esszimmer. Zuvor hatte ich vorsichtshalber berechnen lassen, ob der Boden des Saals diesem monströsen Kran überhaupt standhalten würde.

Da stand ich nun mitten im Raum in einem bodenlangen roten Abendkleid, umringt von einer Schar fröhlicher Kinder, und sollte mich möglichst graziös und mit tänzelnden Schritten drehen. Diese Szene wurde aus zehn verschiedenen Perspektiven aufgenommen, ich musste mich also immer noch einmal drehen, lächelnd und leichtfüßig, um mich herum die hüpfenden Kinder. Es waren übrigens fremde, vom Filmteam ausgewählte Kinder, die jeden Nachmittag nach Schulschluss aus München zu uns gefahren wurden. Ich hatte mich geweigert, meine eigenen Kinder zu vermarkten, obwohl sie sich lautstark beklagten und maulten. Zu gerne hätten sie mitgemacht.

Das rote Kleid gehörte mir auch nicht. Die herrliche Robe wurde in einer Hauruck-Aktion über Nacht für mich geschneidert. Das Fernsehteam hatte einige Wochen nichts von sich hören lassen, doch dann hieß es auf einmal: »Wir sind morgen da, und wir brauchen ein langes rotes Abendkleid für Sie!«

»Wie soll das gehen?« fragte ich, »kein Mensch näht mir bis morgen ein Kleid!«

Ich sollte mich wundern. Die Schneiderin, die für das Filmteam arbeitete, besorgte sich meine Maße bei Nana Müllerschön, der Freundin und Boutiquebesitzerin, bei der ich als Studentin gejobbt hatte. Noch in derselben Nacht nähte dann die tapfere Schneiderin das wunderschöne, seidene rote Ballkleid. Es saß perfekt.

In derselben Nacht wurde auch unser Esszimmer in aller Eile gestrichen. Für die Werbeaufnahmen der Eduscho-Kaffee trinkenden Gräfin musste alles picobello sein. Ich konnte zwar auf meinen Wänden nicht den geringsten Makel entdecken, doch meine Ansicht über unser schönes Esszimmer entlockte den Experten ein müdes Kopfschütteln, die Wände mussten reiner als rein sein.

Der gigantische Aufwand für den 30-Sekunden-Spot hat sich für Eduscho hoffentlich gelohnt. Ich selbst hatte bei der Aktion sehr großen Spaß. Ich wusste zu der Zeit noch nicht, dass ich wieder schwanger war, ich wunderte mich nur darüber, dass mir bei meinen Tanzdarbietungen ständig schwindlig wurde.

Manchmal kommt mir das Leben wie ein großer Abenteuerspielplatz vor. Immer wieder gilt es, Unbekanntes auszuprobieren, über tiefe Gräben zu springen und sich in gruselige Höhlen zu wagen. Fast immer bin ich neugierig und unerschrocken genug, um mich auf neue, manchmal auch riskante Dinge einzulassen – dann, wenn sie spannend sind und mir interessant erscheinen. Dennoch – nach der Kaffeewerbung war meine Risikobereitschaft erstmal ausgereizt. Ich legte bewusst eine Pause ein und wimmelte alle Angebote, im Fernsehen aufzutreten, ab. Ich war schließlich schwanger, wollte mich jetzt stärker um mich und meine Familie kümmern. Ein Sender schlug vor, mich als »Hausfrau der Nation« in die Haushalte überforderter Familien zu schicken, damit ich ihnen zeige, wie sie ihren häuslichen Alltag optimal organisieren. Ein weiterer Sender wollte eine »Benimm-Serie« mit mir konzipieren: Unerzogene Kinder sollten von mir Etikette und richtige Umgangsformen lernen. Ich lehnte ab und begründete meine Absage mit meiner Schwangerschaft, doch diese Art Angebote will ich sowieso nicht wahrnehmen. Wieso soll ich sozusagen als Besserwisserin unter die Menschen gehen und sie belehren?

Vermutlich hätte ich mich dann mit saftigen »Neid-Debatten« auseinanderzusetzen, nach der Devise: »Was maßt sich diese reiche Adelige an, uns zu sagen, wo es langgeht? Was weiß die von uns und unseren Problemen?«

Prinzipiell nehme ich keine Angebote für Sendungen an, die mir niveaulos und peinlich erscheinen. Ich möchte morgens in den Spiegel schauen können, ohne mich schämen zu müssen. Mit einem ekligen »Pfui-Gefühl« würde ich niemals entspannt und ruhig leben können.

Natürlich könnte ich weitaus mehr PR-Arbeit betreiben, aber es bekäme mir vermutlich nicht gut. Ich bin vielleicht die klassische Frau des medialen Zeitalters, aber ein von Kameras umringter Popstar, der im Blitzgewitter badet, bin ich gewiss nicht. Allerdings könnte ich meine eigenen Events ohne meine Fernsehauftritte, ohne Talkshows und Homestorys bestimmt nur halb so erfolgreich betreiben. Ich muss immer darauf achten, wo ich die Grenze ziehe. Ich will meine Projekte richtig vermarkten und eine gute Figur machen und muss doch immer wieder neu die optimale Dosierung für mein Leben finden. Das ist nicht immer leicht.

Hinter dem Werbespot für Eduscho stehe ich ganz und gar. Dabei sind angebliche Freunde und auch Verwandte hinter meinem Rücken reichlich über mich hergezogen. Insbesondere die sogenannte elegante Gesellschaft tat vielfach empört: »Unmöglich, dieser Auftritt! Wie kann sie nur! Das tut man einfach nicht, schon gar nicht in unseren Kreisen.«

Allerdings habe ich oft genug die Erfahrung gemacht, dass Kritik und Ressentiments schnell verpuffen und sich sogar ins Gegenteil kehren, sobald die Entrüsteten meine Aktivitäten für sich nutzen können. Was ich tue, wird auf einmal nicht mehr verteufelt, sondern in den Himmel gehoben.

»Du bist wohl verrückt geworden! Wie kannst du bloß fremde Leute in deinen Garten lassen!«, hieß es, als ich meine Gartenmesse ins Leben rief. Mittlerweile habe ich Herrn Lohde an Philipp Fürst zu Hohenlohe-Langenburg vermittelt, der jetzt im Park von Schloss Langenburg selbst eine Gartenmesse organisiert.

Mit bösen Zungen und gestrigen Ansichten muss ich leben. Sie beeindrucken mich kaum. Wichtig ist mir ausschließlich die ehrliche Meinung echter Freunde. Wenn etwa meine beste Freundin Nicole – Nicole Gräfin Drechsel – mir vorhält: »Da hast du Mist gebaut! Das hättest du anders machen müssen!« – dann trifft mich das und wir reden darüber. Für wohlmeinende, inspirierende Kritik bin ich richtig dankbar.

Besonders geschmunzelt habe ich über jene lieben Bekannten, die nach der Kaffeewerbung anriefen und mich bestürmten, ob ich nicht bitte meine Beziehungen für sie einsetzen würde: »Ich habe diese wahnsinnig witzige Katze, die wäre perfekt für eine Whiskas-Werbung!« Oder »Mein Hund, wenn du wüsstest, was der alles kann! Meinst du nicht, du kriegst den für mich in einem Werbespot unter?«

Auf solche Ansinnen lasse ich mich überhaupt nicht ein, vor allem dann, wenn genau diese lieben »Freunde« hinter meinem Rücken über mich lästern.

Mir ist natürlich klar, dass sich die meisten Menschen keine rechten Vorstellungen über meine Arbeit machen können. Ein heruntergekommenes Schloss wiederherzurichten erfordert sehr viel Arbeit, es instandzuhalten und zu finanzieren bedeutet einen ständigen Kampf.

Ich kämpfe gern, doch meine Nerven liegen oftmals blank. Zum Beispiel, wenn sich bei einer Veranstaltung die Pannen häufen und ein furchtbares, folgenschweres Malheur zu befürchten ist.

Im Sommer 2006, als der berühmte Pianist und Dirigent Justus Frantz mit seinem Orchester der Nationen ein Open-Air-Konzert in Tüssling gab, lief eigentlich von Anfang alles schief.

Um neun Uhr morgens traf die Veranstalterin des Konzerts ein, gleichzeitig brachte ein gewaltiger Lastwagen die Bretter für die Bühne und eintausendfünfhundert Stühle. Arbeiter bauten die Bühne im Innenhof auf, dahinter die Bestuhlung mit Blick auf das Schloss. Unruhig beobachtete ich die Wettervorhersage im Internet: Regen war zu erwarten. Über Tüssling türmten sich die Wolken.

Eine knappe Stunde vor Beginn des Konzerts sah sich Justus Frantz die Bühne an und verkündete: »Wie soll ich hier spielen? Diese Bühne ist zu klein.«

Erschrocken versuchte ich, zu begreifen. Er erklärte mir, auf dieser viel zu kleinen Bühne hätten seine Musiker nun wirklich nicht ausreichend Platz, wie ich mir das vorstelle, er würde auf der Stelle abreisen: »Meine Streicher würden dem Nachbar den Bogen ins Gesicht stechen, so eng ist das hier. Ich spiele nicht. Außerdem regnet es sowieso gleich, und der Flügel darf keinesfalls nass werden.«

Im Innenhof saß bereits der gesamte Gemeinderat von Tüssling, die ersten Besucher in eleganter Abendgarderobe trafen ein, manche Damen trugen sogar bodenlange Kleider. Die Eintrittskarte kostete sechzig Euro, die Musikbegeisterten hatten also tief in die Tasche gegriffen für dieses außergewöhnliche Konzert mit einem renommierten Dirigenten. Und nun sollte ich über tausend erwartungsvolle, herausgeputzte Besucher wieder nach Hause schicken?

Am liebsten wäre ich auf der Stelle im Tüsslinger Boden versunken. Ich fluchte innerlich auf alle und alles: »Warum muss ich das hier wieder einmal alleine ausbaden?«

Ich fasste mich und entschuldigte mich bei dem verärgerten Justus Frantz; es habe anscheinend ein Missverständnis gegeben zwischen dem Konzert-Manager und unseren Organisatoren, und ob wir nicht doch eine Lösung finden könnten? In dem Moment begann es zu tröpfeln. Trotzdem wollte ich nicht die Flinte ins Korn werfen. Um nichts in der Welt wollte ich dieses Konzert so schnell abblasen, meinem enttäuschten oder gar wutentbrannten Publikum das Eintrittsgeld zurückzahlen und mir hämische Presseberichte anhören.

Meine Sturheit und der Wettergott kamen mir zur Hilfe. Der letzte Blick auf die Wetterstation im Internet hatte mir gezeigt, dass die Regenwolken bereits dabei waren, sich zu verziehen. Also sagte ich mit fester Stimme zu Justus Frantz: »Sie werden sehen, um Punkt zwanzig Uhr hört es auf zu regnen, ab dann fällt kein einziger Tropfen mehr.«

Ich weiß selbst nicht, wieso der Maestro einlenkte. Jedenfalls fiel tatsächlich kein Regen mehr, und die Musiker verteilten sich auf der Bühne. Oder genauer gesagt, sie stellten sich dicht gedrängt auf das viel zu kleine Podium. Die Streicher konnten nicht ausholen, der

Paukist war beengt, ein Geiger warf während des Konzerts mit viel Krach das Notenpult seines Nachbarn um.

Nichts erschreckte mich mehr. Ich erblickte die ersten Sterne über mir und atmete auf. Das Klavier wurde erst für das zweite Musikstück gebraucht, und zutiefst erleichtert beobachtete ich, wie es unter trockenem Himmel vorsichtig auf die Bühne gehoben wurde.

Das war knapp. Heikel und nervenaufreibend. Die meisten Open-Air-Konzerte rauben mir den letzten Nerv. Angespannt verfolge ich die Wetteraussichten, schlucke Beruhigungsmittel und bete, dass es nicht regnen möge. Also habe ich vor einiger Zeit beschlossen, ganz damit aufzuhören. Und trotzdem reizt es mich dann wieder, wenn im Winter Frau Woosmann von der Konzertagentur anruft und mir ein fantastisches Open-Air-Konzert anbietet: für den Sommer 2007 den Auftritt von Roger Cicero. Leider wurde nichts daraus, weil er dann Deutschland im Grand Prix d'Eurovision vertreten sollte und damit natürlich keine Zeit mehr hatte, in unserem kleinen Tüssling aufzutreten.

Mit großem Spaß strenge ich mich für meine Gartenmesse und meinen Weihnachtsmarkt an. Es werden Tausende von Postkarten gedruckt, auf denen die Daten der Messen, die Öffnungszeiten und die Eintrittspreise zu lesen sind. Auch die entsprechende Webseite wird angegeben.

Um die Besucher zusätzlich zu unterhalten, bieten wir viele Attraktionen, wie zum Beispiel »Ballonglühen« oder einen »Perchtenlauf«: buschige, heidnische Gestalten aus dem Ort Perchten laufen in zotteligen Anzügen und gruseligen Masken umher und führen anschließend verrückte kleine Theaterstücke auf.

Einer meiner Freunde aus dem Dorf, der mit mir im Gemeinderat arbeitet, hat vor zwei Jahren bereits ein Parkleitsystem für Tüssling entwickelt und selbst die entsprechenden Hinweisschilder im Ort angebracht. Das System sorgt endlich zuverlässig dafür, dass die Autokolonnen nicht mehr den gesamten Ort zuparken. Doch die vorhandene Parkfläche beim Schloss reicht für die über dreißigtausend Besucher der Gartenmesse und für den fast ebenso gewaltigen Ansturm vor Weihnachten inzwischen nicht mehr aus.

Guter Service muss sein. Ich möchte nicht, dass meine Besucher Grund haben, sich zu beschweren und womöglich nicht wiederkommen. Die Konkurrenz ist enorm, mittlerweile finden an allen möglichen Ecken Märkte, Messen und Ausstellungen statt.

Dennoch kann ich es nicht immer allen recht machen. Es gibt chronische Nörgler, unzufriedene Menschen, die für ihr Leben gern meckern und mosern. Wenn ich mich unerkannt unter meine Besucher mische und höre, wie manche Gift und Galle spucken, trifft mich das sehr.

Eine der gängigsten abfälligen Bemerkungen ärgert mich besonders: »Ist ja ganz schön geworden, das Schloss, aber eigentlich hat sie die Renovierung ja mit unseren Steuergeldern bezahlt. Und garantiert hat sie nur Schwarzarbeiter beschäftigt.«

Immer wieder bekomme ich es mit Neid und Missgunst zu tun. Vor einer Opernaufführung hatte ich beispielsweise in der dritten und vierten Reihe dreißig Sitze für die Mitglieder des Gemeinderats und einige Ehrengäste reserviert. Auf einmal höre ich jemanden hinter mir abfällig zischen: »Was bildet die sich ein! Die besten Plätze für ihre Promi-Amigos. Die glaubt wohl, wir lassen uns diese Art Vetternwirtschaft gefallen! Da hat sie sich aber getäuscht.«

Dabei hatte ich die erste Reihe absichtlich frei gelassen, um keinen Ärger zu verursachen. Doch genützt hat es mir nicht. Am nächsten Tag stand in der lokalen Presse ein bösartiger Artikel im gleichen Tenor – die eingebildete Gräfin und ihre Amigo-Wirtschaft. Die Journalistin kündigte mir außerdem per E-Mail an, dieser Skandal würde umgehend an die Münchner Presse weitergeleitet.

Da ist sie bei mir jedoch an die Falsche geraten. Berechtigte Kritik nehme ich jeder Zeit an, aber einen Affront dieser Art lasse ich mir niemals gefallen. Wenn diese ahnungslosen Wichtigtuer wüssten, welches Ausmaß an Kraft, Mühe und logistischer Überlegungen hinter der Organisation solcher Opernaufführungen steckt – und wie wenig Geld am Ende dabei herausspringt –, sie würden vielleicht nicht ganz so dreist über mich herziehen. Jedenfalls schrieb ich der Journalistin, sie solle bitte in Zukunft davon Abstand nehmen, meine Veranstaltungen zu besuchen.

Jede Veranstaltung ist eine Zitterpartie, dabei versuchen wir, Risiken weitgehend durch professionelle Planung auszuschließen, aber ganz kann das nie gelingen. Neulich rutschte eine Besucherin auf dem Straßenpflaster aus und brach sich die Hand. Wer trägt die Verantwortung? Ich, auch wenn der Kies ungewollt durch die Masse der Besucher auf das Pflaster geraten war. Es haftet zwar die Veranstaltungsversicherung, aber der Ärger ist trotzdem groß. Selbstverständlich versuchen wir in solchen Fällen alles Notwendige zu tun, um die betroffenen Menschen zufriedenzustellen. Trotzdem bekomme ich so manche beleidigende und absolut ungerechtfertigte Bemerkung zu hören. Das ärgert mich nicht nur, ich bin dann regelrecht gekränkt und verletzt.

So auch letztes Jahr. Wenige Stunden vor der Eröffnung des Weihnachtsmarkts war Regen angesagt worden. Besorgt sah ich schon die Menschen knöcheltief im Morast versinken und durch tiefe Pfützen waten. Also beschloss ich in einer Blitzaktion, einen dreihundert Meter langen Weg quer durch die als Parkplatz dienende Wiese schaufeln zu lassen. Anschließend wurde er mit Kies aufgefüllt. Doch die Regengüsse waren so gewaltig, dass sich sogar der Kiesweg mit Wasser füllte. Ich musste dann noch die am stärksten benutzte, direkt an das Schloss angrenzende Parkfläche absperren lassen. So viele Autos waren hineingefahren, dass sich der Boden in einen glitschigen Sumpf verwandelt hatte.

Unglaublich, was ich da an Beschwerden zu hören bekam: »Eine Zumutung, dieser lange Fußmarsch vom Parkplatz bis zum Markt, und das bei dem Regen!« Ganze zwanzig Meter mussten die Besucher zurücklegen, um nicht im Matsch zu versinken. Sie zahlen keine Parkgebühren, wie bei der Mehrzahl der Volksfeste, und schimpfen dennoch, als hätte ich absichtlich und böswillig den Regen bestellt.

Ein anderes Mal fiel während des Weihnachtsmarkts der Generator aus. Um fünf Uhr nachmittags erloschen sämtliche Lichter. Was nun? Ohne Generator keine heißen Gerichte, kein Glühwein und überhaupt keine Beleuchtung. Tausende Besucher tappten im Dunkeln – ein kleiner Weltuntergang.

Zunächst war nur verwirrtes Gemurmel zu hören, dann Murren, bis dann die Erwachsenen schimpften und fluchten, die Jugendlichen kreischten, die Kleinkinder heulten.

Man hatte uns einen defekten Generator geliefert, der im Kühler ein Leck hatte und pro Stunde einen Liter Wasser verbrauchte. Irgendwann war der Generator leer und schaltete sich aus. Wir brauchten fast eine Stunde, um den Grund für die Störung herauszubekommen. In der Zeit stolperten die aufgebrachten Menschen im Dunkeln in Richtung Parkplatz, manche stürmten vorher ins Veranstaltungsbüro und verlangten ihr Eintrittsgeld zurück.

In krisenhaften Situationen habe ich gelernt, äußerlich ruhig zu bleiben, auch wenn es in mir brodelt. Ich höre den aufgeregten Menschen aufmerksam zu, beschwichtige sie und bitte sie um Geduld. Geduld brauchten auch wir, und zwar eine Unmenge davon. Nachdem wir den Schaden erkannt hatten, füllten wir nun jede Stunde Kühlwasser nach und versorgten so unseren Markt endlich wieder mit Strom. Doch dann leuchtete mit einem Mal der Alarmknopf der Batterie auf. Das hatte uns gerade noch gefehlt. Zunächst schaltete er von Grün auf Gelb, dann auf ein grelles, aggressives Rot. Das war's. Schon wieder streikte der Generator. Also organisierte mein findiger Elektriker ein Ladegerät und schloss es an den streikenden Generator an. Endlich wieder Licht.

Erst am nächsten Tag wurde ein neuer Apparat geliefert, allerdings erst um sechs Uhr abends. Da war es schon zu dunkel, um das Ding in Gang zu bringen, denn beim Anschließen wäre erneut der Strom ausgefallen, und das wollte niemand den Besuchern zumuten. Also hielten wir den schadhaften Generator bis zum Ende des Markts am Leben.

Solche Pannen gehören zum Geschäft und sind unvermeidlich, doch sie kosten sehr viel Kraft und strapazieren meine Nerven enorm.

Überhaupt kein Verständnis habe ich für anmaßende Wichtigtuer, die allen Ernstes meinen, sie seien die Herren im Schloss, nur weil sie hier drei Tage lang feiern. Ein Gast verlangte von uns, wir sollten doch bitte unsere Pferde nicht mehr über den Hof führen. Das Getrappel sei unzumutbar und eine Belästigung, es störe ihre Hochzeitsfeier.

Andere Gäste, die im Gartensaal und in den angrenzenden Räumen vier Tage und Nächte bei uns ausgiebig feierten und denen ich kostenlos unser Gästeapartment im Erdgeschoss für die Dauer ihrer Feierlichkeiten zur Verfügung gestellt hatte, riefen nach der ersten Nacht bei meiner Sekretärin im Büro an. Eine arrogante Männerstimme forderte von der erschrockenen Frau Bathen, man möge alle Autos, die im Hof parkten, gefälligst wegfahren. Er wolle für das viele Geld, das er bezahle, nicht morgens aus dem Fenster auf die Blechkisten der Familie Pfuel und ihrer Mitarbeiter blicken müssen. Frau Bathen blieb höflich, rannte aber dann vollkommen aufgelöst zu mir, um mich über das Ansinnen dieses Herrn zu informieren.

»Unsere Autos bleiben selbstverständlich im Hof stehen«, sagte ich, »wir parken dort, wo wir immer geparkt haben.«

Gewiss – ich lasse in Tüssling die Öffentlichkeit herein, und ich muss den Wünschen meiner zahlenden Gäste gerecht werden. Nur ist das Schloss auch mein Zuhause. Also stehe ich stets von Neuem vor der Frage: Wann und wo muss ich eine Trennungslinie ziehen? Wann beginne ich mich zu verbiegen? Wann ist Schluss? Immer dann, wenn meine innere Stimme mir unmissverständlich sagt, dass die Besucher meine Familie, meine Angestellten und mich überrollen. Keine leichte Aufgabe, die eigenen Grenzen zu wahren, wenn unser Schloss vor Menschen überquillt!

Manchmal geht es richtig rund bei uns. Eine äußerst bizarre Geschichte ereignete sich vor einigen Jahren: der Einfall der »Maulwürfe«. Damals hatten wir noch keinen Sicherheitsdienst zur Bewachung der Eingänge engagiert, der dafür sorgte, dass sich keine Fremden einschleichen.

Roswitha, unsere Köchin, kaufte gerade beim Bäcker ein, als sie das Gespräch zweier etwa vierzigjähriger Damen aus Tüssling mitbekam, die der Bäckerin unter lautem Gelächter erzählten: »Du wirst uns nicht glauben, wo wir gestern Abend waren! Bei der Gräfin auf dem Schloss! Wir haben von dem wahnsinnig tollen Fest gehört, das da im Ballsaal gegeben wird, und da haben wir uns gedacht: Da gehen wir auch hin.«

Roswitha traute ihren Ohren nicht, schaute sich die gestandenen Tüsslinger Bürgerinnen an und wollte es einfach nicht glauben: Hatten sich die beiden tatsächlich Abendkleider besorgt, waren mit den anderen Gästen unerkannt in den Ballsaal geströmt und hatten sich fürstlich amüsiert.

»Des war a Gaudi!«, lachten sie, während Roswitha voller Empörung zuhörte.

Mittlerweile arbeitet ein effizienter Sicherheitsdienst für uns, um die Eingänge zu überwachen. Ich hole ihn natürlich auch, wenn ich private Feste gebe.

Die Räume für meine Feste werden zwar mit viel Fantasie und unendlicher Hingabe dekoriert, doch pompös oder überladen sind sie nie. Wir besorgen am Tag vor einem Fest im Großmarkt Hunderte von Kerzen und Berge von Blumen – meistens solche, deren Blüten bereits offen und daher als Sonderangebot zu haben sind –, um den Saal damit zu schmücken. Nirgends elektrische Beleuchtung und keine aufwendigen Blumengestecke, dafür das warme Licht der Kerzen und ein Meer bunter duftender Blumen auf allen Tischen. Die Wege durch den Garten zum Schloss werden von brennenden Fackeln gesäumt, auch das kein kostspieliger Spaß – ein Fackeltopf kostet gerade mal fünfzig Cent im Großeinkauf. So wird Tüssling ohne Prunk und ohne Protz in ein betörendes, außen von Fackeln und innen von Kerzenlicht illuminiertes Märchenschloss verwandelt.

Obwohl ich vor jedem Fest fast die Nerven verliere, freue ich mich am Ende unbändig, wenn es gelungen ist. Außerdem ist die Organisation die effektivste Methode, um gut in Form zu bleiben.

XII

Der Spagat zwischen Arbeit und Eheleben wollte mir nicht gelingen. Als Christian-Alexander 2002 geboren wurde, besaßen Christian und ich noch genügend Kraft, unser gemeinsames Leben zu meistern. Alexander war von Anfang an ein wonniges Kind, an dem wir beide große Freude hatten. Doch mit jedem Jahr wurde die Beziehung zwischen Christian und mir schwieriger, die Spannungen nahmen zu.

Christian, ein begeisterter Stadtmensch, ist nie nach Tüssling gezogen, wohnte und arbeitete also in München und kam meistens nur an den Wochenenden hierher, um mich und die Kinder zu sehen. Wir trafen uns natürlich auch in der Stadt, doch Christian zog sich immer mehr von mir zurück. Er fühlte sich nicht wohl auf dem Land, wir entfremdeten uns zunehmend, ich erreichte ihn nicht.

Wir trennten uns, und ich machte mir natürlich große Vorwürfe, dass diese Ehe nun ebenfalls in die Brüche ging. Wieder einmal nahm ich stark ab und wurde krank. Mein gesamtes Leben schien ins Wanken zu kommen. Mir taten meine Kinder leid, schon wieder zerbrach die Familie, schon wieder versagten die Erwachsenen. Wie sehr habe ich mir stets gewünscht, meine Kinder mögen in einer heilen Familie aufwachsen. Mein einziger Trost lag in der Hoffnung, dass es letztlich auch für die Kinder besser sein würde, wenn Eltern, die sich nicht mehr verstehen, getrennte Wege gehen. Für Kiki und mich waren die Spannungen zwischen unseren Eltern oftmals unerträglich.

Und dennoch – als Christian und ich die Scheidung einreichten, kam es mir vor, als stünde meine gesamte Person auf dem Prüfstand. Als müsse ich mich vor einem strengen, missbilligenden Richter erklären. Alle meine Versäumnisse drängten sich ins Bewusstsein, denn ich gehöre zu jenen Menschen, die eigentlich nicht aufgeben. Ich springe nicht von einer Aufgabe zur nächsten, bringe jedes Projekt ordentlich zu Ende und schließe es ab, bevor ich mich auf etwas Neues einlasse. Ich beiße mich durch – doch das scheint mir nur in meinem Beruf zu gelingen.

Wenn ich in eine seelische Krise gerate, ziehe ich mich zurück und konzentriere mich ausschließlich auf meine Kinder und meinen Beruf. Ich nehme mir so lange Zeit, über meine persönliche Situation nachzudenken, bis ich die Probleme »durchlitten« habe. Es bleiben immer Narben, aber die Wunden sind verheilt. Damals konnte ich nur so ertragen, dass mein privates Leben nicht so verlief, wie ich es mir lange erträumt hatte.

Häufig forderte man mich auf, mich für wohltätige Vereine zu engagieren. Ich lehnte fast immer ab. Gewiss, es fanden einige für mich wichtige Wohltätigkeitsveranstaltungen im Schloss statt, und ich spende auch für Projekte, die mich überzeugen. Aber mich persönlich für eine karitative Einrichtung stark zu machen, hatte ich nie ernsthaft in Betracht gezogen. Bis zu dem Tag, an dem eine Mitarbeiterin von SOS-Kinderdörfer International anrief und mir ihr Anliegen unterbreitete.

Ich kann mich nicht mehr im Einzelnen an unser damaliges Gespräch erinnern, aber so viel ist mir im Gedächtnis geblieben: Sie stellte sich als Frau Famula vor und teilte mir mit, dass man ihr sechs Seiten zum Thema SOS-Kinderdörfer in einer Illustrierten zur Verfügung gestellt habe – sechs ganze Seiten! Eine prominente Dame, die eigentlich zugestimmt hatte, mitzumachen, habe plötzlich abgesagt. Nun wende sie sich in ihrer Verzweiflung an mich.

Ihre Stimme gefiel mir. Sie wirkte ernsthaft und glaubwürdig.

»Und was müsste ich tun? Ich habe leider sehr wenig Zeit«, erwiderte ich noch zögerlich.

Sie würde mir eine E-Mail schicken, in der alle Informationen enthalten seien. Vorab nur dies: Meine Aufgabe bestünde darin, zwei Tage in dem SOS-Kinderdorf des Orts Seekirchen in Österreich zu verbringen. Ein Fotograf sei anwesend, um Bilder von mir und den Kindern zu machen.

Ich wusste nur wenig über Arbeit und Konzept der SOS-Kinderdörfer, konnte mich allerdings erinnern, dass meine Mutter regelmäßig für die Organisation gespendet hatte. Sie bewunderte den Gründer, Hermann Gmeiner, der zu ihrer Generation gehörte, zutiefst. Er hatte nach dem Krieg sein gesamtes Vermögen von sechshundert Schilling in sein idealistisches Vorhaben investiert und mit der Gründung der Societas Socialis, also dem Verein SOS-Kinderdorf, unzähligen verwaisten und verlassenen Kindern das Zuhause und die familiäre Geborgenheit gegeben, die sie so notwendig brauchten. Dass Gmeiner in seinen Spendenaufrufen die Menschen dazu aufforderte, seinen Verein mit nur einem einzigen Schilling monatlich zu unterstützen, das hatte mich schon immer beeindruckt: Diesen minimalen Beitrag konnte selbst die Not leidende Nachkriegsgesellschaft aufbringen.

Nun wollte ich mehr wissen und machte mich sachkundig. Alles, was ich an Informationen sammelte, überzeugte mich. Bereits zwei Tage nach dem Anruf von Frau Famula begab ich mich nach Seekirchen, um dort in mehreren Häusern mit den »Dorfkindern« zu spielen, zu basteln und Plätzchen zu backen. Anschließend unterhielt ich mich mit den »Dorfmüttern« und dem Leiter der Seekirchner Einrichtung. Am meisten interessierten mich die Lebensgeschichten der Kinder. Sie stammten in der Mehrzahl aus sozial sehr schwachen Familien, die ihre Kinder in erschreckendem Maße verwahrlosen ließen. Niemand wollte diese Kinder, normalerweise hätte man sie in Waisenhäusern oder Kinderheimen untergebracht. Oder aber sie hatten das Glück, in einem SOS-Kinderdorf ein neues Zuhause zu finden.

Was mir der Leiter über die Biografien einiger seiner kleinen »Dorfbewohner« berichtete, erschütterte mich zutiefst: Zwei Schwestern, neun und zwölf Jahre alt, sahen so klein und kümmerlich aus, dass ich sie gerade mal auf vier und sechs Jahre schätzte. Ihre Eltern hatten sie von klein auf missbraucht und zugleich so erschreckend vernachlässigt, dass die Mädchen sich ab einem bestimmten Zeitpunkt körperlich nicht weiterentwickelten. Sie besuchten uns dann übrigens später mit anderen SOS-Geschwistern in Tüssling. Ein kleiner Junge, erzählte mir der Leiter, habe mitansehen müssen, wie sein Vater die Mutter erstach. Der Vater saß nun lebenslänglich im Gefängnis, und sein traumatisierter Sohn wohnte seit einem halben Jahr in Seekirchen. Der Junge war scheu, verschlossen und verängstigt.

Ich ließ mir das Konzept der Kinderdörfer erklären: In jedem der Häuser lebt eine Kinderdorfmutter – in seltenen Fällen auch ein Vater – mit einer höchstens achtköpfigen Kindergruppe, als wäre sie eine Familie. Leibliche Geschwister bleiben zusammen.

Es geht darum, den Kindern so viel Geborgenheit zu geben und sie so intensiv zu fördern, dass sie später als Erwachsene ein selbstverantwortliches, eigenständiges Leben führen können.

Da die Kinder fast ausnahmslos schulische Probleme und auffällige Verhaltensstörungen haben, sind die Kinderdorfmütter extrem gefordert. Ich war von der Leistung dieser Frauen, von ihrer Hingabe und ihrer positiven Haltung derartig beeindruckt, dass ich beschloss, mich auf jeden Fall für diese Institution einzusetzen. Ich studierte die einschlägigen Wirtschaftsberichte und begann mich eingehend über die weltweiten Aktivitäten des Vereins zu informieren: vierhundertsiebzig SOS-Kinderdörfer in einhundertzweiunddreißig Ländern. Ich las über die vielfältigen Einrichtungen zur Betreuung der Kinder, über die sozialen Aktivitäten, die Kindergärten, Schulen, Berufsausbildungsstätten und therapeutischen Angebote.

Im September 2002 wurde ich Botschafterin für die SOS-Kinderdörfer. Da der Verein den größten Teil der Ausgaben durch Spenden und Patenschaften deckt, wollte ich mich als Sponsorin und Repräsentantin dafür einsetzen, dass möglichst viele Menschen, insbesondere wohlhabende Prominente, Geld spendeten. Ich konnte damals allerdings nicht voraussehen, welches Ausmaß an Arbeit, an körperlichem und seelischem Einsatz noch auf mich zukommen sollte.

2003 flog ich mit Ingrid Famula und einem Kamerateam nach Kambodscha. Wir wollten den Ort Siem Reap in der Nähe von Angkor Wat besuchen, wo gerade ein neues SOS-Kinderdorf entstanden war. Einige Häuser standen noch leer, die Kinder waren erst vor kurzer Zeit hier eingetroffen. Sie fanden sich noch nicht ganz zurecht, fremdelten und blickten verschämt zur Seite, wenn wir sie ansprachen. Ich erinnere mich noch an ein kleines, dürres Mädchen mit trüben Augen und dem aufgeblähten Bauch unterernährter Kinder. Dieses bedauernswerte Kind musste rund um die Uhr beaufsichtigt werden, damit es nur kleine Häppchen zu sich nahm. Würde es auf einen Schlag große Mengen Essen verschlingen, sein Körper würde rebellieren.

»Solche Kinder können gar nicht fassen, was ihnen hier geboten wird«, erklärte mir eine »Dorfmutter«. »Sie stürzen sich auf alles Essbare, nicht nur weil sie maßlosen Hunger haben, sie fürchten auch, all die Köstlichkeiten könnten ihnen wieder weggenommen werden. Sie verstehen nicht, warum wir sie bremsen, sie wollen doch nur ihren Hunger stillen. Wenn wir sie vor lebensgefährlichem Durchfall warnen, glauben sie uns nicht.«

Eine ganz andere Stimmung erwartete uns in einem SOS-Kinderdorf auf Sri Lanka, nahe Colombo. Hier hatten die Mitarbeiter der Organisation seit Jahren ganze Arbeit geleistet, und das Ergebnis war beeindruckend. Die Kinder sprangen auf mich zu, nahmen mich bei der Hand, strahlten mich an und hüpften nacheinander auf meinen Schoß. Der Grund für die Fröhlichkeit und Ausgeglichenheit dieser Kinder, die ebenfalls Schreckliches in ihrem Leben mitmachen mussten, wurde mir so erklärt: Hier lebten sie in festen Gemeinschaften, sie konnten sich zum ersten Mal in ihrem Leben geborgen und beschützt fühlen. Erst jetzt wurde mir bewusst, welch hohes Gut eine Familie für Kinder ist. Ich überreichte der Dorfmutter Geschenke, die meine eigenen Kinder in Tüssling gesammelt hatten. Mir übergab die »Dorfmutter« dann einen feinen Sari; die »Dorfkinder« zeichneten Bilder für mich.

Anschließend fuhr ich mit dem Team in die Elendsquartiere, aus denen die meisten Kinder kommen, häufig Sozialwaisen, die von ihrer Familie nicht mehr ausreichend ernährt werden können. Was ich zu sehen bekam, war erschreckend: ausgemergelte Kinder mit Hautausschlägen, eiternden Beulen im Gesicht und am Körper, mit aufgedunsenen Bäuchen. Und einmal mehr verstand ich den Wert der Arbeit der SOS-Kinderdörfer. Ich bewunderte die Bemühungen der Mitarbeiter, Kinder aus den umliegenden Orten in ihre Aktivitäten mit einzubeziehen. So kamen regelmäßig Kinder aus der Umgebung zu Besuch, um mit den »Dorfkindern« zu tanzen. Ihre Mütter stellten im SOS-Kinderdorf Räucherstäbchen her, die sie anschließend verkaufen durften.

Vor unserem Rückflug verbrachten wir zwei Tage in einem kleinen Hotel an einem der Strände von Sri Lanka. Direkt hinter dem Hotel lag ein besonders trostloser Slum, wo gedreht werden sollte: Ich, die SOS-Kinderdorf-Botschafterin, im Gespräch mit den Einheimischen. Nach dem Dreh schenkten wir den Bewohnern Geld, Zahnbürsten, T-Shirts, Seifen, Shampoo und vieles mehr. Ich hatte diese bedauernswerten Menschen lieb gewonnen, ihre entsetzliche Armut erschreckte mich; ihre Dankbarkeit und ihre Freundlichkeit uns gegenüber berührten mich sehr.

Am 22. Dezember 2004 flog ich nach einem einwöchigen Aufenthalt dann nach Hause, gerade rechtzeitig für Weihnachten. Wie üblich verbrachte unsere gesamte Familie die Weihnachtsferien in Kitzbühel, wo wir immer eine große Wohnung mieten, um genügend Betten für alle zu haben. Dieses Weihnachten im Kreis meiner Familie, mitten im verschneiten und romantischen Skiort waren ein Kontrastprogramm zu den harten Erlebnissen auf Sri Lanka. Ich sprach darüber viel, vor allem mit meinen Kindern. Sie waren interessiert und berührt von meinen Schilderungen, konnten sich aber letztlich das Ausmaß des Elends nicht vorstellen. Vielleicht war es besser so – gerade im Hinblick darauf, was in den folgenden Tagen geschah.

An dem Morgen des 25. Dezember kam Milana in mein Schlafzimmer gestürzt. Ich schlief noch tief und fest. Wir hatten an Heiligabend bis in die Morgenstunden gefeiert, und ich ärgerte mich über meine freche Tochter – wieso ließ sie mich nicht einen einzigen Tag ausschlafen?

»Mami, es ist etwas Schreckliches passiert!«

»Lass mich schlafen, Milana!«

Nach zwei Minuten war sie wieder da: »Du warst doch gerade in Sri Lanka, da ist ein irrsinniger Sturm, wirklich Mami, das musst du sehen. Ich hab's in der Glotze verfolgt. Eine Überschwemmung mit den riesigsten Wellen der Welt!«

Müde schleppte ich mich also ins Wohnzimmer und sah mir die Nachrichten im Fernseher an. Doch von dem, was mir entgegenflimmerte, war ich in Sekundenschnelle hellwach. Ein gewaltiger Tsunami hatte Asien verwüstet! Der Nachrichtensprecher berichtete von dreißigtausend Opfern. Unvorstellbare, abstrakte Zahlen. Bilder von zerschmetterten Hütten und überschwemmten Urlaubsparadiesen, schreienden Menschen, von Leichenbergen.

Mir kamen sofort die Kinder und Helfer des SOS-Kinderdorfes und des Elendsviertels in den Sinn, ich ergriff das Telefon und versuchte über Ingrid Famula herauszubekommen, ob Sri Lanka getroffen worden war. Erst drei ganze Tage später kam die Nachricht, dass das Dorf verschont worden war, weil es im Inland lag. Allerdings hatten die mörderischen Wellen die Elendsviertel am Strand, wo wir gedreht hatten, vollkommen ausradiert. Es trifft immer die Ärmsten! Entsetzen erfasste mich und unendliche Traurigkeit.

Am Tag darauf ging ich zum Langlaufen, denn ich musste abschalten, mich bewegen, die schrecklichen Gedanken verarbeiten. Die Kinder waren alle mit ihren diversen Skischulkursen unterwegs, ich glitt durch den glitzernden Neuschnee und war froh, endlich abschalten zu können. Ich genoss den Sonnenschein, atmete die klirrend kalte Luft. Da läutete es in meiner Hosentasche. Heike Güldenpfennig von »Stern-TV« wollte mich überzeugen, umgehend in das Katastrophengebiet nach Sri Lanka zu fliegen – ein dringendes aktuelles »follow-up« meines letzten Aufenthalts sollte gedreht werden. Ich als Botschafterin der SOS-Kinderdörfer müsse vor Ort sein, um für Spenden werben zu können. Jetzt sofort? Nach Sri Lanka, noch vor Silvester? Meine Familie allein lassen, wo ich gerade erst zurückgekommen war? Noch wollte ich den Ernst der Lage nicht an mich heranlassen. Ich fühlte mich nicht stark, sondern erholungsbedürftig, eine bleierne Schwere lastete auf meiner Seele bei dem Gedanken an diese bedrückende Reise. Doch je länger ich über den Vorschlag nachdachte, desto mehr wusste ich, dass es meine Aufgabe war. Ich war Botschafterin der SOS-Kinderdörfer. Gerade jetzt kam es auf mich an.

Ich sagte zu. Die Familie maulte natürlich, sie alle hatten Angst um mich, aber am Ende zeigten sie dann doch Verständnis. Einen Tag vor Silvester traf ich mit Norbert Güldenpfennig, der mit seiner Frau die Produktion von »Stern-TV« leitete, und seinem Kameramann auf Sri Lanka ein. Der erste Stock des kleinen Hotels am Strand existierte noch, das Erdgeschoss war von einer gigantischen Welle ausgehöhlt worden. Vor dem Haus versanken die Kühlschränke und einzelne Möbelstücke im Schlamm. Im ehemaligen Garten des Hotels irrten heimatlose Kühe herum. Wir waren die einzigen Gäste und bekamen nur das Nötigste zu essen. Es war gespenstisch.

Von dem Elendsviertel war nichts, aber auch gar nichts mehr übrig. Die Hütten demoliert, die Bäume entwurzelt. Es stank nach verfaultem Fisch und verwesten Leichen. Um uns herum vereinzelte Gestalten, die nach Überbleibseln ihrer armseligen Habseligkeiten fahndeten. Hier ein Schuh, dort ein Topf, irgendwo eine stehen gebliebene Küchenuhr, die den Zeitpunkt der Zerstörung anzeigte.

Als uns diese Menschen kommen sahen, umringten sie uns, hängten sich an unsere Kleider und flehten um Almosen. Ich hatte für diesen Zweck Geld eingesteckt und verteilte es unter den bettelnden Menschen, lächelte sie an, obwohl mir das Gedränge, der wachsende Ansturm schon da recht unheimlich war. Was dann folgte, war ein Albtraum. Eine junge Mutter mit ihrem Baby auf dem Arm bettelte mich um Geld für Milchpulver an: »Powdered milk for baby, please, please!«

Ich zog einen Schein aus der Tasche, war dabei ihr das Geld zu reichen, als plötzlich ein Mann mit einem Taschenmesser auf meinen ausgestreckten Arm einstach. Entsetzt schrie ich auf, ließ das Geld fallen, und der Messerstecher schnappte es sich. Blut quoll aus der Wunde und floss auf den nassen, verdreckten Boden. Ich hatte Angst um mein Leben. »Nichts wie weg!«, rief ich Norbert zu, »lass uns abhauen, bitte!«

Doch die Menschen fingen an, durcheinander zu kreischen, bildeten einen immer engeren Kreis um uns, ließen uns einfach nicht raus. Dann griffen sich zwei Frauen meinen blutenden Arm und begannen, zu meinem Entsetzen, auf meine Wunde zu spucken, um das Blut weg zu wischen. Sie spuckten und rieben und hielten meinen Arm so fest, dass ich ihn nicht zurückziehen konnte. Von Panik ergriffen, dachte ich an die schrecklichsten Krankheiten, an tödliche Diarrhö und Aids. In dem Moment kam ein aufgeregter Mann in Lumpen angelaufen, drückte sich durch die Menge und reichte mir tatsächlich mein Geld zurück. Nun kam Bewegung in die Menge. Ich hatte wieder Geld in der Hand, und jeder wollte es haben. Da griff Norbert ein. Er holte mit beiden Armen aus, schlug die Menge weg, nahm mich bei der Hand, und wir rannten davon. Der Strand war übersät mit Abfall, wir sprangen über Berge aus undefinierbarem angeschwemmtem Unrat, traten mitten in stinkende, ekelerregende Haufen Scheiße. Die umliegenden Bewohner hatten den Strand als Klo benutzt.

Endlich im Hotel angekommen, rief Norbert sofort seine Frau in München an: »Heike, das mit den Aufnahmen im Slum kannst du vergessen. Das ist lebensgefährlich, da kriegt uns keiner mehr hin!«

Doch Heike wollte nicht aufgeben: »Wir brauchen die Bilder vom Tsunami, wir müssen das Vorher und Nachher von diesem Ort zeigen. Stephanie und du, ihr müsst da noch mal rein!«

Schließlich zog der Kameramann, ein zwei Meter großer Hüne, als Einziger wieder los. Ich saß in meinem Hotelzimmer oder besser gesagt, in dem, was der Tsunami davon übrig gelassen hatte, und versuchte, meine Wunde zu säubern. Keine zehn Minuten später war er wieder zurück – mit wutverzerrtem Gesicht. Das Chaos hatte so große Ausmaße angenommen, dass man nun Unsummen von ihm verlangte dafür, dass er Aufnahmen machte. Es war entschieden. Die Gefahr, nochmals in eine gefährliche Situation zu kommen, war einfach zu groß.

Am nächsten Tag packten wir unsere Sachen zusammen, um uns endlich auf den Weg zu dem SOS-Kinderdorf zu machen. Wir dankten dem Himmel, dass der Tsunami es verschont hatte, wussten wir doch, dass Tausende Kinder den Tod gefunden hatten: Die Wucht des Wassers hatte die Kleinsten aus den Armen der Eltern gerissen; Kinder, die sich panisch an einen Baum, einen Stein geklammert hatten, wurden von den Monsterwellen überwältigt und ins Meer getrieben. Manche schickte das Meer nach einigen Tagen wieder zurück an den Strand. Leblose Kinderkörper, die dann auf den Ladeflächen der Lastwagen weggebracht wurden.

Unser nächstes Ziel war das SOS-Kinderdorf in Galle, im Süden von Sri Lanka. Die Straße dorthin war erst wenige Stunden zuvor für den Verkehr geöffnet worden. Überall ein Bild des Grauens: Der Tsunami hatte die Eisenbahnlinie, die streckenweise parallel zu unserer Straße lief, nicht nur überschwemmt, der Orkan hatte ganze Waggons mitgerissen. Mehrere Wagen, so berichtete man uns später, wurden ins Meer gespült; drei umgekippte, vollkommen demolierte Waggons entdeckten wir am Rand der Gleise. Man vermutet, dass etwa dreitausend Reisende in den stets überfüllten Abteilen starben. Die Menschen, die während der Fahrt auf den Dächern des Zuges hockten, und all die Männer, die sich draußen an die Fenster und Türen des Zuges gehängt hatten, wurden innerhalb von Minuten ins Meer geschleudert.

Alles um uns herum lag in Trümmern. Viele verzweifelte Menschen, die zwischen den Ruinen umherliefen und nach halbwegs brauchbaren Gegenständen stocherten. Hie und da eilig organisierte Wassertanks vom Roten Kreuz, die die Menschen mit sauberem Wasser versorgten. Die Helfer trugen alle Mundschutz, denn der bestialische Gestank, die Verwesung auf den Straßen, war kaum auszuhalten.

Als wir Galle nach stundenlanger Autofahrt schließlich erreichten, steuerten wir auf das SOS-Kinderdorf zu, das glücklicherweise auf einem Hügel lag und somit nicht zerstört worden war. Dort wurden wir von einem Arzt und Mitarbeitern des Dorfes erwartet, die mit uns in einem klapprigen kleinen Bus zu einer der nächsten Stationen fahren wollten, wo Kranke und Verwundete medizinisch versorgt wurden. Plötzlich blieben wir am Straßenrand stehen.

»Wir sind da«, sagte der Arzt.

»Und wo ist die Krankenstation?«, wollte ich wissen. Wir parkten vor einer kleinen Wiese, auf der sich einige Hundert Menschen jeden Alters versammelt hatten.

»Hier«!, sagte der Arzt, stieg aus und holte einen Tisch, eine Pritsche und zwei Taschen mit Medikamenten und Verbandszeug aus dem Kofferraum.

Die Krankenstation war eröffnet. Bis zum Einbruch der Dunkelheit wurden Kinder und Erwachsene verbunden, gespritzt und mit Medikamenten versorgt. Jammervolle Menschen mit lebensgefährlichen Durchfällen, infizierten, eiternden Wunden, gebrochenen Knochen.

Unglaublich, was die Helfer hier leisteten!

Zwischendurch versuchten wir, in der Umgebung etwas Essbares aufzutreiben, aber wir hatten kein Glück. Die Zulieferwege waren bis vor Kurzem noch abgeschnitten, unsere Mägen blieben leer und knurrten. Natürlich beklagte sich keiner von uns, in einer Situation wie dieser wäre uns das wie ein Sakrileg vorgekommen. Nachdem der

Kameramann gefilmt hatte, was er brauchte, machte ich mich endlich auf den Heimweg. Bei der Landung in München nach einem endlosen, häufig unterbrochenen Flug stellte ich erschöpft fest, dass ich noch nie so ausgelaugt und zugleich so traurig und aufgewühlt von einem Ort zurückgekehrt war wie aus diesem Katastrophengebiet.

Das Entsetzen hatte für mich ein Gesicht bekommen: Vom Leid gezeichnete Gesichter, die mir auf Sri Lanka begegnet waren, tauchten in meinen Träumen auf und verfolgten mich sehr lange.

Als ich wieder zu Hause war ließ ich als Erstes meine Wunde untersuchen. Gott sei Dank hatte sie sich nicht entzündet, und weitere Bluttests ergaben, dass ich mich nicht infiziert hatte. Dann erzählte ich meinen Kindern von dem Erlebten und zeigte ihnen Fotos, die ich mit meiner kleinen Digitalkamera geschossen hatte. Ich wollte, dass sie verstanden, was dort geschah und warum ich das getan hatte. Wenigstens konnte ich von meinem heilen Tüssling aus einiges bewirken: In Schulen Vorträge halten, im Fernsehen von meinen Erfahrungen berichten – unter anderem bei Günter Jauch –, Benefizkonzerte veranstalten und vieles mehr. Ich konnte auf diese Weise Spendengelder für die Opfer der weltweit größten Flutkatastrophe seit mehr als vierzig Jahren sammeln.

Schließlich hielt ich dann während einer Schiffsreise auf der MS-Europa von Dubai über das Horn von Afrika nach Larnaka einen sehr emotionalen Vortrag über die SOS-Kinderdörfer. Und nicht nur das: Nachdem ich an einer aufwendigen Gala an Bord teilgenommen hatte, durfte ich eine Seekarte mit der Route unserer Reise versteigern. Die eingenommenen achttausend Euro gingen an die SOS-Kinderdörfer.

Bei einem Zwischenstopp in der Stadt Akkaba in Jordanien besuchte ich ein weiteres SOS-Kinderdorf und wurde dabei von einer eigens aus Deutschland angereisten Fotografin fotografiert. All diese Aktionen kamen mehrfach in die Presse und bewirkten erstaunlich viel. Es war ein gutes Gefühl, auf diese Weise für die Opfer des grausamen Tsunamis etwas tun zu können.

Kaum eine Erfahrung hat mich bisher so erschüttert, wie die auf Sri Lanka nach der Tsunami-Katastrophe. Unwillkürlich wurde ich an den ungeheuren, wenn auch weit weniger katastrophalen Sturm »Wiebke« erinnert, der damals nahezu unseren gesamten Wald ausradiert hatte. Mir wurde wieder einmal bewusst, wie verwundbar, wie ohnmächtig wir Menschen auf dieser Erde sind, wenn die entfesselten Kräfte der Natur über uns hereinbrechen. Und um wie viel mehr sind Kinder von all dem betroffen? Die Vorstellung, meine Kinder wären damals auf Sri Lanka gewesen, macht mir bis heute Angst.

Der Unfall meiner Tochter Amelie war wohl das Schrecklichste, das mir als Mutter widerfahren ist. Sie wurde vor fünf Jahren von einem Auto überfahren. Sie war gerade sieben, ging in die zweite Klasse und lief mit einem Klassenkameraden von der Schule nach Hause. Nachdem wir die Strecke gemeinsam mehrmals abgegangen waren, hatte ich ihr erlaubt, sich ohne Kindermädchen auf den Heimweg zu machen. Sie wollte es unbedingt, denn es war ihr peinlich vor den anderen Kindern, als Einzige in unserem kleinen Dorf von einem Kindermädchen abgeholt zu werden. Ich konnte sie sehr gut verstehen, hatte ich doch als Kind mächtig darunter gelitten, als »Baron Steffi« von den Mitschülern verspottet zu werden.

Es passierte an der einzigen gefährlichen Kreuzung von Tüssling, einer T-Kreuzung ohne Ampel. Die Kinder liefen auf dem Gehweg, als der Schulbus an ihnen vorbeifuhr, um dann nach links abzubiegen. Amelie und ihr Schulkamerad wollten die Straße in der gleichen Richtung überqueren. Ihr Freund hat wohl kurz nach rechts geblickt, um sicher zu gehen, dass der Weg frei war. Als er ein Auto in einiger Entfernung kommen sah, rannte er trotzdem blitzschnell über die Straße. Amelie hinterher. Er schaffte es, meine Tochter nicht. Sie wurde von dem Auto erfasst.

Der Fahrer des Schulbusses hatte sofort angehalten und den Unfall im Rückspiegel beobachtet, er stieg aus und fand Amelie reglos am Boden liegend. Darauf alarmierte er sofort einen Krankenwagen. Den Fahrer des Pkws traf an diesem Unfall keine Schuld. Er war nicht zu schnell gefahren und konnte nicht voraussehen, dass die beiden Kinder plötzlich über die Straße rasen würden. Als Amelie hochgehoben und auf die Liege der Rettungsmannschaft gelegt wurde, muss sie auf einmal wild »agitiert«, also laut geschrien und wie verrückt gestrampelt haben. Dabei müssen die Umstehenden starr vor Entsetzen gewesen sein, denn sie konnten nicht wissen, dass dieses Art durchzudrehen unbewusst ist, eine unkontrollierbare, nicht zu steuernde körperliche Reaktion. Sofort stellte der Notarzt Amelie mit einer Spritze ruhig und fuhr mit ihr nach Altötting ins Krankenhaus.

Ausgerechnet an diesem Tag war ich nicht zu Hause. Ich saß in München beim Friseur, besprach gerade den Farbton der Strähnchen, als mein Handy klingelte.

»Einen Augenblick«, sagte ich zu Gerhard Meir, meinem Friseur, »es ist mein Büro, ich geh mal kurz ran.«

Es war Frau Bathen, meine Sekretärin, die mich sprechen wollte. Sie holte tief Luft und sagte dann mit ungewohnt kleiner Stimme, da sei etwas mit der Amelie passiert. Ein Unfall. Aber nicht schlimm, meinte sie schnell. Ein Auto habe sie auf der T-Kreuzung erfasst, der Krankenwagen habe das Kind bereits ins Krankenhaus gebracht. Dort werde sie erstmal geröntgt. Dann gab sie mir die Telefonnummer des Leiters des Altöttinger Krankenhauses, den ich recht gut kenne.

Immer wenn es schlimm wird, reagiere ich zum Glück meist ruhig und gefasst. Ich stand auf, ergriff meine Handtasche und sagte, nun müsse ich leider auf der Stelle los, keine Strähnchen diesmal. Als Gerhard Meir erfuhr, was geschehen war, wollte er mich nach Hause fahren, aber ich schüttelte meinen nassen Kopf und rannte mit den tropfenden Haaren zum Auto. Während der Fahrt telefonierte ich mehrmals mit dem Leiter des Altöttinger Krankenhauses.

Die erste Diagnose über Telefon lautete: Gehirnerschütterung. Das Kind sei nicht ansprechbar. Kurz bevor ich die Autobahn erreichte, rief ich ein zweites Mal an: Man habe das Kind jetzt ins künstliche Koma versetzt, da es nicht mehr selbstständig atme.

»Ich vermute, da ist doch mehr als eine reine Gehirnerschütterung«, sagte der Professor behutsam.

Kurz vor Tüssling hieß es dann: »Sie liegt auf der Intensivstation. Schädel-Hirn-Trauma.«

Ich drückte aufs Gas. Ich wollte zu Amelie, versuchte, mich zu konzentrieren, die Fahrt wollte nicht aufhören. Die Sonne blendete mich, ich blinzelte hinter meiner dunklen Brille und krallte mich am Steuerrad fest.

Endlich. Die Intensivstation. Da lag meine Kleine im Koma, blass und reglos, wurde künstlich beatmet.

Der Arzt sprach von Schädel-Hirn-Trauma mit Gehirnblutung vorne rechts – »Ähnlich wie bei einem Schlaganfall.«

Über den weiteren Verlauf vermochte er mir keine Auskunft zu geben. Niemand konnte sagen, wann sie aufwachen würde. Der einzige winzige Trost: Die Wahrscheinlichkeit, dass sie wieder zu sich kommt, ist auf jeden Fall gegeben, da die Fähigkeit des kindlichen Gehirns zur Regeneration erheblich größer ist als das eines Erwachsenen.

Ich blieb bei ihr. Neben Amelie wurde ein Klappbett aufgestellt, auf dem ich nachts schlief. Ich hatte schon einige Unfälle bei meinen Kindern erlebt, etliche Kinderkrankheiten mit ihnen durchlitten, aber ein gebrochenes Bein, Masern oder Fieberanfälle sind etwas anderes. Nicht bedrohlich, nicht existenziell. Nun erlebte ich eine andere Dimension von Krankheit – lebensbedrohlich, ungewiss.

Es folgte eine medizinische Prozedur nach der anderen. Nach einigen Tagen versuchten die Ärzte, Amelie aus dem künstlichen Koma zurückzuholen. Doch sie konnte noch immer nicht selbstständig atmen, worauf man sie von Neuem verkabelte. Sie lag einfach da, nach wie vor bewegungslos und scheinbar friedlich, und wollte nicht aufwachen. Jeden Morgen fuhr der Arzt mit einem Kugelschreiber über ihre Fußsohle, um den Babinskireflex zu kontrollieren. Und jeden Morgen das Gleiche: Amelie krümmte die große Zehe, was besagt, dass ihr Gehirn auch weiterhin nicht aktiv reagierte.

Es vergingen Tage. Tage, an denen ich drohte zu verzweifeln.

»Wir dürfen nicht aufgeben«, sagten die Ärzte und Schwestern. Doch während ich zum Durchhalten ermutigt wurde, verließ mich der Mut.

Ich schlief so gut wie nicht in diesen Wochen. Die menschlichen Laute der leidenden Patienten in den anderen Betten, die stetigen Geräusche der Geräte und dann mein Gedankenkarussell: Was ist, wenn sie nie wieder aufwacht? Wenn sie für immer behindert ist? Eine ganz andere Amelie? Werde ich Pflegepersonal brauchen? Vielleicht rund um die Uhr? Einen Rollstuhl? Was wird aus ihrem, aus unserem Leben? Mir wurde bewusst, dass man die Ungewissheit nicht planen kann. Wie soll man sich auf ein Leben vorbereiten, das man nicht kennt?

Gerädert wachte ich morgens auf. Das Krankenhauspersonal kam und ging. Emsige Menschen in properen weißen Kitteln, hie und da aufmunternde Worte. Ihr Mitgefühl war ganz bestimmt echt, doch wurde meine, unsere Lage dadurch erträglicher? Nur sekundenlang. Wenn ich ins Büro musste und nach den anderen Kindern schauen wollte, setzte sich Lisa, unser Kindermädchen, stundenweise zu Amelie. Doch so schnell wie möglich eilte ich wieder zu ihr. Ich konnte nicht lange ohne sie sein. Zwischen mir und den geschäftigen Menschen da draußen in der normalen Welt hatte sich eine unsichtbare Wand aufgebaut. Was wussten sie schon von meinen Ängsten? Die Ärzte konnten keine Entwarnung geben: »Wir können überhaupt nicht voraussagen, welche Schädigungen bleiben.«

Ich redete mit Amelie, las ihr vor und streichelte sie. Zu mir selbst sagte ich immer und immer wieder: Sie wird es schaffen, sie muss es schaffen! Da niemand eindeutig sagen kann, was in einem Komapatienten vor sich geht, tun alle so, als würden sie ihn erreichen. Alle Ärzte sprachen freundlich mit Amelie, als würde sie ihnen zuhören.

Eines Morgens geschah ein kleines Wunder. Ich spielte Amelie auf dem Kassettenrekorder eines ihrer Lieblingslieder vor, auf einmal zuckte ihre rechte Hand. Nach Wochen der erste Hoffnungsschimmer!

Zwei Tage später geschah das nächste Wunder: Während Amelies Rücken eingerieben wurde, hörte ich, wie sie ein einziges Wort hauchte: »Danke!«

Ab dann ging es langsam, aber sichtbar bergauf. Sie konnte bald ihre rechte Hand ganz leicht bewegen.

»Drück meine Hand!«, hatte ich immer wieder zu ihr gesagt, nun gelang es ihr. Aber nur mit der rechten. Ihre linke Hand blieb unbeweglich, ihre gesamte linke Körperhälfte war so gut wie gelähmt, der Arm hing an ihrem kleinen, dünnen Körper wie ein lahmer Flügel.

Amelies Fortschritte waren enorm. Sie drückte auf die Play-Taste des Kassettenrekorders, um ihre Kinderlieder zu hören. Sprach einzelne Wörter, und sie erkannte mich. Nie in meinem Leben habe ich mich so glücklich gefühlt!

Drei Wochen nach ihrem Unfall verlegte man sie auf die normale Station. Dann kam der Tag, an dem sie nach Hause durfte. Die Ärzte waren guten Mutes und sagten, dass die vertraute, häusliche Umgebung, die Geschwister, ihr eigenes Kinderzimmer die Regeneration beschleunigen würden. Das Kindermädchen kam mit der damals dreijährigen Milana, um die kranke Schwester und mich im Krankenhaus abzuholen. Da zeigte sich bereits, wie die Anwesenheit eines vertrauten Menschen Wunder wirken kann.

Lisa hatte zu Milana gesagt: »Du musst ganz lieb zu Amelie sein, weil die Amelie Kopfweh hat.«

Kaum betrat Milana das Krankenzimmer, zirpte sie: »Amelie, du hast ja Kopfweh, ich muss jetzt lieb mit dir sein!«

Da setzte sich Amelie auf und fragte mit fester Stimme: »Warum sagt Milana, dass ich Kopfweh habe?«

Die ersten Tage zu Hause schlief Amelie fast nur. Nach wenigen

Wochen jedoch ging sie wieder in die Schule, erst zwei Stunden, dann immer länger. Sie konnte zwar laufen, doch ihre linke Körperhälfte blieb unbeholfen, ihre Konzentrationsfähigkeit war beeinträchtigt und ihre Schrift hatte sich verändert. Sie wurde zur Ergotherapie nach Altötting gebracht, zur Konzentrationstherapie, wo die Biofeedback-Methode große Erfolge bewirkte: Elektroden wurden an ihrem Kopf befestigt, dann verfolgte sie auf dem Bildschirm eines Computers ein Spiel, in dem sie allein durch ihre Gedanken die Figuren, kleine »Fressköpfe«, die in einem Labyrinth herumirren, vergrößern konnte. Gedanklich jagte Amelie also die Figuren und befahl ihnen, größer zu werden. Je mehr sie wuchsen, desto präziser wurden auch die Laute, welche die »Fressköpfe« von sich gaben. So wurde Amelies Gehirn unbewusst umgepolt, bei der Verfolgungsjagd wurden neue Synapsen im Hirn erschlossen und die Konzentrationsfähigkeit gestärkt.

Heute ist Amelie auf dem Gymnasium, leidet leider öfter unter Migräne, die linke Hand zittert, und aufgrund der Gehirnblutung ist eine geringe Lähmung geblieben. Dennoch ist sie ein fröhliches, selbstbewusstes Mädchen.

Sowohl die unermessliche Freude über Amelies ersten Händedruck, über ihre ersten Worte in der Intensivstation als auch der Schock werden mich ein Leben lang begleiten. Ich habe nur einen Schatten von dem erlebt, was Eltern widerfahren kann, wenn ihre Kinder nach einem Unfall für immer schwerbehindert sind. Aber das Trauma sitzt dennoch tief. Seitdem ist eine nicht gekannte, unterschwellige Angst in mir, eine Angst, die mir zugleich die Liebe zu meinen Kindern noch stärker bewusst macht.

Milana, genau wie Amelie damals, heute in der zweiten Klasse, möchte unbedingt alleine in die Schule laufen, wie alle ihre Mitschüler. Die Lehrerin hat mich schon darauf angesprochen, die anderen Kinder lachten sie bereits aus. Aber leider muss ich Milana bis auf Weiteres enttäuschen, denn meine Angst ist noch stärker als mein Verständnis für sie.

Bei den Gedanken an diese schwere Zeit fällt mir mein allererster Ausflug mit meiner ersten Tochter Sophie wieder ein. Sie war vielleicht zwei, höchstens drei Wochen alt. Wir lebten damals noch in Mamhofen, Bernd war nach Geretsried in sein Büro gefahren, und ich hatte vor, meine Einkäufe in Starnberg zu erledigen. Ich wollte wie immer rasch losfahren, schnell alles erledigen, flugs wieder zurück sein. Es ging nicht, denn ich hatte jetzt einen Säugling zu versorgen: Baby wickeln, eincremen, stillen, nochmals wickeln, Schnuller suchen, anziehen, Strampelhöschen, Jäckchen und darüber noch ein Jäckchen – es dauerte eine Ewigkeit. Erst bei dieser mühseligen Aktion wurde mir bewusst, dass sich mein Leben von Grund auf verändert hatte, und ich brach daraufhin tatsächlich in Tränen aus: Ich hatte nun für immer meine Unabhängigkeit eingebüßt. Ich konnte nicht mehr nach Herzenslust hierhin und dorthin fahren, denn jetzt war ich Mutter und »angehängt«. Zum ersten Mal in meinem Leben spürte ich die Verantwortung, ganz und gar für ein kleines Wesen dasein zu müssen. Es war ein merkwürdiges Gefühl.

Heute muss ich über die Dramatik, die sich damals in meinem Inneren abspielte, ein wenig lächeln, denn schließlich ziehe ich mittlerweile sechs Kinder groß. Jener verstörte, fassungslose Beginn steht in deutlichem Gegensatz zu der Selbstverständlichkeit, mit der ich mich inzwischen auf meine Kinderschar einlasse. Und dennoch ist das beängstigende Gefühl immenser persönlicher Verantwortung, das mich bei meiner ersten Exkursion mit Sophie überkam, gar nicht so falsch. Denn ich erziehe die Kinder seit Jahren mehr oder weniger allein. Zugegeben, unsere Kinderfrau ist eine große Hilfe, denn ohne sie müsste ich die gesamte Bagage, oder zumindest die Kleineren, immer überallhin mitnehmen. So kann ich mir ein Kind schnappen und mit ihm zum Zahnarzt gehen oder auch mit ihm losziehen, um eine neue Hose zu kaufen, während die anderen zu Hause bleiben.

Das Leben mit Kindern ist bekanntlich unberechenbar. Es ist voller Überraschungen und häufig immens anstrengend. Keine Frage, ich freue mich an allen meinen Kindern und finde meine Großfamilie wunderbar, doch hin und wieder sind meine Nerven zum Zerreißen gespannt. Benedicta beispielsweise, meine zweite Tochter, war ein kaum zu beruhigendes Schreikind. Vor allem die Nächte waren die Hölle. Sie schrie ohne Pause, ihr Gesichtchen lief rot an, dabei schwitzte sie vor lauter Anstrengung und hielt nur kurz inne, wenn ich sie aus dem Bettchen hob und an mich drückte. Warum bloß schrie sie so herzzerreißend? Hatte sie Hunger? Blähungen? Schmerzen? Oder war sie wütend auf ihre angespannte Mutter, die nicht wusste, was mit ihr los war? Vermutlich alles gleichzeitig. In diesen Nächten kümmerte sich niemand außer mir um das aufgebrachte Baby, sodass ich am nächsten Morgen entsprechend erschöpft aus meinem Bett stieg. Dafür war unser Sohn Karl, 1992 geboren, ein himmlisch friedliches, rührend braves Baby, das die Nächte seelenruhig durchschlief, als wollte es niemandem zur Last fallen.

Mein sechstes Kind wiederum, Christian Alexander, denkt nicht daran, mich zu schonen. Er rast durch die Welt wie ein Wirbelsturm. Als Jüngster muss er sich unentwegt behaupten und lauter schreien als alle anderen, um in der Horde der älteren Geschwister nicht unterzugehen. Eines weiß ich: Mein süßer, geltungsbedürftiger fünfjähriger Alex ist und bleibt mein letztes Kind. Das Zusammenleben mit sechs Kindern gestaltet sich anstrengend genug.

Natürlich liebe ich meine chaotische Großfamilie über alles. Tüssling ist wie ein großes Zelt, in dem alle Platz finden: meine Kinder und ich, aber auch etliche mehr. Anina zum Beispiel, Christians Tochter aus erster Ehe, ist für mich wie mein siebtes Kind. Und mittlerweile ist Julian, der sechzehnjährige Sohn meines neuen Lebenspartners, Hendrik teNeues, ebenfalls Teil unseres Clans. Letztes Jahr verbrachte er die gesamten Sommerferien in Tüssling und verstand sich prächtig mit meinen Kindern, die ihn ebenfalls sehr gerne mögen.

Hendrik und ich verliebten uns 2006 in einer Skihütte. Wir kannten uns bereits seit geraumer Zeit, aber zwischen uns funkte es erst bei Pulverschnee und Skihüttenzauber. Julian ist ein besonders netter Junge, den ich sehr gerne mag. Manchmal bilden Charly und er aber ein richtiges Lausbubenteam und haben ganz ausgefallene Ideen. An einem sonnigen Tag öffnete ich eines der Fenster im zweiten Stock, um warme Luft in die Kühle des Schlosses hineinzulassen, schaute nach unten in den Innenhof und warf zufällig einen Blick auf den Springbrunnen. Ich stutzte. Das Wasser war nicht klar, es war schwarz. Ich beugte mich weiter vor, kniff die Augen zusammen und fixierte nochmals meinen Brunnen. Ich konnte es nicht glauben: Fische! Langsam und entspannt drehten Fische im Brunnenwasser ihre Kreise.

In dem Moment liefen Charly und Julian über den Hof.

»Hey, was ist das denn? Was ist mit dem Brunnen los?«, schrie ich nach unten. Schweigen.

» Wieso?«, brüllte Charly dann nach oben, »was soll schon sein?«

Sie bekamen ein schlechtes Gewissen, wollten wegrennen, aber ich stoppte sie mit einem energischen »Halt!«, lief nach unten in den Hof und schnappte mir die beiden. Da hatten sie doch tatsächlich acht Karpfen aus dem nahe gelegenen Karpfenteich gefischt und die armen Tiere in den Brunnen geworfen. Nicht genug damit. Die Kreaturen sollten sich heimisch fühlen, also hatten die beiden haufenweise Schlamm aus dem Teich geschaufelt und in den Brunnen gekippt. Im Nu verstopfte die Pumpe und fiel aus, worauf das Wasser gleich aufhörte, zu zirkulieren.

»Ihr spinnt wohl! Raus mit den Karpfen, und zwar auf der Stelle! Die sterben da drin!« Ich war wütend.

Also füllten die Jungen motzend und maulend zwei Plastiktüten mit Wasser, griffen sich die zappelnden Fische und warfen sie nacheinander in ihre Beutel.

Einigermaßen beruhigt, machte ich mich auf den Weg zum Einkaufen, um dann sofort der nächsten Ohnmacht nahe zu sein: Ich fuhr los, kam zum Schlosstor, und was sah ich da? Direkt vor mir Charly am Steuer unseres Geländewagens. Zu faul, um die paar Schritte zum Teich zu Fuß zu gehen, hatte sich der erst vierzehnjährige Junge einfach das Auto gegriffen, um seine japsenden Opfer zum Weiher zu fahren. Der Zufall wollte es, dass die lokale Feuerwehr unmittelbar vor dem Tor parkte. Nicht auszudenken, was geschehen wäre, wenn sie die Kinder erwischt und bei der Polizei gemeldet hätten.

Ich schlug mit der Faust auf die Hupe, sprang aus meinem Auto und pfiff den Schlawiner gerade noch zurück. Diesmal kochte ich vor Wut.

Wenig später überquerte ich den Innenhof und entdeckte, dass Charly und Julian den gesamten aus dem Teich herangeschleppten Schlamm neben den Brunnen auf den Rasen gekippt hatten. Um den Irrsinn vollkommen zu machen, spielten sie nachmittags im Innenhof Baseball, und zwar mit einem steinharten Ball unmittelbar vor der längsten Fensterfront des Schlosses. In Gedanken hörte ich es bereits hundertfach klirren. Manchmal würde ich die Nächsten und Liebsten sehr gerne auf kürzestem Wege auf den Mond schießen. Vermutlich ergeht es ihnen mit mir ganz ähnlich. Dabei genieße ich es, das Schloss voller Kinder zu haben – Kinder, die sich frei fühlen, die, ganz anders als Kiki und ich damals, vor ihren Eltern gewiss keine Angst haben müssen!

Es gibt Zeiten, da ist unser Tohuwabohu absolut bühnenreif. Spätestens dann, wenn wir in die Ferien fahren: Mindestens sechs Kinder und zwei Erwachsene zwängen sich in den gemieteten Bus, mit dem wir zum Flughafen fahren. Hinter mir wird gekichert, gehänselt und gezankt. Beim Einchecken die gleichen Turbulenzen. Erst, wenn alle angeschnallt an ihren Plätzen im Flieger sitzen, atme ich durch. Unsere Ferien sind meistens chaotisch. Langweilig werden sie nie.

Zu meiner Überraschung kümmerte sich meine Mutter nach dem Tod meines Vaters mit Begeisterung um meine Kinderschar. Sie nahm sich eine Wohnung in München, genoss das Stadtleben, besuchte Konzerte und verbrachte einige Wochen im Sommer in Meran. In Tüssling bewohnte sie ein Gästezimmer, kam uns häufig besuchen und widmete sich dann meinen Kindern, las ihnen vor oder hörte zu, wenn sie von ihren Erlebnissen erzählten. Als sie zu schwach und zu krank war, um in München zu leben, richteten wir ihr eine eigene kleine Wohnung im Schloss ein. Sie starb im Oktober 1999 an Krebs.

Von ihr hatte ich oft das Goethe-Zitat gehört: »Was du erbst von deinen Vätern, erwirb es, um es zu besitzen.« Bevor ich selbst Tüssling geerbt hatte, konnte ich damit nichts anfangen, verstand den tieferen Sinn nicht. Erst seit einigen Jahren ist mir klar, was Goethe damit meinte: Erben bedeutet zwar materielles Eigentum; aber das Gefühl, dieses Erbes würdig zu sein, es, wie Goethe meint, zu besitzen, das habe ich mir erst im Laufe der Zeit durch harte Arbeit und ständige Auseinandersetzung erworben.

Nach wie vor ist das Schloss für mich eine enorme Herausforderung, oft bin ich mit Problemen konfrontiert, deren Lösung ich in keinem Buch finden kann. Die Finanzierung muss stets neu überlegt und gesichert werden. Zusätzlich zu den Einnahmen durch die Messen und Veranstaltungen bemühe ich mich fortwährend, weitere Geldquellen zu erschließen – die Instandhaltung des Schlosses und der gesamte Betrieb erfordern enorme Investitionen. Deshalb habe ich beispielsweise auf einem geerbten Grundstück außerhalb von Tüssling Wohnhäuser bauen lassen. Mit einem Bauträger konnte ich ein derartig günstiges Erbpacht-Modell entwickeln – die sonst übliche Erbpacht von hundert Jahren haben wir auf fünfzig Jahre reduziert –, dass mir die Wohnungen buchstäblich aus der Hand gerissen wurden. Die Einnahmen aus diesem Projekt kamen mir sehr gelegen: Damit finanziere ich unter anderem die Renovierung der alten Brauerei, denn zurzeit ist gerade das Sudhaus an der Reihe.

Schloss Tüssling und der gesamte damit verbundene Komplex sind eine lebenslange Aufgabe. Jedes Jahr fallen Sanierungsarbeiten an – altes Gemäuer ist brüchig und anfällig, es bedarf unaufhaltsamer, sorgsamer Pflege.

Eines habe ich schon vor langer Zeit für mich geklärt: Mein Vater mag zwar verfügt haben, dass ich Tüssling übernehme. Doch seine

Entscheidung ist gleichzeitig meine: Ich liebe Tüssling, hier liegen meine Wurzeln, und hier setze ich sowohl meine persönlichen als auch meine beruflichen Lebensziele um. Die Renovierung war und bleibt eine gewaltige Herausforderung – an mein Können, an meine Fantasie, an meinen Durchsetzungs- und Gestaltungswillen. Nicht zuletzt auch an meine Geduld und zugleich an meinen Wissensdurst und meine Neugierde. Es ist ein großer Reiz, immer wieder durchzustarten, ungeahnte Hürden zu überwinden, die Lust am Ausprobieren zu erleben.

Besonders glücklich bin ich darüber, die Chance erhalten zu haben, Vergangenheit und Gegenwart verbinden zu können, zu bewahren und zu erneuern. Trotz allen Respekts für Tradition und die historische Substanz trägt die Renovierung des Schlosses und all der dazugehörigen Gebäude meine eigene Handschrift. Ich kann nicht wissen, was in Zukunft aus dem derzeitigen Erfolgsmodell Tüssling wird, doch das darf mich nicht beunruhigen. Wird es meinen Kindern möglich sein, das Schloss weiterzuführen? Wer von ihnen wird die Herausforderung und Bürde annehmen? Wem werde ich es, wenn es soweit ist, zutrauen?

Das Wichtigste in der Zukunft meiner Kinder wird sein, dass sie sich den Aufgaben ihres Lebens stellen – ob es das Schloss ist oder nicht – und sich nicht davor scheuen, alles zu geben. Ich hoffe, ihnen das mit auf den Weg geben zu können. Was uns alle erwartet, steht in den Sternen. Heute ist der nächtliche Himmel ganz klar, und ich wünsche mir von ganzem Herzen, dass Tüssling noch lange Zeit unter einem guten Stern stehen möge.